KulturSchlüssel China

Uwe Kreisel

KulturSchlüssel China

Herausgeber der Reihe
KulturSchlüssel:
Ute Diergarten-Wandel
und Volkmar E. Janicke

Max Hueber Verlag

Bildnachweis

Hans-Peter Braunger: 6, 11, 18, 28, 40, 49, 58, 61, 66, 72, 75, 81, 90, 109, 112, 117, 119, 136, 146, 154, 157, 158, 163, 167, 170, 181, 184, 199
Volkmar E. Janicke: Umschlag (kleine Fotos), 3, 7, 14, 25, 27, 31, 34, 54, 77, 86, 107, 122, 125, 126, 139, 149, 172, 174, 179, 190, 201
Uwe Kreisel: 5, 10, 38, 69, 70, 130, 150, 192, 204
Erhard Pansegrau: Umschlag (großes Foto), 1, 37, 176
Paul Spierenburg: 8, 17, 22, 32, 50, 57, 92, 142, 187, 195, 208, 212, 215
Leo Purmann: Zeichnungen im Kulturspiel

Dieses Werk folgt der seit dem 1. August 1998 gültigen Rechtschreibreform.

3. 2. 1. | Die letzten Ziffern bezeichnen
2007 06 05 04 03 | Zahl und Jahr des Druckes.
Alle Drucke dieser Auflage können, da unverändert, nebeneinander benutzt werden.
1. Auflage

Konzept, Redaktion, Lektorat: Buch & Welt GmbH, München
Redaktionsassistenz: Katrin Liska, München
Layout und Satz: Carmen Marchwinski, München
Bildredaktion: Marlis Kappelhoff, München
Umschlaggestaltung: Parzhuber & Partner, München in Kooperation mit Buch & Welt GmbH, München
Druck und Bindung: Offizin Andersen Nexö, Leipzig
Printed in Germany
ISBN 3-19-005366-9

书报亭

Vorstoß an den Rand der Mitte

Vorwort

Aus China kehrt man nie mehr ganz zurück. Schon gar nicht, wenn man jahrelang dort gelebt hat. So sehr hatte ich mich sinisieren lassen, dass ich nach meiner Rückkehr die Suppe nicht mehr löffelte, sondern trank, beim Essen lustvoll schmatzte und meine Reisschale, wie in China gelernt, stets an den Mund führte, um alle Körnchen mit den Essstäbchen bequem in den Mund schieben zu können. Ein Siebtel meines jungen Lebens, erklärte ich meinen befremdeten Freunden, hätte ich schließlich in China verbracht, das könne man nicht einfach abschütteln.

Zu Hause in Beijing

In Wirklichkeit handelte es sich bei meinen Essgewohnheiten um nicht viel mehr als einen trotzig zur Schau gestellten *reverse culture shock*, den Kulturschock der Rückkehrer. Weshalb aber auch von einem Tag zum anderen auf Normalbetrieb umschalten, weshalb die Anpassungsschwierigkeiten nicht ein wenig zelebrieren? Das Chinesische war mir in all den Jahren zu wertvoll geworden, um es völlig sang- und schmatzlos aus meinem Leben zu verbannen.

> *»Nach deinem Land beurteile das Land der andern. Nach deiner Welt beurteile die Welt der andern.«*
>
> Laozi

Pamela, meine amerikanische *taitai* (Ehefrau), und ich waren Beijinger auf Zeit, fünf Jahre lang bewohnten wir, weit im wilden Osten Beiijngs, auf dem Campus der Tourismus- und Fremdsprachenhochschule ein kleines Apartment, wo wir uns, in unserer jeweiligen Muttersprache, ein wenig um den Kulturaustausch verdient machten. Vom trockenen Beijing aus bereisten wir das ganze Land, erlebten die eisige Kälte des chinesischen Nordostens, aber auch die drückende Sommerhitze in den Bananenplantagen von Guangxi.

China von Nord nach Süd

Wenn Ihnen dieser *KulturSchlüssel* das Tor nach China aufstößt, so tut er das unter zwei Voraussetzungen: Erstens der, dass China kein schnell einzuordnendes »Land des Lächelns« und »Reich der Mitte« abgibt: Weiter als bis zum »Rand der Mitte« sind auch wir in fünf vollen Jahren nicht vorgedrungen. Zweitens gilt, dass Chinesen und Europäer sich näher sind als das auf den ersten Blick scheinen mag. Was beim ersten China-Besuch noch als befremdlich und exotisch erscheinen mochte, ist beim zweiten schon völlig normal. Angeblich rein chinesische Verhaltensweisen – man denke an die immer wieder angeführte Furcht der Chinesen vor dem »Gesichtsverlust« oder die »Heitere Gelassenheit der Asiaten« – sind entweder auch bei uns nicht unüblich (auch hierzulande verliert keiner gern sein Gesicht) oder entspringen einer naiven Sehnsucht nach Idylle: Wer länger in China war, wird spätestens wenn er die erste Schlägerei unter Chinesen gesehen hat, diese Vorurteile für immer ad acta legen.

Naive Annahmen

Dennoch gibt es eine ganze Reihe von Verhaltensregeln, die das Leben in China vereinfachen und die Ihnen dieses Buch gleich hundertfach mit auf den Weg gibt. Sie müssen diesen Ratschlägen nicht buchstabengetreu folgen, die Bandbreite ist in einem Land wie China sehr groß: Was für Beijing noch als angemessen gilt, ist in Fuzhou vielleicht schon ein Fauxpas; was ein offener, temperamentvoller Chinese als heiter empfindet, mag einem seiner

Praktische Regeln

◄ Shanghai bei Nacht

bornierten Landsleute bereits als Affront erscheinen. Doch ganz gleich, wo Sie sind und mit wem Sie sprechen: Als Ausländer wird man Ihnen auch gröbere Patzer gerne nachsehen; Sie können, wenigstens während der ersten Wochen, von Ihrer Narrenfreiheit zehren.

Heute schon gelobt?

Was nicht heißen soll, dass Sie sich nicht um Umgangsformen und Sprache bemühen sollten. Auch kleinere Anstrengungen werden gerne gesehen und überschwänglich gelobt. Essen Sie furchtlos, was Ihnen vorgesetzt wird, trinken Sie, was in den Gläsern vor Ihnen steht. Zeigen Sie Mut und Neugier, mäkeln Sie nicht gleich, und lassen Sie sich gelegentlich zu einem Lob hinreißen, denn auch hier sind sich Chinesen und Europäer äußerst ähnlich: Was mit Überredungskünsten nicht zu erreichen war, gelingt oft durch Schmeichelei.

Conditio humana

Sollten Sie, nach Wochen und Monaten, den Punkt erreichen, an dem Sie das Gefühl überfällt, keinen Augenblick länger in China bleiben zu können, stellen Sie sich die Frage, ob die Laus, die Ihnen über die Leber gelaufen ist, in der Heimat weniger stark genervt hätte. Bei sachlicher Überlegung stellt sich schnell heraus, dass Ost wie West nach den gleichen großen Menschheitsgesetzen funktionieren und dass es dort wie hier schlimme Schafsköpfe gibt. Eine verfahrene Situation rettet das zwar auch nicht mehr, doch es tröstet ganz ungemein.

Der Autor

Der Autor bei seinen diffizilen Recherchen, unterstützt von Frau Li und Frau Li

Uwe Kreisel studierte Germanistik, Amerikanistik und Kunstgeschichte und unterrichtete an Hochschulen in China, Deutschland und den USA. Er verbrachte fünf Jahre in Beijing und reist auch jetzt noch regelmäßig nach China. Er ist mit der Amerikanerin Pamela Ann Tabbert verheiratet, hat zwei Söhne und lebt als freier Autor abwechselnd in der Pfalz und im Ostfriesischen.

Ebenfalls bei Hueber sind von Uwe Kreisel der »KulturSchlüssel USA« und der Sprachkurs »Einstieg englisch« erschienen.

Aufbau Ost auf Chinesisch

Die Chinesen: Jenseits des Stereotyps

Freundlich und dienstbereit?

Wir Westeuropäer haben in unseren Herzen ein kuscheliges Kämmerlein für die Chinesen eingerichtet. Gemeinhin hält sich unsere Liebe für Ausländer in engen Grenzen, doch sehen wir Chinesen, geht es uns wie Eric Idle, der sich in seinem Song »I like Chinese« einen Spaß aus unseren positiven Vorurteilen macht: »Wir mögen die Chinesen«, singt er aus vollem Halse, »sie gehen einem zwar gerade mal bis ans Knie, aber sie sind stets freundlich und immer bereit, uns zu erfreuen.«

»Jedes Mal, wenn ich nach China komme, sehe ich ein völlig verändertes, neues China.«
Anna Wang

Damit persifliert der Mann von Monty Python ein gängiges Stereotyp: Der kleinwüchsige Chinese als freundlicher Bediensteter, der im heimatlichen Land des Lächelns wie auch in der Diaspora durch sein heiteres Naturell und sein serviles Katzbuckeln zum allseitigen Glück einer quasi-kolonialen Gesellschaft beiträgt. Wer sich an die Fernsehserie »Bonanza«, die Ponderosa und den Hauswirtschafter Hop Sing erinnert, weiß, was ich meine.

Mysteriös und verschlossen?

Ähnlichen Widerwillen erregt Stereotyp Nummer Zwei: Der mysteriös verschlossene Asiat, hinter dessen nur äußerlich freundlichem Fassaden-Lächeln schlimmste Absichten lauern: Im Wirtschaftsleben ziehen sie einen über den Tisch; einmal ins Kriminelle hinabgesunken, gründen sie Triaden und machen damit selbst der Mafia Konkurrenz. »The inscrutable Chinese« nennt es Hitchcock, als er mit Truffaut über seinen Film »Rich and Strange« spricht. Während Hitchcock clever genug war, das Stereotyp des »undurchschaubaren Chinesen« auf die Schippe nehmen zu können, spukt dieses Missverständnis – ironisch völlig ungebrochen – noch immer durch zahllose Köpfe.

Arbeitsam und ehrgeizig

So changiert das Bild der Chinesen bei vielen, vor allem solchen, die selbst keine Chinesen kennen, zwischen »niedlich« und »gefährlich«, wobei, den daoistischen Göttern sei's gedankt, das Pendel meist in Richtung positive Grundeinstellung ausschlägt. In den Jahren des wirtschaftlichen Aufschwungs hat sich ein weiteres Vorurteil hinzugesellt: China als wirtschaftliche Supermacht, als Powerhouse, in dem alles möglich scheint. Ein »Land der unbegrenzten Möglichkeiten« mit asiatischen Vorzeichen.

Offen und selbstbewusst?

Tatsächlich hat sich China seit der schrittweisen wirtschaftlichen Öffnung, die 1979 mit der Einrichtung von Sonderwirtschaftszonen begann, ganz entscheidend verändert. Der Lebensstandard ist gestiegen, die Reichen wurden reicher, in den Städten und den Küstenprovinzen etablierte sich eine Wohlstandsmittelschicht. Die Armen wurden zwar nicht ärmer, aber auch nicht wesentlich reicher, selbst wenn sie jetzt überall Coca-Cola und Sprite kaufen können. Mit der wirtschaftlichen Öffnung einher ging ein politischer Wandel. China ist deutlich freier geworden, spürbar toleranter, man kennt keine Angst vor Spitzeln mehr und verleiht seinem Ärger ungehemmt Ausdruck. »Für das, was mir mein Taxifahrer heute auf dem Weg vom Flughafen in die

◄◄ Abrisskandidaten. Gegensätze in Kunming, Yunnan

Lexikon

Pinyin: Phonetisches Chinesisch

Im Vorwort ist es Ihnen vielleicht schon aufgefallen: Nicht *Peking* steht dort, sondern *Beijing.* In der Volksrepublik China werden chinesische Schriftzeichen in eine moderne romanische Umschrift umgesetzt, die deutlich von den in Taiwan und Hongkong verwendeten Transkriptionsverfahren abweicht. Aus den Schriftzeichen für »Nord« und »Hauptstadt« entsteht so die Umschrift *Beijing.* Kennt man einmal die Ausspracheregeln des *Pinyin* (wörtlich: »Klänge zusammensetzen«), lassen sich alle chinesischen Wörter problemlos aussprechen.

Kein Mensch wird Sie verstehen, wenn Sie in China von »Hongkong« reden oder von »Tschiang Kaischek«. Selbst die Erwähnung des Flusses »Jangtse« wird bestenfalls ein Stirnrunzeln hervorrufen. Hätten Sie die korrekte Pinyin-Umschrift gesehen und die Namen entsprechend ausgesprochen, hätten alle nur genickt. Ein Pinyin-Wörterbuch gehört also zur Grundausstattung. In China ist es in einem Fremdsprachenbuchladen *(waiwen shudian)* für wenig Geld zu bekommen. Machen Sie sich auf einige Überraschungen gefasst:

Alte Umschrift	**Pinyin**
Hongkong	*Xianggang* (»Duftender Hafen«)
Jangtsekiang, Jangtse	*Changjiang* (»Langer Strom«), *Yangzi*
Kanton	*Guangdong*
Konfuzius	*Kongzi*
Lao-tse	*Laozi*
Mah-Jongg	*majiang* (chinesisches Spiel)
Mao Tse-tung	*Mao Zedong*
Nanking	*Nanjing*
Sezuan, Setschuan	*Sichuan* (chinesische Provinz)
Sun Yatsen	*Sun Zhongshan* (Gründer der chinesischen Republik)
Taipeh	*Taibei*
Tschiang Kaischek	*Jiang Jieshi* (Anführer der Nationalpartei *Guomindang*)
Tsingtao	*Qingdao.* Einzig als Markenname für ein Bier ist »Tsingtao« noch gebräuchlich. *Qingdao* war von 1897–1914 deutsches Protektorat; die Brauerei stammt aus dem Jahr 1903.

Pinyin wurde bereits 1958 eingeführt, eigentlich reichlich Zeit, es auch bei uns endlich zu verwenden. Leider aber regiert in unseren Zeitungen und Nachrichten ein sinnloser Mischmasch, mal alt, mal neu. Das ist etwa so, als werfe man die Schreibung von 1898 mit der Rechtschreibreform vom 1998 zusammen.

Wie weltmännisch die Chinesen ihr Pinyin finden, zeigt sich am Dauereinsatz in der Werbung: Im West-Beijinger Xidan-Einkaufszentrum tragen die Verkäuferinnen stolz ein Käppchen, das den geheimnisvollen Aufdruck »BJXDGWZX« trägt. Des Rätsels Lösung: Hier wurde der pinyinisierte Name des Kaufhauses abgekürzt: *Beijing Xidan Gouwu Zhongxin.*

Tipps & Know-how

Computer und Schriftzeichen

Nicht nur Ausländer, auch Chinesen lernen Pinyin. Letztere schon in der Grundschule. Damit schlagen sie eine Brücke zu den westlichen Sprachen, vor allem zum Englischen, und öffnen sich zugleich den Weg zum Computer: Obwohl zahlreiche Methoden existieren, chinesische Zeichen einzugeben, benutzen jüngere Chinesen überwiegend Pinyin beim Tippen: Wer etwa *nan* eintippt, erhält ein Menü, auf dem sämtliche Zeichen mit der Aussprache *nan* erscheinen – im Durchschnitt kommen auf eine Pinyin-Silbe 17 Zeichen. Durch die Eingabe des Tonakzentes – im Hochchinesischen (auch Mandarin, *putonghua*) gibt es davon vier – lässt sich die Auswahl weiter einschränken. Zudem hilft ein Wahrscheinlichkeitswörterbuch weiter: Wer erst einmal keins der angebotenen Zeichen für *nan* auswählt, sondern gleich die nächste Silbe schreibt (oder auch nur deren Anfangsbuchstaben), dem unterbreitet der Computer eine Liste aller wahrscheinlichen Wörter, bei der Eingabe von »j« etwa *Nanjing* oder *nanji* (Südpol). So lässt sich auch im Chinesischen ein flüssiges Schreibtempo erreichen. Neuere Technologien wie Sprach- und Handschriftenerkennung haben ebenfalls ihre Anhänger, erreichen aber längst nicht die Popularität der Pinyin-Eingabe, die weit über 90% der User bevorzugen.

Festlandchinesen schreiben mit Kurzzeichen, in Taiwan und Hongkong benutzt man noch traditionelle Langzeichen. Verkaufskarren in Taichung, Taiwan

Innenstadt erzählt hat, hätte es früher fünf Jahre Umerziehung im Arbeitslager gegeben«, berichtet mir ein chinesischer Geschäftsmann, selbst Parteimitglied, mit Abzeichen am Revers. »Heute schimpfe ich selbst noch mit – und das als alter Genosse!«

Lexikon

Exotisierendes Übersetzen

Die Versuchung ist groß, chinesische Begriffe wortwörtlich zu übersetzen, das klingt immer so schön exotisch. Schon der chinesische Name für China, *zhongguo,* verleitet dazu, eine Eins-zu-eins-Übersetzung zu wagen: *Zhong* heißt »Mitte«, *guo* ist das »Land« – und schon bekommen wir ein poetisch klingendes »Reich der Mitte«. Doch Vorsicht: Man sollte exotisierende Übersetzungen wie »Reich der Mitte« weder überstrapazieren noch überbewerten, denn Sprachen funktionieren anders als man sich das gemeinhin vorstellt. Sie hängen sich nicht an wortwörtlichen Bedeutungen auf, sondern fördern das Denken in griffigen Konzepten. Wer auf Deutsch »Fußbett« sagt, denkt erst einmal nicht an ein Bett für den schlafenden Fuß, sondern direkt und ohne Umwege an das, was den Schuh so bequem macht. Nichts anderes gilt für das Chinesische.

Auch wenn ich auf das überstrapazierte »Reich der Mitte« im *KulturSchlüssel China* gerne verzichte, die ein oder andere wörtliche Übersetzung gestatte ich mir dennoch. Gerade bei Eigennamen helfen Übersetzungen als Eselsbrücken ungemein. *Yonghong* konnte ich mir anfänglich nur schlecht merken. Nachdem ich aber wusste, dass ihre Eltern sie in revolutionärer Begeisterung »Ewig Rot« genannt hatten, grub sich mir der Name meiner Kommilitonin auf immer ins Gedächtnis. Auch wer weiß, dass Herr Wang eigentlich ein »Herr König« ist und Herr Zhu ein »Herr Rot«, hilft dem Gedächtnis auf die Sprünge. Im Text erscheinen solche Übersetzungen in Anführungszeichen, so wie oben »Duftender Hafen« für Hongkong.

Wie grandios einfach das Chinesische sein kann, mit und ohne Eselsbrücken, erklärt Ihnen das Kapitel »Zeichen, Silben, Töne: Hanyu für Anfänger« (s. S. 184 ff.). Wer mag, darf schon jetzt einen Blick auf die entsprechenden Seiten werfen. Insbesondere die Erläuterungen zur Aussprache helfen bei der weiteren Lektüre.

Wandeljahre: Chinas Suche nach der Moderne

Entwicklung im Eiltempo

Das von China vorgelegte Entwicklungstempo war für mich bei jedem meiner Besuche beeindruckend, nach dem ersten wirklichen großen Sprung nach vorn – der Einrichtung der Sonderwirtschaftszonen – dann aber nicht mehr sonderlich überraschend. In den vergangenen Jahren hat sich allein die Quantität dramatisch geändert: Noch mehr Hochhäuser, neuere, bessere Autos, zusätzliche Telekommunikationsdienste. Im Grunde aber nichts weiter als ein »more of the same«. So gesehen, halte ich den Satz Anna Wangs, einer aus Beijing stammenden Schriftstellerin, für wenig zutreffend: »Jedes Mal, wenn ich nach China komme, sehe ich ein völlig verändertes, neues China.« Was das äußere Erscheinungsbild des Landes angeht, mag sie Recht haben; was jedoch seine innere Beschaffenheit betrifft, liegt sie völlig daneben. So wie ihr Kollege Xu Xing, der die Chang'an Jie, Beijings große Ost-West-Achse, mit einer Allee in Atlanta vergleicht. Die Analogie bietet sich auf den ersten Blick an, denn Verkehr gibt es genug, Gebäude und Fahrbahnen wirken amerikanisch-groß. Doch spätestens wenn man das Leben entlang der Straßen betrachtet, wird einem nichts unpassender erscheinen als der Vergleich mit der Großstadt in Georgia.

Abrisswut

Erstaunlich bleibt, dass China – trotz der eigentümlich modernen Architektur seiner Großstädte – seinen Reiz noch immer nicht verloren hat, auch wenn einer meiner Beijinger Freunde, Mitarbeiter eines großen Reiseveranstalters, bei jeder gemeinsam verspeisten Ente spätestens nach dem zweiten Bier beweint, dass das Beijing seiner Jugendjahre auf immer verschwunden sei, geopfert der Abrissbirne und einer fragwürdigen Vorstellung von Modernität.

Chinesische Moderne

Der Freund hat natürlich Recht. Auf meinen China-Fotos, von denen viele in den pittoresken Gassen der Hutongs entstanden sind, taucht immer wieder das Schriftzeichen »chai« (abreißen) auf. Mir war das nicht einmal aufgefallen, bis mir Cordula, eine eifrig fotografierende Sinologin, ihre Shanghai-Fotos zeigte: »Chai« an jeder Ecke. Landesweit macht China seine Altstädte platt. Immer öfter passiert es China-Rückkehrern, dass sie zu einem altbekannten Ziel aufbrechen und, dort angekommen, nicht mehr den alten Hutong mit dem leckeren Restaurant finden, sondern eine verklinkerte Wohnsiedlung neuester Bauart. Oder ein Hotel, das in seiner albernen Scheußlichkeit dem Berliner Kanzleramt Konkurrenz macht.

Gingkos überleben

In Beijing und Shanghai, wo ich 1992, während meines ersten China-Jahres, in den Vorstädten noch Ochsenkarren und Maultiere hatte bestaunen können, gehören Staus auf sechsspurigen Highways längst zum Alltag. Baumbestandene Alleen hatte man mit Macht zu Schlagadern des innerstädtischen Ringstraßensystems umgestaltet, auf die ersten drei Ringe folgten vier weitere. Für Bäume blieb kein Platz, zur Freude deutscher Kettensägenproduzenten.

Aber nicht immer: So gnadenlos die Modernisierung auch war, so viele Bäume auch gefällt wurden: Die Ginkgos, die den Weg zu meiner Hochschu-

Modernität um jeden Preis. Platz des Volkes, Shanghai

le säumten, ließ die dendrophile Stadtverwaltung samt und sonders ausgraben. Mitsamt ihrer gewaltigen Wurzelballen wurden sie ausgebuddelt, die Wurzeln mit Strohmatten umwickelt und in himmelblauen Lastwagen der Marke *FAW* davon gekarrt.

Ansteckende Vitalität

Nicht alles bewahrt China wie seine Ginkgos. Und manches, was bewahrt wird, hat längst seine historischen Wurzeln verloren: Viele vermeintlich antike Schätze sind plumpe Replikas, die größten Sehenswürdigkeiten wie die Verbotene Stadt oder der Himmelstempel sind – verglichen mit dem Alter der chinesischen Kultur – blutjung. Wer historische Gebäude sehen möchte, der bleibe in Europa. Wer hingegen eine Kultur erleben möchte, die trotz ihrer vieltausendjährigen Traditionen noch immer von einer ansteckenden Vitalität durchdrungen ist, der ist in China gut aufgehoben.

Innen und außen: Nei gegen wai

Entlang der Großen Mauer

Einreiseformalitäten

Im Moment sind wir draußen. Zwar gemütlich im Flugzeug sitzend, aber eben nicht in China selbst. Noch gilt es, die Einreiseformalitäten hinter sich zu bringen. Als die hübsch anzuschauenden chinesischen Stewardessen die Formulare zur Einreise austeilen, beginnt das übliche Grabbeln nach den Kugelschreibern. Chinesisch ist zu hören, und ich freue mich, dass ich »You bi ma?« (Hast du einen Stift?) verstehe. Noch mehr Freude aber bereitet der Blick auf das gerade ausgeteilte Formular. Erheitert nehme ich zur Kenntnis, dass wir angeben sollen, ob wir an »Fieber / Husten / mentaler Psychose« leiden. Nein, zurzeit jedenfalls nicht, und selbst wenn, würden wir's wohl kaum ins Formular pinseln.

Keine Kadaver, bitte!

Besonders besorgt scheinen Chinas Behörden zu sein, dass »Altkleider« draußen bleiben – »waste clothing« schreibt das englischsprachige Formular –, auch »animal carcasses« (Tierkadaver) sollte der weltgewandte Reisende lieber zu Hause lassen, wenn es ihn nach China zieht. Zum Scherz fragen wir uns, ob es sich bei diesem äußerlich harmlosen Zettelchen um ein Indiz dafür handeln könnte, dass die dramatische Öffnung nach außen, die während der letzten zwei, drei Dekaden das Land vollständig umgekrempelt hat, vielleicht doch nur Fassade ist, und dass tief im Inneren der chinesischen Seele die Mauern nicht weniger hoch sind als zu Zeiten der Kulturrevolution. Könnte das Einreiseformular gar ein Hinweis auf dieselben tiefverwurzelten chinesischen Ängste sein, die für den Bau der Großen Mauer sorgten? Nein, und hier werden wir wieder ernst, denn erstens haben wir etwas gegen Verallgemeinerungen, und zweitens sollte auch uns Europäern das Schutzbedürfnis gegen tatsächliche oder vermeintliche Bedrohungen von außen nicht ganz fremd sein. Im direkten Vergleich mit den Einreisepapieren anderer Länder wirken die Formulare der Volksrepublik China ziemlich harmlos. Wer weiß, wie schwer es Chinesen gemacht wird, nach Europa zu kommen, wird geduldig seine Kreuzchen machen und anschließend die letzten Tierkadaver brav in die Bordtoilette werfen.

»China: Draußen vor der Tür«

Michael Kahn-Ackermann

Drinnen oder draußen

In China denkt man gerne in Kategorien wie drinnen oder draußen, dazugehörig oder nicht. Das beginnt beim Verhältnis Chinas zum Ausland und setzt sich fort in den Kontakten außerhalb der Familie oder des erweiterten Familienclans. Auch Menschen lassen sich »anfüttern«, und so lädt man zuweilen zu einem großen Essen ein oder überreicht kleine Geschenke, um Beziehungen aufzubauen oder zu festigen. Aus den *sheng ren*, den fremden, »nicht garen Leuten«, werden so im Lauf der Zeit *lao shou ren*, »alte gekochte Menschen«, gute Bekannte, die einem ihrerseits weiterhelfen und auf deren Loyalität man sich auch im Geschäftlichen jederzeit verlassen kann. *Networking* nennen das die Amerikaner, und auch unser Begriff »Seilschaft« fällt einem dazu ein.

◄ Die Große Mauer bei Badaling

Der lange Marsch nach Deutschland

Die Chinesen, die ein Jahr später auf unserem Rückflug nach Frankfurt mit uns in der Boeing sitzen, haben die größten Hürden bereits hinter sich: Eine angehende Jurastudentin, die bereits vorzüglich Deutsch spricht, erzählt uns, wie sie in Beijing an einer Prüfung teilnehmen musste, um ihre deutschen Sprachkenntnisse nachzuweisen. Ihre Zeugnisse vom Goethe-Institut, wo sie jahrelang Deutschkurse belegt hatte, waren von der Deutschen Botschaft nicht anerkannt worden. Ein schriftlicher Test bei einer Prüfstelle musste es sein, samt mündlicher Prüfung, inklusive Fragen zum Fach. Das Ganze natürlich kostenpflichtig, zu einem im Westen üblichen Preis, der gerade für Studenten kein Pappenstiel ist. Danach geht's dann zurück zur Botschaft, wo entweder die Finanzgarantie eines deutschen Bekannten vorgelegt werden muss – wer wäre verrückt genug und unterschriebe eine solche Haut-und-Haar-Bürgschaft? – oder ein Kontoauszug, auf dem ein erkleckliches Euro-Sümmchen, genug Geld für das erste Studienjahr, ausgewiesen wird. »Tai mafan!«, welche Umstände, meine ich, und meine damit auch: Wie kann man als Student so viel Geld zusammenkratzen? Außerdem: Die deutschen Studenten reisen ja auch nach China, ohne viel Geld und Sprachkenntnisse nachzuweisen. Dann aber bekundet die angehende Juristin ihr Verständnis für die europäische Politik: Jahrelang seien Tausende von Scheinstudenten mit gefälschten Zeugnissen nach Deutschland geschleust worden, damit sei nun Schluss, nur noch »echte« Studenten – oder eben Geschäftsleute beziehungsweise Touristen mit ihren Reisegruppen – kämen nach Deutschland.

Dennoch scheinen uns die Hürden ein wenig zu hoch gelegt, wir sähen gern weniger bürokratische Gründlichkeit und dafür mehr Chinesen auf dem Weg nach Deutschland.

Die Welt der »laowai«

Für Ausländer gibt es meist nur die Kategorie *wai* (draußen, fremd), wie sie sich in dem schönen Wort *laowai* niederschlägt. Auch wer, wie der perfekt die Landessprache beherrschende Sinologe Kahn-Ackermann, Jahre in China verbracht hat, fühlt sich, trotz chinesischer Ehefrau, noch immer »drinnen vor der Tür«. Für Millionen von Chinesen, die weder Zeit noch Lust haben, sich viel um ferne Länder zu kümmern, sind und bleiben wir einfach nur *laowai*, eine Zusammensetzung von »alt« (*lao*) und »draußen« (*wai*). Bezeichnet wird damit, leicht abwertend, aber auch leicht augenzwinkernd, ein Ausländer. Woher dieser Ausländer kommt, ist erst einmal nebensächlich, so nebensächlich wie seine Sprache: Ein *laowai*, das ist doch klar, spricht eine Fremdsprache, *waiyu*, ein Wort, das ebenfalls das *wai* wieder aufnimmt. Und *waiyu* heißt heutzutage Englisch. So also werden wir alle elegant über einen Kamm geschoren – was uns recht geschieht, denn auch wir differenzieren wenig und werfen oft genug alle Asiaten als »Schlitzaugen« in einen Topf.

Die Nummer Eins

Am besten hat man es noch, wenn man Amerikaner ist. Darunter können sich Chinesen etwas vorstellen. *Meiguo*, die USA, heißen, übersetzt man die beiden Schriftzeichen getrennt voneinander, »Schön-Land«. Doch an das »schön« denkt keiner, wenn es um die USA geht. Eher an die wirtschaftlich-politische Macht und daran, dass China genau dort hin möchte, wo die USA jetzt sind. *Diyi hao*, die Nummer eins zu sein, hat einen magisch-verführerischen Klang für viele Chinesen. Nicht zufällig taucht der Begriff gehäuft in Werbung und Firmennamen auf. Da selbst Schulen und Hochschulen durchnummeriert werden, gilt es bereits als etwas Besonderes, die Mittelschule Nr. 1 zu besuchen oder aber die Erste Fremdsprachenhochschule – selbst wenn die Zweite Fremdsprachenuniversität eigentlich viel besser ausbildet.

Chinesische Dimensionen

Zu Europa fällt der Masse der Chinesen nichts ein. Was soll man auch anfangen mit diesem Flickenteppich aus – im Vergleich zu China – zwergenhaft kleinen Ländern? Spielend könnte die gesamte Bevölkerung Österreichs in Beijinger Wohnungen umquartiert werden, vorausgesetzt man würde die Beijinger vorab in die Alpenrepublik verschicken. Die Maßstäbe, mit denen China misst, haben andere Dimensionen. Eine Studentin, von mir nach ihrem Heimatwohnort gefragt, gibt zur Antwort: »Ich komme aus einer kleinen Stadt im Südwesten.« Ich auch, denke ich mir, und habe dabei mein heimisches Speyer im Sinn. Wie viele Einwohner es denn in ihrer Stadt gebe, will ich wissen. »Ungefähr 3,5 Millionen.« Wie beschaulich, möchte ich sagen, aber da fehlt mir der passende chinesische Ausdruck und das Vertrauen, dass mein Sarkasmus von der kindlich wirkenden 18-Jährigen auch verstanden würde.

Ahnenkult

Die Frage nach der Heimat des chinesischen Bekannten ist schnell gestellt, die auf die Antwort folgende Verwirrung jedoch nicht immer schnell behoben. Gemeinhin wird, wenn man auf Deutsch oder Englisch nach dem Heimatort, der »hometown« fragt, die Frage dahingehend verstanden, dass man wissen möchte, aus welchem Winkel Chinas die Familie ursprünglich stammt. Im familien- und clan-besessenen China kommt als Antwort immer der Name des »ancestoral homes«, des Heimatorts der Ahnen, oft ein obskurer Sprengel im entlegensten Hinterland. Über Generationen hinweg wird das Wissen um das Ahnen-Heimatdorf bewahrt. Bei Auslandschinesen ist es üblich, wenigstens einmal im Leben ins Heimatdorf zurückzukehren, seine Wurzeln kennen zu lernen, den Verwandten (auch wenn sie nach Jahrhunderten nur noch um fünf Ecken verwandt sind) die Hand zu schütteln und sich wieder einzureihen in die lange Familientradition der Zhangs, Wangs oder Zhous.

Suche nach den Wurzeln

Sind Prominente auf der Suche nach der Heimat ihrer Sippe – etwa weil während der »zehn chaotischen Jahre« der Kulturrevolution (1966 bis 1976) die alten Aufzeichnungen von marodierenden Rotgardisten zerstört wurden und auch die mündliche Überlieferung nicht klappte, weil Familien übers ganze Land verstreut wurden –, finden sich immer mindestens zwei Dorfvorsteher, die beschwören können, dass die Familie des Schauspielers oder des Parteichefs garantiert aus seinem Dorf stamme. Die Prominenten besuchen dann, wie etwa der verflossene Parteichef Jiang Zemin, gleich beide Dörfer und suchen sich das schönste aus. Die Ahnen sind's zufrieden, und die Nachkommen haben die Familiengeschichte wieder mit Leben erfüllt.

Besser als die meisten touristischen Angebote: Frisches Obst auf der Großen Mauer, Simatai bei Beijing

Tipps & Know-how

Die Große Mauer

Natürlich werden Sie staunen. Lang, groß und angeblich selbst vom Mond aus zu sehen: Wie sollte man von der Großen Mauer nicht beeindruckt sein? Erwarten dürfen Sie an der Mauer weder stille Kontemplation noch meditatives Innehalten seitens der chinesischen Touristenscharen. Megaphon-geführte Touristengruppen zerstören den letzten Moment stiller Größe – die Mauer ist ein Zirkus. Nur dort, wo sie nicht renoviert ist, ist sie wirklich schön und alt. Die für den Tourismus offiziell freigegebenen Abschnitte sind Nachbauten aus dem 20. und 21. Jahrhundert.

Wer Ruhe sucht, dem bleibt die Flucht in stillere Winkel. Irgendwo entlang der 6000 Kilometer findet sich sicher ein Ort zum Verweilen. Passen Sie aber auf, dass Sie beim Davonlaufen nicht auf den glitschigen Resten einer chinesischen Fleischwurst ausrutschen. Ich gehe jede Wette ein, dass Sie zumindest einmal den Überresten einer achtlos weggeworfenen *xiangchang* (Wurst) begegnen. Der rote Kunstdarm leuchtet schon aus der Entfernung und zeigt Ihnen, falls Sie den Kontakt zu Ihren Mitreisenden verlieren sollten, welchen Weg Sie nehmen müssen, um schnell wieder in die Arme der Zivilisation zurückzufinden.

»Laowai keyi!« Unverbriefte Sonderrechte

Ausländerprivilegien

Es gibt Schlimmeres, als in China »drinnen vor der Tür« zu bleiben. »Integration wäre der Horror für mich«, sagt Manfred Schlichter, ein deutscher Universitätslektor, den Neugier und Broterwerb an eine Fremdsprachenhochschule nach Qingdao geführt haben, wo er seine 18- bis 22-jährigen Studenten mit der Wunderwelt deutscher Pronominaladverbien bekannt macht. »Stell dir vor, du müsstest, wie meine chinesischen Kollegen, jede Woche vier Stunden *kaihui* machen.« Er schüttelt sich: *Kaihui* heißt »Versammlung, *meeting*« und dient neben den abteilungsüblichen Verwaltungsangelegenheiten vor allem der politischen Schulung: Die aktuellen Erlasse der Partei werden verlesen und diskutiert, die neuesten Richtlinien bekannt gegeben. Kein chinesischer Kollege mag die *kaihuis*, aber da muss man eben durch. Auch sonst hat Manfred nur Positives über seinen Ausländerstatus zu vermelden: Man gibt ihm eine größere Wohnung als einem gleichaltrigen, ähnlich qualifizierten Chinesen. Mit einem richtigen Bad und einer Toilette zum Hinsetzen. Und politisch erst einmal: Wenn er sich mit Sprüchen über Taiwan in die Nesseln setze, nähme man ihm das zwar übel, echte Konsequenzen würden jedoch ausbleiben. Im schlimmsten Fall würde er des Landes verwiesen. Einem Chinesen erginge es da wohl schlimmer, trotz der in den letzten Jahren erheblich angestiegenen Toleranzschwelle. Nein, er genieße eindeutig das Beste aus beiden Welten, so ließe es sich aushalten.

Umtauschaktion

Einem Ausländer lassen die Chinesen zuweilen Sachen durchgehen, die sie bei ihren Landsleuten auf die Barrikaden bringen würden. Mein erster in China gekaufter Mikrowellenherd, ein SMC mit Drehteller, erfreute mich keine drei Stunden, dann fiel mir auf, dass der Drehteller, der die gleichmäßige Erwärmung meiner aus dem Restaurant mitgebrachten Essensreste garantieren sollte, sich sehr ungleichmäßig um seine eigene Achse bewegte. Mal drehten sich meine Chinakohl-Überbleibsel in gewünschter Karussellmanier, mal kam der *baicai* (wörtlich: »Weißkohl«) ins Stocken, um dann, nach kurzer Pause, seine ruckelige Reise wieder aufzunehmen.

Also zurück und umtauschen. Oder Geld zurück. Dem Verkaufspersonal im Kaufhaus schilderte ich den Sachverhalt, musste dann sogleich den Beweis antreten, dass der Rundlauf tatsächlich mangelhaft ist. Nach einigen vergeblichen Versuchen gelang mir das auch: Das testweise in den Mikrowellenherd gestellte Glas ruckelte durch die Gegend, dass es einem weh tat. Jetzt müssten es alle, auch die Zuschauer in der letzten Reihe, gesehen haben, die Verkäuferin aber bleibt unbeeindruckt: Es ginge doch. »Ja, schon, aber es ruckelt wie verrückt.« Das sei nicht schlimm, meint sie und benutzt dabei einen Ausdruck, den ich im Prinzip gerne höre, aber nicht hier und schon gar nicht jetzt: »Cha bu duo«, sagt sie und meint damit, das sei doch egal.

»Cha bu duo«

»Da fehlt nicht viel« heißt *cha bu duo*, übersetzt man es wortwörtlich. Dahinter steckt die Überzeugung, dass nicht immer alles hundertprozentig sein muss, dass man auch mal fünfe gerade sein lassen muss, und dass mein Gerät im Grunde doch ganz ordentlich funktioniere. Mein westlicher Perfektionismus, der 100%iges verlangt, kann mit dieser 80%-Regelung nicht leben, deshalb passt mir diese Auslegung heute ganz und gar nicht, schließlich will ich mein Gerät getauscht bekommen. Ich erläutere ein letztes Mal meinen Standpunkt, in einfachen Worten zwar, aber weder unhöflich noch laut werdend, und rühre mich auch dann, als die Verkäuferin sich anschickt, die Sache für beendet zu erklären, nicht vom Fleck. Hartnäckigkeit und stille Beharrlichkeit, glaube ich in irgendeinem Asienbuch gelesen zu haben, führten stets zum Ziel. Ich warte also, meine Zuschauer warten mit. Die Minuten vergehen, die Zuschauer diskutieren angeregt das Verhalten der Hauptakteure: »Dieser *laowai* ist ein sturer Bursche!« Und dann geschieht das Wunder: Einer dieser Zuschauer schlägt sich auf meine Seite, ergreift für mich das Wort. Noch windet sich die Verkäuferin, schließlich gibt sie nach. Bald kann ich ein ganzes Bündel frischer Hunderter in die Brusttasche meines T-Shirts stopfen und den Heimweg antreten. Rückgabeaktion erfolgreich abgeschlossen. Ab sofort wird wieder alles im Gasbackofen aufgewärmt.

Tipps & Know-how

Distanz und Nähe

■ Schnell bilden sich in China große Pulks von Menschen, wenn es irgendwo etwas auch nur halbwegs Interessantes zu sehen gibt. Halbwegs interessant sind natürlich auch Ausländer verschiedenster Couleur. In Beijing, Hongkong und Shanghai eher nicht, wohl aber in der Provinz. Wenn Sie beim Einkaufen von Schaulustigen umringt werden, nehmen Sie's gelassen. Wenn Ihnen jemand über Ihr blondes Haar streicht: Ruhig Blut. Keiner meint es böse. Aber »goldenes Haar« ist für Dorfbewohner, die Derartiges nur aus dem Fernsehen kennen, einfach zu verlockend, um es nicht anzufassen.

Chinesen sind extrem kinderlieb, und bei süßen Zweijährigen, noch dazu hellhäutigen, flippen sie vor überschäumender Liebe fast aus: Das Kindlein muss einfach geherzt und getätschelt werden. Im schlimmsten Fall wird das Kind von Hand zu Hand weitergereicht, so schnell, dass die Eltern Angst bekommen, der oder die Kleine werde entführt. Passiert aber nicht.

Für die Großstädte kann ich Entwarnung geben: Hier kräht kein Hahn mehr nach den Ausländern, dazu gibt es mittlerweile einfach zu viele. Vorbei die Zeiten, da jeder ausländische Tourist behandelt wurde, als wäre er auf Staatsbesuch.

Stehen bleiben und gucken empfindet man nicht als unhöflich. Wenn ich auf dem Markt meine Obst- und Gemüseeinkäufe erledige, habe ich gelegentlich den ein oder anderen Zuschauer, der es unterhaltsam findet, wie so ein *laowai* (Ausländer) es anstellt, auf Chinesisch Tomaten zu kaufen. Ob er wohl alle Wörter richtig ausspricht, ob ihm die Händler mehr berechnen als den Einheimischen? Auch auf eine Retourkutsche reagiert niemand unwillig: Wenn ich mir ganz genau anschaue, wie ein Chinese seine Verkaufsverhandlungen durchführt – man will schließlich etwas lernen –, nimmt er das ganz gelassen. Er betrachtet es nicht als naseweises Einmischen oder unhöfliche Neugier, sondern versteht, dass hier jemand ein berechtigtes Interesse an etwas hat, was im Westen bereits als Teil der Privatsphäre gilt.

Das Staunen über Ausländer hält sich in Grenzen. Schulkinder in Beijing

Chinesisches Stressmanagement

Gut genug, oder? »Cha bu duo« Der Kreis muss nicht perfekt sein, solange er nur als solcher zu erkennen ist: Diese Regel, mit der wir uns viel Stress ersparen würden, praktizieren viele Chinesen. Man weiß, dass nicht alles planbar ist, und auch, dass bei der Umsetzung von Plänen Abstriche zu machen sind: Wer die Mängel einer an sich funktionierenden Sache bejammert, bekommt ein überzeugtes *Cha bu duo!* zu hören: Das ginge doch ganz gut, es fehle nicht viel und es wäre perfekt.

Alles »mafan« oder was? Neben »Cha bu duo!« schnappen Ausländer in China schnell den Begriff *mafan* auf. Das ist gut so, denn wenn man etwas von einem Chinesen möchte, dann hilft der Zusatz »Mafan ni!« (Ich bereite dir Umstände!), um aus einer Bitte eine freundliche Bitte zu machen. Etwa wenn man im Postamt die Briefmarken mit einem viel zu großen Geldschein bezahlt, sodass die Postler größte Mühe haben, Wechselgeld zu finden. Einmal »Mafan ni!«, und schon geht alles viel besser. Natürlich wird jeder höfliche Chinese das »Mafan ni!« mit einem »Bu mafan!« (Aber nein, das macht gar keine Umstände!) zurückweisen.

Lexikon

Geniale Knappheit

Lassen Sie sich nicht von der barsch-kurzen Form des Ausdrucks »Mafan ni!« verunsichern. Bei aller Knappheit gilt er doch als sehr höflich. Überhaupt: Im Chinesischen lassen sich alltägliche Verrichtungen mit wunderbar knappem Wort- und Satzmaterial erledigen.

Bu cai.	Er/sie ist nicht zu Hause/da/hier.
Bu cuo.	Nicht übel. Gar nicht schlecht.
Bu yao!	Ich will/mag (das) nicht.
Bu yong!	Brauch' ich nicht!
Cai nar?	Wo (ist das) denn?
Chiba!	Greif/t zu! Hau/t rein! Lass dir's schmecken.
Duoshao qian?	Wie viel kostet das? (»Wie viel Geld?«)
Hao chi!	Lecker (»Gut essen!«)
Hui jian!	Man sieht sich, tschüs!
Man hao chi!	Ziemlich lecker, recht ordentliches Futter.
Man hao!	Ziemlich gut, nicht übel.
Meiyou!	Haben wir nicht, gibt's nicht, ist nicht vorrätig, kriegen wir nicht mehr.
Ni hao!	Guten Tag! (»Du gut!«)
Zouba!	Auf geht's, los!

Eines der ersten bedruckten T-Shirts in der Volksrepublik überhaupt war das *Meiyou*-T, Mitte der 1980er von freien Händlern angeboten und von Touristen aus dem Westen gerne gekauft. Persifliert wurde die trotz wirtschaftlicher Reformen immer noch spärliche Versorgung mit Konsumgütern. Wer in ein Geschäft ging und nach einem besonderen Kabel oder einer bestimmten Farbe für eine Bluse fragte, bekam vom unmotivierten Verkaufspersonal in nahezu allen Fällen die Antwort »Meiyou!« zu hören: Gibt's nicht! Für Touristen wurde *meiyou* bald zum geflügelten Wort, für die Chinesen blieb es ein leidiges Alltagsproblem.

Quittungen

Das Bezahlen im Kaufhaus nervt: Für jeden Artikel, den man kaufen möchte, muss man mit einer handschriftlichen Rechnung zur Kasse marschieren und bezahlen. Danach geht es mit einer gestempelten Rechnung wieder zurück zur Fachabteilung, wo die Verkäuferin das angefügte Duplikat einbehält und die inzwischen verpackte Ware aushändigt. Für jede Abteilung wiederholt sich das Spiel, denn Zentralkassen gibt es nicht. Das schafft jede Menge Arbeitsplätze, hält aber auch die Schlangen beim Bezahlen kurz.

Immer sauber, immer frisch: Mao-Porträt am Tor des Himmlischen Friedens, Beijing

Kaufen und Kauen am Tiananmen

Im Zentrum Chinas

Dem Tiananmen-Platz kommt als Zentrum des modernen China eine symbolisch überhöhte Rolle zu. Hier verkündete Mao Zedong am 1. Oktober 1949 die Gründung der Volksrepublik, hier fanden die sieben gewaltigen Rotgardisten-Aufmärsche während der Kulturrevolution 1966 statt, bei der jeweils eine Million Menschen am Großen Steuermann Mao vorbeimarschierte. Noch immer im Bewusstsein: Der 4. Juni 1989, als die Volksbefreiungsarmee die große Party auf dem Platz am Tor des Himmlischen Friedens mit Panzern und Brigaden beendete. Heute, an einem kalten Herbstvormittag, zieht eine Putz- und Kratzkolonne von 1000 Mann über den Platz, denn die Stadt Beijing lässt die vielen ausgespuckten Kaugummis vom Pflaster entfernen, 600 000 Stück werden es am Ende sein, 15 Tage wird die Aktion gedauert haben. Damit der Platz schön sauber bleibt, sind die Süßwarenverkäufer in Platznähe angewiesen, Kaugummi (*kouxiangtang*, »Mundduftzucker«) in Zukunft nur noch mit Müllbeutelchen zu verkaufen.

Achtung Spitzel

Das Publikum auf dem Platz ist bunt gemischt, westliche Reisegruppen stapfen von einem Ende zum anderen, doch die chinesischen Touristen dominieren. Am südöstlichen Ende liegt das Mao-Mausoleum und ruiniert die perfekte Nord-Süd-Achse von Qianmen, Tiananmen, Verbotener Stadt und

Keine Reise in die Hauptstadt ohne Erinnerungsfoto. Steinlöwe am Tiananmen, Beijing

Glockenturm. Die Schlange vor dem Eingang zum Mausoleum ist kurz, es ist wohl zu kalt heute, um dem Großen Vorsitzenden seine Aufwartung zu machen. Argwöhnisch beobachte ich einen Herrn, der mit seiner gelben Baseballmütze wie ein ganz normaler chinesischer Tourist aussieht, sich aber nicht von der Stelle rührt. Hier im Herzen der Stadt, das immer auch im Blickpunkt der Öffentlichkeit steht, steckt hinter manchem vermeintlichen Touristen ein Mann von der Staatssicherheit. Wer hier ein Transparent ausrollt oder Flugblätter verteilt, landet schneller als ihm das recht sein könnte in einer grünen Minna.

Gesicht und Würde wahren

Tipps & Know-how

Beim Fotografieren vorher Erlaubnis einholen »Zhaoxiang, keyi ma?« (»Fotografieren, darf ich?«) Zwar werden Ihnen die Chinesen, wie es mir unter den Deutschen schon oft genug vorgekommen ist, keine Vorträge zum Thema »Das Recht am eigenen Bild« halten, aber nicht immer ist es ihnen angenehm, abgelichtet zu werden.

Vor allem, wenn es uns im Auslöser-Finger juckt, weil gerade eine dieser für uns so exotischen Alltagsszenen zu sehen ist, ziehen es die Chinesen vor, nicht fotografiert zu werden. Ein sich abstrampelnder Kohlenmann mit dem Last-Dreirad voller »Bienenwaben«-Briketts, eine dreiköpfige Familie komplett auf einem Fahrrad, eine keuchende Bäuerin mit Tragejoch über dem gekrümmten Rücken, eine greise Weihrauchverkäuferin vor einem Tempel im Streit mit einem noch greiseren Kunden – fotowürdige Szenen, die jedoch eines gemeinsam haben: Die Menschen fühlen sich bloßgestellt, wenn man sie in solchen als unvorteilhaft empfundenen Situationen fotografiert. Da ist es doch viel schöner, meinen die meisten, wenn man in unverfänglichen Lagen geknipst wird, oder, besser noch, wenn man für das Foto richtig posieren darf.

Die Pose macht's Als China-Besucher werden Sie vielen chinesischen Inlandstouristen begegnen und sich von ihnen abgucken können, wie ein anständiges Urlaubsbild auszusehen hat: Erst Wang Li vor dem Mittagstor der Verbotenen Stadt, dann Wang Li und Wang Gan vor dem Himmelstor, schließlich Wang Li, Wang Gan und Li Xuehui vor den großen Steinlöwen. Bestimmte Orte und Situationen führen in China fast reflexhaft zu einem Erinnerungsfoto. Neben Reisen und anderen Gruppenveranstaltungen wie Schulungen und Seminaren (ein abschließendes Gruppenfoto ist Pflicht; wer als ausländischer Geschäftsmann Seminare abhält, achte auf solche Gemeinsamkeit stiftende Momente) sind das vor allem Naturmomente wie die Baumblüte im Frühjahr oder ein plätschernder Wasserfall. Gerne stelle ich mich dann hinter den Fotografen und schieße meine Version des Themas »Junges Mädchen und Kirschblüten« oder »Oma und Opa am Wasserfall«. Ein weiteres Muss für chinesische Beijing-Touristen: »Herr Zheng unter dem gigantischen Porträt von Mao Zedong«, aufgenommen am Himmelstor beim Tiananmen-Platz.

Für die immer wieder beschworene gewaltige Größe des Platzes fehlt mir das Gefühl. Kein andächtiges Staunen stellt sich ein angesichts der Dimensionen des Platzes, auf dem sich angeblich eine Million Menschen versammeln kann. Platte reiht sich an Platte, das andere Ende ist, wenn man am Nordende steht, kaum zu sehen, und doch lässt mich das alles kalt. Meine Freude habe ich an den Drachen, die in allen Formen und Farben über dem Tiananmen-Platz flattern und bei Dunkelheit sehr effektvoll blinken: Die neueste Drachengeneration hat eingebaute Leuchtdioden. Auch auf dem Tiananmen geht man mit der Zeit.

Drachen mit Leuchtdioden

Tipps & Know-how

Taxis

Wir sind in Asien und haben trotzdem keinen Stress beim Taxifahren. Chinesische Taxifahrer sind ehrliche Häute – von einigen wenigen am Flughafen abgesehen. Im Großen und Ganzen fahren sie nicht kreuz und quer durch die Gegend, um Meilen zu schinden, rauben einem nicht die Brieftasche leer und machen sogar anstandslos die Zigarette aus, wenn man sich beschwert. Offiziell verkehren in China ohnehin nur rauchfreie Taxen. Wenn es dennoch müffelt, kommt das von den schlecht abgeschirmten Motoren, leckenden Benzinleitungen oder kaputten Auspuffanlagen.

Die Taxameter haben eine Klappe, die der Fahrer zu Beginn der Fahrt nach unten drückt. Wenn er das vergessen sollte, hilft ein »Da biao!« (Schalte die Uhr ein!). Am Ziel angekommen, haut der Fahrer auf den automatischen Quittungsdrucker, der unter lautstarkem Gerattere seine Arbeit aufnimmt. Trinkgeld wird nicht erwartet und auch keins gegeben. Sie sollten das ebenso halten und keine Erwartungshaltung entstehen lassen. Oder wie Luo Bi, ein Auslandschinese, mir vor Jahren schon sagte: »Verdirb mir die Leute nicht, die verdienen doch locker ihre zweieinhalb Dollar am Tag.«

Wer sein Fahrtziel auf Chinesisch herausbringt, wird wenig Probleme haben. Zur Not hilft ein chinesisch beschrifteter Stadtplan (den gibt's an jeder

Möbel vor dem Museum

Meine erste Sofagarnitur hatte ich direkt am Tiananmen erstanden, genauer: vor dem *lishibowuguan,* dem Museum für chinesische Geschichte und Revolution. Das aufblühende Unternehmertum der 1990er machte auch vor den heiligen Stätten Chinas nicht Halt. Direkt vor dem Museum war ein Verkaufsraum aufgebaut, der Bambusmöbel ausstellte. Nach einer kurzen und erfolgreichen Preisverhandlung waren Pamela und ich Besitzer eines Sofas und zweier Sessel.

Zusammen mit Robert, einem guten Freund, der gerade geschäftlich in Beijing zu tun hatte, liefen wir an die Straße und schnappten uns zwei Taxis vom Typ *miandi.* Ein *miandiche* sieht aus wie ein Kasten auf Rädern – deshalb auch der Name *miandi,* Kastenbrot –, basiert auf einer Lizenz von Daihatsu und ist heutzutage nur noch als Privatfahrzeug zugelassen: Beim Elchtest waren die *miandi* reihenweise umgekippt. Damals aber dominierten die gelben *miandi* Beijings Straßen. Gut für uns, denn wir brauchten zwei, um unser neu erworbenes Mobiliar nach Hause zu bekommen.

Ein Taxi zu finden ist in Chinas Großstädten nie ein Problem, man hebt die Hand und schon hält es an. Doch einen Taxifahrer dazu zu bewegen, dass er die große Rampe zum Vorplatz des Museums für chinesische Geschichte und Revolution hinauffährt – »Geht nicht, verboten!« –, ist ein sehr großes Problem. Wir flehten und bettelten, gaben gute Worte und versprachen mehr Geld. Am Ende verfing dann ein einziges Argument: »Guck mal, wir sind Ausländer, wenn die Polizei was will, schieb es auf uns.«

Ecke: *Beijing jiaotongtu* heißt »Beijinger Stadtplan«) oder ein chinesisch geschriebener Zettel. Meine Methode, wenn ich das Fahrtziel nicht nennen kann, aber aus eigener Radfahr-Erfahrung genau weiß, wo es liegt, stützt sich auf den Satz »Wo gaosu ni!«, ich sage dir Bescheid. Mit Kommandos wie *yizhizou, wangzuo guai* und *wangyou guai* (geradeaus, links abbiegen, rechts abbiegen) dirigiere ich meinen Taxifahrer durch die ganze Stadt. In Zielnähe rufe ich dann »Daole! Xiache!« (Wir sind da! Aussteigen!) und freue mich, es wieder einmal genau dahin geschafft zu haben, wohin ich auch wollte.

Zermürbend können die immer gleichen Höflichkeitsfloskeln sein, die es im Taxi zu hören gibt. Gewöhnlich nicht sonderlich gut über die diversen fernen Länder informiert (das haben die Chinesen mit den Amerikanern gemein), versorgen Chinesen ihre Besucher aus Europa immer wieder mit Gemeinplätzen wie »Deguo hao!« (»Deutschland ist prima!«, wahlweise auch »Ruishi hao!«, »Aodili hao!« für die Schweiz oder Österreich). Eventuell fällt ihnen noch Beckenbauer, Siemens oder Audi ein. Aus reiner Gastfreundschaft sagt mancher sogar »Xitele hao!« (»Hitler ist gut!«), meint das aber nicht politisch, sondern will dem Besucher aus dem fernen Deutschland vermitteln, dass der Ruhm seines Landes bis weit nach China vorgedrungen sei.

Gut beschirmter Aufpasser. Tiananmen, Beijing

Dadushi: Leben in der Großstadt

Siheyuan: Wohnen um den Innenhof

Vier Himmelsrichtungen-Haus

Wo in den Vorstädten unserer amerikanischen Vettern der Rasen zaunlos bis an den Gehweg reicht, bewehrt bei uns der Gartenzaun das Territorium. In China steht die Mauer. Das ist ein zwar grober, aber zulässiger Vergleich. Ein traditionelles chinesisches Haus – wie es in den großen Städten leider nur noch wenige bewohnen – kapselt sich ab vom Lärm der Straßen, etabliert ein viel deutlicheres Drinnen und Draußen als bei uns. Dem Betrachter weist es die kahlen Außenmauern zu, schlichte graue Backsteine (Rot und »kaiserliches Gelb« waren Beamten und dem Kaiser vorbehalten), die auf den Betrachter wenig anheimelnd wirken. Im Inneren aber wird es dann sehr gemütlich. Bei einem Besuch im alten Innenhof-Haus (*siheyuan,* wörtlich: »vier Himmelsrichtungen Hofanlage«) des 1966 gestorbenen Literaten Lao She, nur ein paar Schritte von Beijings berühmtester Einkaufsstraße Wangfujing gelegen, zeigt es sich, wie idyllisch man mitten in der Stadt leben kann. Buhlten eben noch wildgewordene Verkäufer der Boutiquen mit Megaphonen um die Gunst der Kunden, herrscht nun Ruhe.

> *»Die Straße des ewigen Friedens könnte heute auch eine große Allee in Atlanta sein.«*
>
> Xu Xing

Kein Lärm, viel Licht

Wir stehen im Hof, betrachten den Persimonen-Baum, der jetzt, im November, kein einziges Blatt mehr zeigt, wohl aber eine Reihe kräftig oranger Früchte: Nun verstehen wir, weshalb Persimonen (auch: Khaki-Frucht) in der chinesischen Kunst so oft gemalt und bedichtet wurden. Um den Hof herum gruppieren sich die Zimmer des Hauses wie einzelne Gebäude. Vor uns, als wäre es ein eigenes Haus im Haus, sehen wir das Wohnzimmer, rechts davon, im 90-Grad-Winkel angeschlossen, das Arbeits- und Schlafzimmer, auf der nächsten Seite ein weiteres Schlafzimmer. Auf der Ostseite schließlich Küche und Esszimmer. So entsteht ein Viereck an kleinen Gebäuden, die allein durch den Innenhof zu begehen sind. Alle Fenster weisen auf den Innenhof, der groß genug ist, um durch die großzügig dimensionierten Fenster reichlich Licht ins Innere gelangen zu lassen. Gästen geht's gut im *siheyuan,* sie bekommen die südlichen Räume. Die Haupträume aber stehen, zumindest in der chinesischen Großfamilie vergangener Tage, der älteren Generation zu: Im Sommer ist es dort angenehm kühl, im Winter warm. Darüber freuen sich auch die Ahnen, deren Schrein im selben Raum steht, in dem auch die Familienältesten leben.

Gutes Fengshui

Wer in einem Zimmer sitzt, ganz gleich in welchem, blickt immer auf den Hof. Dort spielen die Kinder, nicht immer friedlich, doch unbehelligt von solch unberechenbaren Gefahren wie Autoverkehr und elterlicher Autorität. Für die Eltern ist das beruhigend: Zur Wahrung ihrer Aufsichtspflicht müssen sie lediglich den Kopf heben, um vom Küchen- oder Schreibtisch aus die Aktivitäten ihre Sprösslinge zu verfolgen. So lässt es sich gleichzeitig arbeiten und aufpassen. Eigentlich zu schön, um wahr zu sein. Und so ist es auch: Fast niemand in der Stadt lebt noch in einer solch unbeschwerten Idylle, im-

◄ Chengdu, Sichuan

mer mehr traditionelle Stadtviertel verschwinden (und mit ihnen die *siheyuan*), aller Proteste zum Trotz, um trister Hochhausarchitektur Platz zu machen. Zugleich verschwindet auch der Gedanke, dass allein ebenerdiges Leben gesund sei, dass gutes *fengshui* (»Wind und Wasser«, geomantische Lehre von der idealen Anordnung) nur dann möglich ist, wenn die Harmonie von Natur und Menschenwerk beachtet wird.

Domäne reicher Ausländer

Ironischerweise sind es gerade die reichen Ausländer, die sich in Beijing den Traum vom Hofhaus erfüllen. *Siheyuan* gelten bei vielen Chinesen als überholt und unmodern, bei Westlern jedoch als schick und praktisch. Ausgestattet mit den Wundern moderner Heiz- und Sanitärtechnik, bringen Hofhäuser ein Stück Himmel auf die vor allem in China arg leidgeprüfte Erde. In den klassischen *hutongs*, den Gassenvierteln der *siheyuan*, lagen Wasserstelle und Toilette noch am Ende der Straße, ein Punkt, den die Abrissfanatiker immer wieder betonen. Von Renovierung wollen sie nichts wissen.

Nach vorne ist das Innenhof-Haus durch eine vorgesetzte Mauer von der Straße getrennt. Die Tür, rot lackiert mit goldfarbenen Aufsätzen, birgt die traditionelle Falle für die Schienbeine. Geister, so der Volksglaube, schaffen es nur mit Mühe, über die hochgesetzte Türschwelle zu gelangen. Sollte es ihnen dennoch einmal glücken, prallen sie, da sie als weiteres Handicap an zwanghaftem Geradeauslauf leiden, direkt in die kurz hinter dem Eingangstor errichtete Geistermauer. Während der menschliche Besuchsverkehr rechts und links um die künstlerisch elaboriert gestaltete Geistermauer herumläuft, holen sich die armen Geister eine Beule nach der anderen.

Statt Eunuchen nur noch Touristen. Innenhof des Kaiserpalastes, Beijing

Der Kaiserpalast

Besucht man in Beijing den Kaiserplast, die Verbotene Stadt, bemerkt man bald, dass sich zahlreiche *siheyuan*-Elemente wiederfinden. Im Grunde ist die gesamte Anlage ein ins Monströse gesteigerter *siheyuan*, ein mit Anabolika gemästetes Hofhaus. Die nebeneinander und ineinander angelegten Hofhäuser folgen denselben Prinzipien von *yin* und *yang* (männlich und weiblich), liegen auf derselben Nord-Süd-Achse und vertreten das gleiche *fengshui* wie ihre deutlich bescheideneren Vettern.

Mit Geräusch verbunden: Chinesischer Alltag

Das Ende der Idylle

Mein Traum, geträumt in den 90er-Jahren des gerade vergangenen Jahrhunderts, war schnell ausgeträumt, als ich das real existierende China sah. Ruhig-beschauliches Wohnen im *siheyuan*? Nur für Superreiche im Ausländergetto. Fahrradfahren? Nur für potenzielle Selbstmörder, 30% aller städtischen Verkehrstoten sind Fahrradfahrer. Unter Alleebäumen den zarten Klängen der chinesischen Zither (*guzheng*) lauschen? Ohne Verstärker nicht zu schaffen, denn der Autolärm überlagert jeden Ton.

Scheppernder Patriotismus

Selbst im Beijinger Kempinski, einem mit fünf Sternen bedachten Luxushotel, rauscht der Verkehr deutlich vernehmbar durch die Isolierglasfenster. Wer das Glück hat, wie ich in einer *danwei*, einer chinesischen »Arbeits- und Grundeinheit« zu leben, schläft ruhiger: Massive Mauern um die *danwei* herum halten den schlimmsten Verkehrslärm ab. Länger allerdings schläft man anderswo, denn das Lärmvakuum im Herzen der *danwei* füllt sich durch einen werktäglichen Weckservice. Überall auf dem Gelände, in einigen Fällen direkt vor dem Schlafzimmerfenster, plärren penetrant übersteuernde Lautsprecher ab 6 Uhr 30 die neusten China-Hits und -Nachrichten in die Stuben der müden *danwei*-Bewohner: »Guten Morgen, hier ist die Stimme der *Erwai* (Zweite Fremdsprachenhochschule)!« Wie jeden Tag wird dieser im Original chinesische Satz auch auf Englisch durchgegeben, den ausländischen Studenten zur Freude: »This is the Voice of Erwai!« Die Radiomacher orientieren sich ausgerechnet an der »Voice of America«, dem nicht eben China-freundlichen US-Kurzwellensender. Doch gleich nach dieser Ansage, die nicht nur uns, sondern auch die schönsten Hoffnungen auf ein abwechslungsreiches Informationsprogramm geweckt hat, schallt bereits die chinesische Nationalhymne über die *danwei* und überlagert die ebenfalls sehr patriotischen Klänge, die von der nebenan gelegenen Mittelschule zu uns herüber dringen. Dort bereitet der Hausmeister die wöchentliche Fahnenzeremonie vor, die pünktlich um 7 Uhr 15 beginnen wird: Junge Pioniere werden die Flagge hissen, salutierend der Nationalhymne und einer kurzen Ansprache lauschen und schließlich das Schulmotto in Chinesisch und Englisch aufsagen: »I'm a student of private Junyi school, I love my school, I'm Chinese, I love my homeland. Self-reliance and self-improvement! Be useful and successful!«

Bewusstwerdung bedeutet zuweilen Unglück. Unglücklich habe ich meine chinesischen Freunde durch einen einzigen, in aller Unschuld geäußerten Satz gemacht: »Stört euch das nicht, dieses dauernde Gedudel, diese endlose

Tipps & Know-how

Mundschutz

▮ Empfehlenswert in Beijing ist der Kauf eines *kouzhao,* eines Mundschutzes, den es in wattierter Baumwollausführung in der Apotheke gibt oder, modisch schick, mit Leopardenfell- oder Cartoonfiguren-Aufdruck, in einer der vielen Schnickschnack-Boutiquen. Uneingeweihte erschrecken, wenn sie im Frühling Menschen mit Mundschutz auf der Straße sehen: Gleich rechnen sie mit einer schweren SARS-Epidemie oder einer anderen Massenerkrankung. Zwar wird auch dann Mundschutz getragen, doch im Normalfall geht es nur darum, die Lunge vor dem Staub der Großstadt zu schützen, denn der ist im Frühjahr besonders schlimm, wenn starke Winde den Sand der Wüste Gobi bis hinein nach Beijing wehen.

Panflöten zum Frühstück

Panflötenmusik zum Frühstück?« Anfänglich war es keinem unangenehm aufgefallen, dass neben der Frühstückssendung auch ab 12 Uhr und dann ab 16 Uhr 30 die Lautsprecher ächzten und schepperten. Chinesen ließ das, was mich drei Mal täglich in heiligen Zorn versetzte, völlig kalt. Seit ihrem ersten Lebenstag waren sie Tag für Tag den Lautsprecherdurchsagen ausgesetzt gewesen, sodass nun, nach Jahrzehnten konstanter Beschallung, das Lautsprecherradio zwar noch die Gehörknöchelchen in Bewegung versetzte, nicht aber die dahinter liegenden Gehirnzellen. Im Vergleich zu mir, der sich morgens, mittags und nachmittags nur noch mit Gehörschutz durch die Wohnung bewegen wollte, fanden meine Freunde nichts dabei, sich in knapp zwei Meter Entfernung von einem Lautsprecher auf einer Ruhebank niederzulassen. Nach meiner verhängnisvollen Frage war es, zumindest bei der sensiblen Yang Hongyi, vorbei mit dem Gleichmut. Ich hatte sie, von einem Tag auf den anderen, vom Zustand vollkommener Unschuld in den unglückseligen Zustand des Wissens versetzt. Ähnlich wie Eva im Paradies ihre Nacktheit erkannte, erkannte nun auch Yang Hongyi, dass sie Ohren besaß, um zu hören, und dass die Ohren einer Lautstärke ausgesetzt waren, die über dem gesundheitlich Empfohlenen lag. Einen Tag später gestand sie mir: »Es ist wirklich laut, dieses Campus-Radio. Ich habe die Leitung darum gebeten, es leiser zu stellen.«

Lärmschutzprogramme

Schade, dass sich Straßenlärm nicht einfach per Regler leise stellen lässt. Immerhin konnte die Hochschule durchsetzen, dass der Campus nach Süden hin von einer Lärmschutzmauer abgeschirmt wird. Die Planung ist nicht ganz perfekt (der Baumeister hat die Mauer zwischen die Autobahn und die parallel dazu verlaufende Zufahrtsstraße gestellt, anstatt sie hinter die stark befahrene *fulu* zu positionieren), doch der Kampf gegen die Verlärmung hat auch in China begonnen. Vor der Olympiade 2008 investiert Beijing insgesamt 1 Milliarde Yuan in städtische Lärmschutzprogramme. Schön sieht das meistens nicht aus, aber das Kurieren der Symptome, an denen autogerechte Städte zwangsläufig leiden, ist zumindest ein erster Schritt.

Wo ist meine danwei? Menschen ohne Einheit

Eiserne Reisschüssel ade

Die Welt der Mauern bröselt. Die eiserne Reisschüssel (*tiefanwan*), einst symbolisch die soziale Vollversorgung von der Wiege zur Bahre (inklusive unkündbarem Staatsjob) umschreibend, ist für viele nur noch eine ferne Erinnerung. Auch für Gao Yunchun. Seit sie ihren Job in einem großen staatlichen Konglomerat hingeschmissen hat und für die Hongkonger *Swire Group* in einem Shanghaier Büro sitzt, hat sich ihr Gehalt verzehnfacht – ihre Ausgaben allerdings auch. Ein schickes Apartment, ein Auto, Breitband-Internet, private Krankenversicherung: Yuppies müssen die neue Zeit mit Geld füttern.

Ob Beijing, Shanghai oder sonstwo: Streetball ist hip, auch in Kowloon, Hongkong

Subventionen für die »danwei«

Das war vor zehn, zwanzig Jahren deutlich anders. Der Staat, in Gestalt der *danwei*, der »Arbeits- und Grundeinheit«, sorgte für Tiefstpreise bei Wohnen, Essen und Gesundheitsvorsorge. Als Gegengewicht zur zerschlagenen Großfamilie bot die *danwei* ihren Mitgliedern eine umfassende Betreuung. Auf niedrigem materiellen Niveau zwar, dafür aber auch ohne größere Kopfschmerzen zu verursachen. Einen Hauch vom *danwei*-Leben bekommt auch Carola Weinhold zu spüren, die seit vier Jahren als Deutschlehrerin an einer chinesischen Hochschule unterrichtet: »Keine Stromrechnung, keine Gasrechnung, keine Telefonrechung, keine Fernsehgebühren und natürlich auch keine Mietzahlungen. Die Hochschule, meine *danwei*, übernimmt alles. Wir müssen uns um gar nichts kümmern. Mir graust es jetzt schon vor Deutschland, wenn ich wieder alles selbst erledigen muss.« Vielen älteren Chinesen geht es nicht anders, wenn sie an ein Leben ohne *danwei* denken: Sie machen sich Sorgen, dass in der grassierenden Reformwut ihre Einheit aufgelöst oder doch so umgestaltet wird, dass es den Ersparnissen richtig wehtut. Solche Ängste sind nicht unbegründet. Längst lassen sich die *danweis* viele Dienstleistungen zu Marktpreisen bezahlen. Mit den alten sozialistischen Idealen hat das nichts mehr zu tun. Die *danwei* ist zu einer reinen Verwaltungseinheit abgestiegen.

Einheit von Wohnen und Arbeiten

Wer den warmen Unterschlupf bei seiner *danwei* verloren oder freiwillig aufgegeben hat, muss zuerst einmal eines: Pendeln. Bei einer typischen städtischen *danwei* – einer Fabrik, Hochschule, Kommunalverwaltung, Großgärtnerei – bilden Wohnen und Arbeiten eine Einheit. Zur Arbeit sind es nur ein paar Minuten, denn die Arbeitsplätze und Wohnungen liegen auf demselben Gelände. Auf einer Seite stehen die Wohnblocks, auf der anderen schmaucht der Fabrikschlot. Zur Arbeit kann man laufen oder, wenn man's schneller mag, radeln.

Bröckelnde Schönheit, zum Abriss freigegeben. Altbau in Beijing

Zwischen Nord und Süd

Umgeben wird das ganze Areal von Mauern und Zäunen. Auf vier Seiten finden sich Eingänge, benannt nach ihren Himmelsrichtungen. Das *beimen* (Nordtor) liegt nach Norden, das *nanmen* nach Süden. Wer auf das *danwei*-Gelände möchte, muss sich ausweisen, doch die Wachtposten fragen nur selten nach dem Ausweis. Ein äußerst angenehmer Nebeneffekt dieser Abgeschlossenheit nach außen hin (die im Großen wiederaufnimmt, was die *siheyuan*-Häuser im Kleinen schon vorgeführt haben) ist die zwangsläufige Verkehrsberuhigung. Es gibt keinerlei Durchgangsverkehr, innerhalb der *danwei* muss Schritttempo gefahren werden. Im Grunde keine schlechte Sache, solch eine *danwei*. Ein Land, das vollständig nach dem *danwei*-Prinzip organisiert ist, würde keine morgendlichen Verkehrsstaus kennen.

Insel der Ruhe

An Hochschulen und Verwaltungseinrichtungen, die trotz aller Reformbestrebungen noch immer am stärksten an die alten maoistischen Grundeinheiten erinnern, scheint die Welt der *danweis* noch in Ordnung zu sein. Auf dem Campus wohnt es sich angenehm. Die meisten Wohngebäude der Zweiten Beijinger Fremdsprachenhochschule liegen weit genug von den Außenmauern, dass der am Nord- und Südtor vorbeidonnernde Verkehr kaum mehr zu vernehmen ist. Hinter den Mauern herrscht die wahre Freiheit: Unbehindert von den Exzessen des Verkehrs kann man hier noch mitten auf der Straße ein Schwätzchen halten. Ein kleiner Supermarkt, bequem zu Fuß zu erreichen, bietet frisches Obst und Gemüse, dazu reichlich chinesische Leckereien. Vom importierten deutschen Bier bis zum Käse aus Frankreich bietet er so ziemlich alles, was die ausländischen Lehrkräfte brauchen, um ihre Arbeitskraft zu erhalten. Wen es nach sportlicher Ertüchtigung drängt, der dreht ein paar Runden auf dem Sportplatz, der, wie alle Beijinger Hochschulsportfelder, mit grünem Kunstrasen und einer rot gummierten Laufbahn versehen ist. Nicht schön, aber zweckmäßig, denn in Beijing regnet es, außerhalb des Sommers, so wenig, dass Fachleute von einem semi-ariden Klima sprechen: Beijing ist Halbwüste.

Marktzwänge

Auch wenn das Leben an der Fremdsprachenhochschule äußerlich noch immer so erscheint wie in den alten Tagen, nach innen hat es sich dramatisch gewandelt. Längst hat die Zentralregierung den Geldhahn so weit abgedreht, dass die Hochschule den größten Teil ihres Budgets selbst erwirtschaften muss. Dazu gehört auch, dass Angestellte wie Fakultätsmitglieder ihre einst fast kostenfrei zur Verfügung gestellten Wohnungen kaufen mussten. Allerdings: Die Wohnungen gingen – auch für Hauptstadt-Verhältnisse – zu Spottpreisen weg. Gezahlt werden musste gerade mal ein Zehntel des Marktwertes, ein Schnäppchen also. Kaum einer, der sich beschwerte, waren doch die Mieten in den letzten Jahren so deutlich angehoben worden, dass sich der Kauf auf lange Sicht durchaus lohnte.

»Danweis« in der Krise

Trotz oder gerade wegen seiner Vorteile stirbt das *danwei*-System. Der chinesische Staat kann und will sich die am finanziellen Tropf hängenden *danweis* nicht mehr leisten. Er wickelt sie ab, würde man hierzulande sagen. Schlägt die Verschlankung fehl, schreckt die Regierung auch vor Entlassungen nicht mehr zurück. Eine beliebte Methode, die Arbeitslosigkeit in den Griff zu bekommen, ist die Versetzung in den Ruhestand: Mit Mini-Renten von 300 Yuan werden selbst 42-Jährige schon aufs Altenteil geschoben, um Platz für Jüngere zu machen.

Für Fußgänger keine Freude. Qingdao, Shandong

Verkehr verkehrt: Chinas Autoboom

Geister-staus

Großstadt heißt Verkehr, und Verkehr heißt Chaos. Abruptes Anhalten, plötzliche Richtungswechsel, Vollblockade einer Fahrspur: Derartige Manöver beleben den Alltag auf chinesischen Straßen. Chinesische Straßen überquere ich, nach Jahren in China, noch immer am liebsten an der Seite eines Chinesen, dann aber auch bei roter Ampel. Das ist allemal sicherer, als wenn ich alleine losspaziere. Wer Auto fährt hat andere Sorgen. Beliebt unter westlichen Autofahrern in China ist das Ratespiel »Wo kommt denn dieser Stau her?« Eine Frage, die oft unbeantwortet bleiben muss. Hat man sich nach einer halben Stunde endlich an den Ausgangspunkt eines Staus herangearbeitet, findet man keinerlei Anhaltspunkte, nichts, was das Rätsel der Stauentstehung hätte lösen können: Keine Wrackteile, keine Verkehrstoten, nicht einmal eine Ampel. Solche Geisterstaus blieben mir lange Zeit ein Rätsel, bis ich einmal als Fußgänger die Entstehung eines Staus miterleben durfte: Ein Taxifahrer hält mitten im dicksten Berufsverkehr auf der rechten Fahrbahn, um seinen Fahrgast aussteigen zu lassen. Dabei fällt dem Fahrgast ein, dass er noch ein paar Auskünfte braucht, und so unterhalten sich die beiden geschlagene fünf Minuten, völlig unbelastet von dem hinter ihnen einsetzenden Hupkonzert, bis endlich die Tür aufgeht und der Fahrgast aussteigt.

Bus mit Parteisegen

Linientreue Mutterliebe Betriebseigene Busse, die ihre Klientel morgens einsammeln und abends wieder in die Stadt kutschieren, sind eine feine Sache. Auch ich komme einmal in den Genuss eines Firmenbusses. Nach der Besichtigung einer kleinen Hochschule in Hebei, gut 40 Kilometer von Beijing, wird mir angeboten, die Heimfahrt im hochschuleigenen Bus anzutreten. Der Bus ist neu und hat als Sonderausstattung einen Monitor samt DVD-Spieler. Heute meint es der Busfahrer gut mit uns, denn er lässt ein paar Videoclips laufen. »Mama«, schluchzt es aus dem Lautsprecher, »Maaa-maa!« Hier ist das Chinesische dem Deutschen sehr nahe, und ich wundere mich, dass dieser Mama-Kitsch auf einen Bus voll Hochschullehrer losgelassen wird. Offensichtlich hört ohnehin niemand zu, alle scheinen in ihre Privatgespräche vertieft. Xiao Man, meine Begleiterin, bemerkt mein Stirnrunzeln, beugt sich zu mir und liefert die entscheidenden Informationen nach: »Die Mutter in diesem Lied ist die kommunistische Partei! Darum geht es hier: Die Partei als Mama.«

Eingebaute Propaganda Im nächsten Song kommt es noch besser: Sonnendurchflutete Landschaften zeigt das Video, saftige Weiden, glückliche Kühe. Im Hintergrund säuselt ein chinesisches Volkslied, so wie es zum Neujahrsfest im Fernsehen gespielt wird. Auch hier hilft Xiao Man mir weiter: »Das ist ein Lied über den kalten Winter in Nordchina.« Allmählich zweifle ich am Verstand der Videoproduzenten. Beim dritten Lied zweifele ich nicht mehr. Diesmal gibt es sogar englische Untertitel: »Kommt nach Hause, Brüder und Schwestern, kommt zurück!« Der schmachtende Blick der Sängerin schweift weit übers Meer – ganz offensichtlich die Taiwan-Straße –, hinüber zu den taiwanesischen Landsleuten, denen man aus ganzem Herzen ein Leben unter volksrepublikanischer Herrschaft gönnt. Nur schade, dass die Taiwanesen davon so gar nichts wissen wollen.

Wandern auf der Autobahn Kaum sind die letzten Takte verklungen, bemerke ich, dass wir uns meinem Ziel nähern. Ich gehe zum Fahrer und erkläre ihm, dass ich an der *shuangqiao* genannten Ausfahrt aussteigen müsse, gleich hinter dem mahnenden Schild »Don't drive when tired«. Kein Problem, meint der Fahrer und hält mitten auf der Autobahn an. Da drüben sei die Autobahnauffahrt, da könne ich hinunterlaufen, und dann käme gleich die Straße. Tatsächlich steige ich aus, grüße galant die drei Straßenkehrerinnen, die gerade den Seitenstreifen fegen, und mache mich, ein wenig nervös auf den Weg, schließlich geht man auf vierspurigen Autobahnen eher selten zu Fuß nach Hause. Die Partei, unser aller Mutter, wird mich schon beschützen.

Highway to Shanghai

Was den Amerikanern in den 1950ern recht war, ist den Chinesen von heute billig: Autobahnen sollen wie ein Netz das Land überziehen und nach dem Vorbild der amerikanischen *interstates* die Provinzen miteinander verbinden – schnell, mehrspurig und teuer. Erstes Beispiel: Der Jinghu-Expressway, der Beijing mit Shanghai verbindet. 1250 Kilometer bester Asphalt, rund 80 Dollar Maut für die Gesamtstrecke. Die erlaubte Höchstgeschwindigkeit liegt bei 110 km/h, doch kaum einer hält sich an das Tempolimit.

Leer und gefährlich

Noch sind sie vergleichsweise leer, die chinesischen Autobahnen, und dennoch schaffen es die Autofahrer, sich und andere in Scharen totzufahren. Keiner kümmert sich um Verbote: Fahrer halten ohne Vorwarnung an, springen aus dem Wagen und pinkeln auf den Seitenstreifen. Naive Bauern versuchen, Busse, die mit Tempo 120 an ihnen vorbeizischen, vom Seitenstreifen aus mit Handzeichen zum Anhalten zu bewegen. Andere spazieren mit ihren bepackten Maultieren immer schön an den Leitplanken entlang. Auch Fahrradfahrer, die sich über den glatten Belag freuen, dürfen nicht fehlen. Dann treibt ein Bauer, verbotenerweise, seine Ziegen über die Autobahn. Die überall errichteten Maschendrahtzäune helfen nur wenig. Wer auf die Autobahn will, der schafft es auch. Ob mit Fahrrad, Maultier oder Ziege.

Automobilisierung

Gierig blickt die Automobilindustrie nach China. Um in China, so haben sich die Herren das ausgerechnet, denselben Motorisierungsgrad wie Brasilien zu erreichen, müsste man 120 Millionen Personenwagen liefern. Dazu müssten sämtliche Autofabriken der Welt zweieinhalb Jahre lang Auto um Auto produzieren – ausschließlich für den chinesischen Markt. Nicht nur Umweltschützern wird bei diesem Gedanken angst und bange: Der Atmosphäre des Planeten Erde wäre mit Chinas Motorisierung nicht gedient, allenfalls Chinas Bevölkerungsproblematik ließe sich entschärfen: Schon jetzt fahren sich jedes Jahr weit über 100 000 Chinesen mit dem Auto tot. Darun-

Tipps & Know-how

Ansteckendes Unglück

Diesmal hatte das Ausweichmanöver nicht geklappt. Die Frau kam ins Straucheln und stürzte. Besonders sicher hatte sich die alte Dame ohnehin nie gefühlt, wenn sie mit ihrem schwarzen Rad der Marke *Yongjiu* (»Ewigkeit«) unterwegs war. Nun lagen die Tomaten auf der Straße und die Knoblauchsprossen im Dreck. Nur gut, dass mein kleines Falt-Fahrrad nicht besonders schnell ist. Zehn Zentimeter vor der ersten Tomate konnte ich abbremsen und der Alten wieder auf die Beine helfen. Dass ich damit ein wenig gegen die chinesische Etikette verstoßen hatte, war mir egal: Mir – und vielen aufgeklärten Chinesen – fehlt der Aberglaube, dass ich durch mein Helfen weiteres Unglück auf mich ziehe. Auch am Einsammeln der Tomaten beteilige ich mich, ohne dass ich als Dieb beschimpft werde. Gerade auf dem Land, wo althergebrachte Verhaltensweisen nur langsam abgelöst werden, kämen nur ganz wenige auf die Idee, einer völlig Fremden bei einem solchen Unfall helfend zur Seite zu springen. Selbst das Reden über einen Unfall oder ein wie auch immer geartetes Unglück gilt dort noch als anstößig.

ter fast ein Drittel vom Auto überrollte Fahrradfahrer. Die Sterblichkeitsrate liegt damit bei rund acht Getöteten pro 100 000, in etwa derselbe Wert wie in Deutschland, bei einer dramatisch geringeren Fahrzeugdichte: Auf 1000 Menschen kommen in den USA 750 Pkw, in Deutschland 540, in China 7.

Den Großstädten merkt man das nicht an. Hier meint man, jeder besitzt seinen eigenen Wagen. Die Städte und ihr reiches Umland sind es auch, die für Nachfrage sorgen und beweisen, dass der chinesische Markt schon jetzt beeindruckend groß ist – 2002 wurden in China erstmals über eine Million Neuwagen verkauft –, bald aber gigantische Dimensionen annehmen wird.

Fehlende Fahrpraxis

Konzentrierten sich die Marketing-Bemühungen der Automobilkonzerne anfänglich noch auf die Reichen und Mächtigen, denen man große Limousinen verkaufen wollte, rücken nun zusehends die Familien des Mittelstandes in den Vordergrund. Kleinwagen wie der Opel Corsa, in China als Buick Sail zu haben, sollen ein neues Marktsegment erschließen. Für Wang Xia schien ein Automobil vor Jahren noch ein ferner Traum jenseits aller Vorstellungskraft, heute steuert sie einen silber-metallic lackierten »Brotkasten-Van« (*miandiche*) neuster Bauart durch den dichten Verkehr. »Sag meinen Kollegen bitte nichts von meinem Auto«, beschwört mich die Dozentin für Deutsch, als wir Richtung Innenstadt fahren. »Das muss man nicht an die große Glocke hängen.« Das kann ich verstehen, denn sie ist die einzige Autofahrerin im Kollegium. Und wenn sie so weiterfährt, wird die Deutschabteilung bald wieder ohne Autofahrer sein. Ihren Führerschein – man merkt es ihrem Fahrstil deutlich an – hat Wang Xia auf einem Parcours gemacht, der für den restlichen Autoverkehr gesperrt war. Park- und Wendemanöver beherrscht sie aus dem Effeff, allerdings nur auf dem Übungsplatz. Hätte ich selbst jemals den Führerschein gemacht, jetzt wäre der Zeitpunkt gekommen, die Fahrerin abzulösen. So aber plaudere ich weiter, um meine Angst in Schach zu halten. Was der Führerschein denn gekostet habe? Nicht viel, außerdem habe sie mit einem Jeep die Fahrstunden abgelegt, das sei noch mal günstiger gewesen. Teuer seien die klimatisierten Fahrzeuge; der Jeep, der nicht einmal ein richtiges Dach habe, sei deutlich billiger.

Ziffernkult

Als Typenschild des leicht futuristisch wirkenden Mini-Vans von Wang Xia erkenne ich ein »2000«. Zwar ist das Jahr 2000 längst schon fernste Vergangenheit, der Modellname aber hat sich gehalten. Nicht schlecht, denke ich, jedenfalls besser zu behalten als »XP34345-13b«. Kein Witz, es gibt einen in China beliebten Minibus, der tatsächlich mit dieser griffigen Typenbezeichnung durch die Straßen rollt. Kein Einzelfall, wie der »CA7180-A2E« belegt. Ich bin mir nicht ganz sicher, welche Logik hinter diesen Benennungen steckt. Klingen lange Buchstaben- und Zahlenreihen beeindruckender als »Santana« oder »Polo«? Verlocken sie eher zum Kauf? Oder haben die Chinesen einfach ein besseres Zahlengedächtnis als wir?

Hat Lars SARS? Leben in Zeiten von SARS

Krisen Es gebe Schlüsselerlebnisse, sagt China-Langzeitlerin Weinhold, die gut im Gedächtnis bleiben, weil an ihnen, von einem Tag zum anderen, die beschützte Existenz als privilegierter Ausländer umkippe in blankes Unbehagen: 1989 war ein solches Datum, als die Demokratiebewegung niedergeschlagen wurde, zehn Jahre später sorgte das Bombardement der chinesischen Botschaft in Belgrad für Ärger, 2003 die SARS-Krise für Unbehagen in Beijing. Die Bedrohung war im Fall von SARS *(Severe Acute Respiratory Syndrome),* rational betrachtet, eher gering, doch nur wenige Ausländer fühlten sich in Beijing noch wohl. Die freundlichen Gastgeber wollten, so kam es vielen vor, ihre Ausländer nun schnellstmöglich wieder hinauskomplimentieren. Zum Teil, weil man sich tatsächlich Sorgen um die Gesundheit der westlichen Gäste machte, weit mehr aber noch, weil es den Chinesen peinlich war, wie sich das ruhige Leben unter dem Dauerfeuer von Hysterie und Viren in ein wirres Durcheinander auflöste. Dieses China wollte man lieber für sich behalten, es sollte die Seelen der ausländischen Freunde nicht weiter belasten. Auch unangenehmen Nachfragen seitens der internationalen Gemeinschaft wollte man so zuvorkommen: China müsse seine Probleme alleine lösen.

Flucht in die Provinzen Wer im Frühjahr 2003 noch blieb, blickte auf ein befremdlich ruhiges Beijing. Wanderarbeiter hatten sich in die Heimat abgesetzt, ausländische Hochschuldozenten unterrichteten vor halb leeren Hörsälen. Besorgte Eltern hatten ihren studierenden Kindern Tickets für den Heimflug geschickt, die Unis waren großzügig gewesen, als es darum ging, Sondergenehmigungen für die eigentlich verbotene Heimreise zu erteilen. »SARS hat vor allem die Sterblichkeit bei Omas erhöht«, witzelte ein Professor, darauf anspielend, dass nahezu alle Studenten ihre überstürzte Abreise nicht mit der Seuche, sondern mit einer »ernsthaft erkrankten Großmutter« begründeten.

Doch nicht nur die leeren Straßen, auch die Maßnahmen der Behörden zur Erhaltung der Gesundheit in Zeiten von SARS dämpften die Lebensfreude der Langzeit-Ausländer in China. Fieberthermometer wurden verteilt, verbunden mit der Auflage, der Arbeitseinheit täglich die Körpertemperatur zu melden; kleine Pillen wurden ausgegeben, die, aufgelöst in Wasser, zur Desinfizierlösung werden sollten, vereinzelt aber als Anti-SARS-Tablette geschluckt wurden. Selbst die kostenlos verteilten Mundmasken sorgten für Befremden: Im Grunde waren sie sinnvoll, weniger jedoch, dass sie zum Schnäuzen, Spucken, Husten und Niesen immer wieder zur Seite gezogen wurden.

Kurios die Quarantänemaßnahmen. Unweit einer Hangzhouer Hochschule erklärte man einen Wohnblock zum SARS-Sperrgebiet, pinselte eine rote Linie um das Gebäude und verbot die Überschreitung derselben. Was zunächst auch niemand tat: Die unter Quarantäne stehenden Studenten versammelten sich tagsüber an eben dieser roten Linie, um mit ihren Kommilitonen auf der anderen Seite zu plauschen. Gegen zwölf, als die Mägen knurrten, wurde der Plausch in ein in der Nähe liegendes Restaurant verlegt. Ob dieser Laxheit erboste Bürger wurden von den Behörden zurechtgewiesen: Die armen Studenten müssten etwas zu essen bekommen, das sei wichtig für die Gesundheit.

Ähnlich absurd die Maßnahmen in und um Beijing. Ausfallstraßen wurden gesperrt, die Bewohner in den Dörfern um Beijing errichteten Straßensperren, um sich vor den Städtern zu schützen, denen sie noch im Jahr zuvor ihre Domizile als Ferienhäuser für die Urlaubswoche um den 1. Mai vermietet hatten. Beijinger Universitäten erklärten, dass der Campus nur noch von Hochschulangehörigen betreten werden dürfe. Einzige Ausnahme: Besuch, der direkt an der Pforte abgeholt wurde. Nicht nur die Studenten wunderten sich: Als ob ein Infizierter dadurch weniger ansteckend wird, dass man ihn persönlich begleitet ...

Explodierende Gemüsepreise, leere Regale, Supermarkt-Bedienstete mit Gummihandschuhen und Mundschutz drückten auf die Stimmung, auch wenn der Verstand sagte, dass, statistisch gesehen, die Chance größer sei, an normaler Grippe, Schwindsucht, Malaria oder bei einem Autounfall zu sterben als an SARS. Li Chengxue, ein gerade in die Heimat zurückgekehrter Jiliner, stand beim Wassermelonen-Einkauf plötzlich allein auf weiter Flur, als er erwähnte, dass er gerade aus Beijing komme. Fluchtartig hatte man vor ihm Reißaus genommen, seine Wassermelone bekam er geschenkt.

Profitieren von SARS konnten hingegen die osteuropäischen Händler, die im Hongqiao-Markt auf Schnäppchenjagd gingen. Wo früher hart verhandelt wurde, gab es jetzt Perlenketten und erstklassig imitierte Markenware zu Dumpingpreisen. Säckeweise wanderten die Billigeinkäufe auf bereitstehende Lastwagen, um bald darauf in der Ladeluke einer Iljushin zu verschwinden.

Gesundheitswesen in der Krise Die SARS-Krise warf ein bezeichnendes Schlaglicht auf das gesamte chinesische Gesundheitssystem. Ganz offensichtlich war das Gesundheitswesen chronisch unterfinanziert, auch die hektischen Sofortmaßnahmen konnten da nichts retten. Chinas Geld steckt in teuren Prestigeprojekten wie Olympia, dem Transrapid, den Superhighways, dem Drei-Schluchten-Damm – für die Gesundheit bleibt nur wenig. Standen einst die Arbeitseinheiten in der Pflicht, sämtliche Behandlungskosten zu übernehmen, sind nun, nachdem die Regierung im Zuge der Wirtschaftsreformen die *danweis* von der Gesundheitsfürsorge befreit hatte, Versicherungspolicen an ihre Stelle getreten, die sich bislang jedoch nur 15% der Bevölkerung leisten können. Doch auch wer versichert ist, schreckt vor dem hohen Eigenanteil zurück, sodass im Grunde auch die versicherten Chinesen noch immer ohne vernünftige Krankenversicherung dastehen.

Vor jeder Aufnahme in ein Krankenhaus ist die Hinterlegung einer vierstelligen Yuan-Summe notwendig, in den großen Metropolen steigt der Betrag ins Fünfstellige. Wer so viel Geld nicht hat, bleibt unbehandelt. Viele Kranke versuchen erst gar nicht, von den Hospitälern aufgenommen zu werden. Selbst wenn die Regierung, wie im Falle von hochinfektiösen Krankheiten, ihre Anweisung an die Krankenhäuser, kostendeckend zu wirtschaften, gelockert hat und die kostenlose Behandlung zusichert: Nicht alle wissen das, und so bleiben viele aus Kostengründen zu Hause.

Übergangserscheinungen

Melde-pflicht

»Ich will in Beijing bleiben«, erzählt die Reiseführer-Praktikantin Zheng Mengya ihren Gästen aus Österreich. Sie studiert Deutsch im dritten Studienjahr und kommt aus Gansu, einer strukturschwachen Provinz mit wenig Perspektiven. Laut Studienregeln muss Zheng nach dem Studium zurück nach Hause. Doch das staatliche Zuweisungssystem wird ihr dort keinen Job vermitteln können, zumindest keinen, bei dem sie ihre Fremdsprachenkenntnisse einsetzen könnte. Anstatt irgendwo im Auslandsamt der Stadtverwaltung von Lanzhou herumzusitzen, die so gut wie keine Auslandskontakte hat, wird sie versuchen, auf eigene Faust in Beijing zu bleiben. Doch das ist verboten, zumindest offiziell. Nur wer über einen *hukou* (Meldebescheinigung) verfügt, darf auch in Beijing wohnen. Alle anderen, die sich illegal in der Stadt aufhalten, müssen mit der Abschiebung in die Heimat rechnen. In der Realität erweist sich die früher so strenge *hukou*-Pflicht als längst ausgehöhlt. Würde man alle Beijinger, die sich ohne *hukou* in der Stadt aufhalten, in die Provinzen schicken, hätte man auf einen Schlag drei bis vier Millionen Menschen weniger in der Stadt.

Dengs Reformen

In den frühen 1980ern setzt Deng Xiaoping als Staatsoberhaupt das Messer an: Bis 1983 sind nahezu alle landwirtschaftlichen Kommunen abgeschafft. Bauern dürfen eigene Parzellen bestellen, die Versorgungslage mit Lebensmitteln bessert sich dramatisch. Die freien Märkte bieten ein üppiges Angebot.

Während einer Reise in den Süden umreißt Deng 1992 in einer Reihe von Reden seine wirtschaftlichen Liberalisierungsgedanken. Berühmt vor allem seine Rede in Shenzhen, wo die größte SEZ (*special economic zone,* Sonderwirtschaftszone) eingerichtet wurde. Ob die Katze schwarz oder weiß sei, war von Deng zu hören, sei egal, Hauptsache, sie fange Mäuse. Das Sprachbild gefiel. So sehr, dass eine Brücke in Nanchang (Provinz Jiangxi) jetzt mit zwei Katzenstatuen versehen ist. Grandioser Kitsch, aber irgendwie auch drollig.

Der Ruck, der 1979 durch China ging, hat nur wenig von seiner Energie verloren. Ausländische Investitionen fließen, von einzelnen Einbrüchen nur kurz unterbrochen, ungebremst weiter ins Land. Die Wirtschaft brummt, wie eine Wirtschaft überhaupt nur brummen kann.

Auch nach dem Tod von Deng 1997 ging der Kurs wirtschaftlicher Öffnung ungehindert weiter. Jiang Zemin hielt konsequent am Reformkurs fest, öffnete die Partei für Unternehmer und ließ erstmals auch zu, dass ausländische Firmen aus dem bis dahin verpflichtenden Joint-Venture-Modell ausscheren konnten: Anteile von mehr als 50% an einer Niederlassung waren erstmals möglich.

Hu Jintao, Jiangs Nachfolger, folgte loyal dem vorgezeichneten Kurs: Wirtschaftliche Öffnung ja, politische Öffnung nur in eng vorgezeichneten Bahnen.

Zhengs Chancen, ohne allzu große Schwierigkeiten in Beijing bleiben zu können, stehen also nicht schlecht: Chen Zhengsheng, ihr Freund und bereits diplomierter Reiseleiter mit vier Jahren Praxis auf dem Buckel, zeigt, wie es geht: Wenn ein Unternehmen dringend Leute benötigt, lässt man fünfe gerade sein und stellt die Person einfach ein, ob mit oder ohne *hukou*. Chen Zhengsheng wird eingestellt, nach dem *houkou* fragt ihn keiner. Auch seine Personalakte, früher, als politische Zuverlässigkeit wichtiger war als fachliche Kompetenz, noch unabdingbar, will keiner sehen, sie kann an seinem Heimatort bleiben. Ohne *hukou*-Änderung hätte sie die Verwaltung ohnedies nicht herausgerückt. Klar, ohne den *hukou* kann Chen Zhengsheng in Beijing weder eine vergünstigte Wohnung bekommen noch irgendeine andere staatliche Hilfe beanspruchen – dazu müsste er zurück in seinen Heimatort. Doch staatliche Hilfen hat er nicht nötig. Er gehört zu den Besserverdienern, dank kräftig sprudelnder Trinkgelder und Kommissionen. Für jede Reisegruppe, die er in einen Geschenkladen führt, fließen dicke Prozente in Chen Zhengshengs Tasche.

Weniger Bürokratie

Hutong: Im Gassenviertel

In den *hutongs* (so der Name für die Gassen und Gassenviertel) geht es eng zu, doch nirgendwo scheint dem ausländischen Besucher das Leben abenteuerlicher als dort, wo die Zeit wenigstens ein bisschen stehengeblieben ist. Keine kalten Kachel- und Glasflächen, kein Neonlichtgeblinke. Es dominiert roter Backstein. Allenfalls die völlig wirr verlegten Kabel und ein sich gelegentlich durch die Enge der Gassen hindurchpressender Volkswagen neuster Bauart verraten, dass wir uns im 21. Jahrhundert befinden und dass hinter den schiefen Mauern die Menschen Video-CDs betrachten und im Internet surfen.

Roter Backstein

Die Beijinger *hutongs* wecken anthropologische Urinstinkte, man will Gassen und Gässchen erforschen. Ich schlage mich in die dunkelsten Winkel, wage mich immer tiefer in das Geflecht enger und engster Sträßchen. Schön, dass die Chinesen nicht die geringsten Probleme damit haben, ihre ureigensten Grundsätze zu verletzen: Von wegen *fengshui*! Eigentlich müssten alle Wege fein sauber in Richtung Ost-West ausgerichtet sein, mit den *siheyuan*-Eingängen jeweils im Süden. Doch nach Jahrhunderten angeregter Bautätigkeit findet sich weder das zu erwartende Schachbrettmuster, noch sieht man sonderlich viele der klassisch grauen *siheyuans*. Chaos und Armut haben sich die Hände gereicht und als Baumeister gewirkt; um *fengshui* kümmerten sie sich nur gelegentlich, und deshalb stehen die roten Backsteinmauern nun dort, wo es beim Bau gerade nötig schien. Gelegentlich zücke ich die Kamera, um filigrane Vogelkäfige zu fotografieren, in denen chinesische Nachtigallen aus blau-weißem Porzellan winzige Tröpfchen nippen. Oder eine Großmutter, die ihr Enkelchen spazieren trägt. Man meint, nach dem modernistischen Alptraum entlang der Chang'an in einem Zhang-Yimou-Film

Altstadt

wiedererwacht zu sein, so umfassend werden alle Vorstellungen vom Leben in China bedient. Vergessen, dass man vor 30 Minuten noch ein unappetitliches Hühnerbein bei *Kentucky Fried Chicken* verzehrt hat oder ein Softeis bei *McDonald's*, in einem abscheulichen Gebäude, für das dem Architekten hoffentlich zwei bis drei Ewigkeiten Fegefeuer aufgebrummt werden.

Am Ufer des Qianhai

Ganz besonders angenehm präsentiert sich die Gegend direkt nördlich des Beihai-Parks. Die *hutongs* um den Qianhai und Houhai (zwei kleinere Seen unweit der Verbotenen Stadt) gehören zu den malerischsten in Beijing. Am Westufer des Qianhai schaffen es nur ganz schlimme Asketen, keine Pause einzulegen. Restaurants und Cafés, wie etwa das *Blue Lotus*, bringen meine Streifzüge durch die *hutongs* schnell zu einem angenehmen Ende. Routinemäßig widme ich drei Minuten meinen Schuldgefühlen: Viele der durchwanderten Gassen waren so eng, so dicht an den Zimmern der dort lebenden Menschen, dass ich mir wie ein Voyeur vorkommen musste. Wäre ich nur lange genug weiter durch die *hutongs* gestreift, hätte ich nicht nur mitverfolgen können, wie die Beijinger ihr Essen zubereiten, ihre Unterwäsche aufhängen oder ihrer Abendtoilette nachgehen, sondern auch, wie sie dafür sorgen, dass China auch in Zukunft das bevölkerungsreichste Land der Erde bleiben wird.

Fingerfertige Friseusen

Mitverfolgen kann ich hingegen, wie aus einem kleinen Friseursalon zwei freundlich winkende Damen einen Herrn mittleren Alters zum Eintreten bewegen. Ich muss ein wenig grinsen, denn ich weiß, dass beim Serviceangebot der beiden Damen Scheren eine eher untergeordnete Rolle spielen. Es wird sogar von Friseursalons berichtet, die nicht eine einzige Schere, ge-

Tipps & Know-how

Haare und Huren

Preisgünstig in China ist das Haareschneiden. Die Handtücher werden, vor allem bei den kleineren Salons, nicht immer Ihren Hygienevorstellungen entsprechen, doch seien Sie unbesorgt: sie sind sauberer als sie scheinen. Zudem lockt Haareschneiden in China mit einem Rätsel-Bonus, den es bei uns im langweiligen Westen nicht gibt: Setzen Sie Ihren Fuß tatsächlich in einen Friseursalon oder stolpern Sie gerade in ein getarntes Bordell?

In ganz China scheint es nur drei Darreichungsformen von Prostitution zu geben: Einmal in den Karaoke-Bars, wo man beherzt angesprochen wird, dann in den Hotels, wo zu den absonderlichsten Zeiten das Telefon klingelt mit der Frage, ob man an »girls« interessiert sei. Sagen Sie bloß nicht »Thanks, but I'm not interested in girls«, denn dann kommt sofort zurück: »How about boys?«. Und schließlich gibt es Sex im Friseurladen. Dem Kenner genügt ein Blick durchs Fenster: Beim echten Friseur wird geschnippelt, beim Sex verkaufenden herrscht gähnende Leere, bis auf die Damen, die stets sehr fröhlich winken, wenn ein Mann an ihnen vorübergeht. Winken Sie freundlich zurück. Ihre Haare können Sie sich, vor allem an regenfreien Wochenenden, auch auf der Straße schneiden lassen. Das ist billiger, exotischer und moralisch über alle Zweifel erhaben.

Trockenhaarschnitt für kleines Geld. Gehweg in Beijing

schweige denn ein Haarschneidegerät vorweisen können. Fingerfertig sind die Damen schon, doch weniger im Umgang mit Kamm und Schere. Das ganze Etablissement dient schlicht der männlichen Triebbefriedigung, die Friseurfassade ist nur Tarnung. Lustig wird es immer dann, wenn ein naiver Ausländer, der sich einen preiswerten Haarschnitt verpassen lassen möchte, feststellt, dass die Bemühungen der Damen in einem solchen Haarsalon weder preiswert noch haarverkürzend sind. Fast kein Botschaftsangehöriger, der zu diesem Thema keine Anekdote auf Lager hätte.

Alltag und Alltagstrott

Zaochen hao: Guten Morgen

Früh beginnt der Tag in China. Damit er auch früh zu Ende gehen kann. Mit den ersten Sonnenstrahlen lassen sich, vor allem in den Parks, die Taijiquan-Anhänger beim »Schattenboxen« beobachten, andere haben sich auf das Schwert verlegt, das mit allerhand kunstvollen Bewegungen gegen einen imaginären Feind geschwungen wird und so alle Muskeln für den neuen Tag fit macht. *Qigong*, die traditionelle chinesische Atemgymnastik wird betrieben, und jede Menge Stretching: Immer wieder landen Beine auf den kleinen Zäunen um die Blumenrabatten oder den im Park verstreuten Felsbrocken, um träge Muskeln zu dehnen und zu strecken. Ein bisschen weht der Mief des Altersheims durch diese Art des Frühsports: Junge Gesichter fehlen, klassischer Frühsport scheint eine Alterserscheinung zu sein.

Fit für den Tag

> *»Himmel und Erde kennen kein Erbarmen und behandeln die Myriaden von Menschen wie streunende Hunde.«*
>
> Zhuangzi

Es fällt auf, dass fast nur alte Leute noch Spaß am traditionellen Frühsport haben. Doch auch die Alten machen immer weniger *qigong* und *taijiquan*. Seit ein paar Jahren finden sich in Beijing seltsame Spielplätze mit meist rot-gelben Geräten, die nur auf den ersten Blick an Spielplatzgeräte erinnern. Dort turnen nun die Alten, aber auch die Jungen, an Sportgeräten, die ihre Verwandtschaft zu den Maschinen in Fitness-Center nicht ganz leugnen können. Das Rudern und Stemmen, Liften und Pushen, das auf diesen Erwachsenen-Spielplätzen zu beobachten ist, wird von derselben Grundeinstellung genährt, die auch die anderen Arten der Morgengymnastik durchdringt: Das *qi*, die Lebensenergie, der Atem des Lebens, soll ungehindert durch alle Organe fließen. Ob das nun traditionell oder modernistisch erledigt wird, ist eine Geschmacksfrage. Hier zeigt man sich, wie so oft in China, pragmatisch: Hauptsache, es hilft, egal wie.

Der Atem des Lebens

Für uns voreingenommene China-Besucher sind Modernismen wie die rot-gelben Fitnessgeräte ein Schlag ins Gesicht: Schattenboxer wollen wir sehen, an jeder Ecke, vor jedem Haus, in jedem Park. Dass aber hundert Meter weiter, im selben Park, neben den Schattenboxern eine Boombox westliche Aerobics-Klänge verbreitet und reifere Frauen dazu ihre Morgengymnastik verrichten, mag nun überhaupt nicht in unser China-Bild passen. Ganz abgesehen davon, dass die westliche Musik sich mit der chinesischen Fünftonreihe nicht so recht vertragen will. Gegen eine *drum machine* hat's die traditionelle *erhu* (zweisaitiges Streichinstrument) schwer. Nicht schwer haben wir es, die Worte zu verstehen, die über den *erhu*-Sound gelegt sind: »Yi, er, san, si, wu, qi, liu ... «. Keine konfuzianischen Weisheiten sind es, die aus dem Lautsprecher dringen, hier wird einfach nur gezählt und so den Frühsportlern ein Rhythmus für ihre Schrittkombinationen vorgegeben. Ob nun traditionell oder modern: Viele Chinesen bevorzugen den öffentlichen Raum für ihren Frühsport. Alleine üben geht zwar auch, doch die meisten Frühsportler bevorzugen die Gruppe.

Eins, zwei, drei

◂ Frühsport in Shanghai

Freie Atemwege

Das »qi« muss fließen

Die morgendliche Pflege der Atemwege, die durch kräftiges Spucken von den schlimmsten Ablagerungen befreit werden, wird unter Chinesen keineswegs als Unsitte empfunden. Zuweilen weisen zwar Schilder darauf hin, dass Spucken untersagt sei, doch morgens um sechs (und auch später) kümmert sich kein Mensch um das »No spitting!«. Fast scheint es, die Schilder wären nur aufgestellt, um den angewiderten Ausländern zu zeigen, dass man inzwischen zu westlicher Hygiene gefunden habe. Obwohl offiziell untersagt, wird in China weitergespuckt, auf den Straßen finden sich die glibberigen Beweise. Was sich in unseren Augen so unappetitlich ausmacht, und es auch ist, ich kann es keinem Chinesen verdenken. Die Macht der Umstände – eine im Wortsinn »dicke Luft« – zwingt auch feinfühlige Naturen dazu, sich von Zeit zu Zeit wieder freie Atemwege zu verschaffen.

Die Nase läuft

Blockaden aufzuheben ist ein wesentliches Ziel der traditionellen chinesischen Medizin. Das *qi* soll ungehindert fließen können, sodass der Mensch ein ungehindertes Wohlbefinden verspürt. Wer erkältet ist und wem deshalb die Nase läuft, der neigt in China zum Hochziehen derselben. Taschentücher, vor allem solche aus Stoff, gelten als widerwärtig. Wenn, bei stark laufender Nase, auch energisches Hochziehen nicht mehr hilft, befreien sich Chinese und Chinesin durch den so genannten Kutschergruß: Ein Nasenloch zuhal-

Taijiquan

Alles fließt, nichts ändert sich abrupt. Die 108 Übungen des *taijiquan* müssen elegant ineinander übergehen, in einer genau vorgeschriebenen Abfolge und mit Bewegungen, deren eine Richtung immer schon die Gegenrichtung vorwegnimmt: Eine Hand, die der Übende senkt, wird noch vor ihrem tiefsten Punkt in Position für ein erneutes, aus der Sinkbewegung erwachsendes Steigen gebracht. Auch Stand- und Spielbein werden nicht einfach gewechselt, sondern tauschen nach und nach, im gleitenden Übergang, ihre Rolle. Umgesetzt wird so ein daoistisches Wechselspiel von *yin* und *yang*, von Innerem und Äußerem, von Kontemplation und Aktivität.

Aus dem *qigong*, das wörtlich übersetzt »Atemtechnik« bedeutet, bedient sich neben dem *taijiquan* noch eine Sekte, die es auch bei uns zu erheblicher Bekanntheit gebracht hat: Die *falungong*. Gesteuert von dem mittlerweile in den USA lebenden Li Hongzhi, geht es den *falungong*-Anhängern eigentlich nur darum, ihrer – zum Teil etwas eigenwilligen – Interpretation von *qigong* und *taijiquan* folgen zu können. Doch seit dem Sitzstreik am 25. April 1999, bei dem plötzlich 10000 Falungonger vor dem Portal des Hohe-Kader-Viertels *Zhongnanhai* auftauchten, um für die freie, vom Staat unbehelligte Ausübung ihrer Heilslehre einzutreten, ist von *falungong* in China kaum noch etwas zu sehen. *Falungong* steht auf der Liste verbotener Vereinigungen und wird dort wohl auch bleiben.

ten und dabei kräftig durch das noch freie schnäuzen. Schon fliegt das böse Nasensekret in hohem Bogen davon. Ein besonders befremdliches Erlebnis durfte ich in meinen ersten China-Tagen verzeichnen, als ich mit dem Rad an einer roten Ampel halten musste. Direkt vor mir, in einem «eisernen Drachen» *(tielong)*, einem Dreirad mit Sitzbank, eine hübsche Chinesin. Mit einer eleganten Bewegung hebt sie ihren Zeigefinger an die Nase und befördert mit viel Geräusch etwas Grünlich-Gelbes von der Nasenhöhle auf den Asphalt. Ich finde das wenig anmutig und wende mich unangenehm berührt ab. Einige Monate später hatte mir die Gewöhnung geholfen, sämtliche Ekelgefühle unter Kontrolle zu bringen. So weit, dass ich in China gelegentlich selbst zu dieser ökologisch einwandfreien Art der Nasenreinigung greife. Auch vor dem Nase-Hochziehen schrecke ich schon lange nicht mehr zurück.

Frühstück: Reissuppe oder Hamburger?

Frittierstände verschwinden

Aus rein wissenschaftlichem Interesse mache ich mich auf den Weg zum McDonald's (*maidanglao*), der direkt gegenüber dem Nordtor der Beijinger Fremdsprachenhochschule liegt, im Erdgeschoss eines zwölfgeschossigen Neubaus. Keine drei Jahre ist es her, da stand hier, wo jetzt *McD's* seine Sandwiches verkauft, noch ein Frühstücksstand neben dem anderen. Traditionelles chinesisches Frühstück war im Angebot, hauptsächlich Frittiertes. Inbegriff aller Frühstücksleckereien war das *youtiao*, eine frittierte Teigstange, gut 30 cm lang, in der Mitte mit Papier umwickelt, damit die Hände nicht ölig werden. Vielerorts ist nun Schluss mit den hellgelben, fast schon baguetteähnlichen *youtiao*, denn die wohlmeinenden Verwaltungsbehörden haben das frühmorgendliche Gebrutzel unter freiem Himmel verboten. Das Öl war Schuld: Alt, tausendfach wiederaufbereitet, war die Frittierflüssigkeit ein schlimmer Karzinogencocktail. Wenn es doch einmal weggeschüttet wurde, dann auf Straßen und Gehwege, was wiederum der Stadtreinigung nicht gefiel. Seitdem ist das Frühstücken in Beijing deutlich mühseliger geworden: Wer früher mit dem Rad schnell mal an einem der Frittierstände anhielt, um sich etwas ebenso Fetttriefendes wie Sättigendes mitzunehmen, muss nun das Rad abstellen, in ein Lokal gehen und sich dort versorgen. Was umständlich ist: Da kann man ja gleich zu Hause frühstücken! Das sagen sich viele Beijinger und essen dann doch lieber Reisbrei (*zhou*) und Salzgemüse (*xiancai*) bevor sie aus dem Haus gehen. Immer beliebter wird westliches Frühstück: Von Cornflakes über Joghurt und Toastbrot ist alles zu haben. Milch und Kekse oder Kuchen stehen besonders bei jüngeren Chinesen weit oben auf der Beliebtheitsskala.

McD's in der P.R.C.

Bei McDonald's ist es schon am frühen Morgen voll. Überwiegend junge Leute essen dort ihre *hash browns* (Kartoffelrösti) oder ihre Hamburger zum Frühstück. Die *hash browns* erinnern noch am ehesten an die vergangenen Tage, als *youtiao* frittiert wurden, doch mit dem alten Straßenfrühstück können sie kaum mithalten, weder im Geschmack noch im Preis. Der Beliebtheit von McDonald's tut das keinen Abbruch: Man sitzt gut, hat eine saubere Toilette in der Nähe, und auch wenn es ein bisschen mehr kostet als das traditionelle Frühstück, so spielt das für die Mehrheit der Städter keine Rolle. Man kann ihn sich leisten, den *pingguo pai* (amerikanischer *apple pie* nach McDonald's Art). Oder aber man nimmt einen *hongdou pai*. Von außen sehen beide *pies* gleich aus, doch die *hongdou*-Variante ist mit einer süßen Bohnenpaste gefüllt, wie man sie aus den traditionellen Mondkuchen kennt und nur dann wirklich mag, wenn man Chinese ist.

Frühstück Fernost

Doch McDonald's ist nicht allein auf dem Frühstücksmarkt. Wer Westliches nicht mag, bekommt bei *Yonghe Dawang*, einer aus Taiwan stammenden Kette, ein authentisches – auch für den westlichen Gaumen sehr bekömmliches – chinesisches Frühstück. Dafür braucht man kaum mehr als zehn Yuan (meist sogar deutlich weniger). Als Erstes gibt's eine Riesentasse warmer Sojamilch (*doujiang*), dazu die bereits erwähnten *youtiao*. Wem das nicht reicht, der nimmt noch ein Frühstückssüppchen hinzu oder sechs *baozi*, große gefüllte Teigtaschen, die in einem Bambusdämpfer serviert werden. Die Teigstangen tunkt man am besten in die leicht gesüßte Sojamilch, das schmeckt lecker, wenngleich für westliche Gaumen ein wenig ungewohnt. Mich zieht es oft zu *Yonghe Dawang*, und immer bestelle ich Teigstangen mit Sojamilch. Nicht nur morgens, sondern auch nachmittags: Ein würdiger Ersatz für Kaffee und Kuchen.

Wo aus dem Hamburger ein »hanbao« wird. Qianmen Straße, Beijing

In Kleinstädten dominieren am Morgen die Frühstücksbuden das Straßenbild. Neben *youtiao* gibt es Pfannkuchen mit Ei (*jianbing*), der anfänglich wie ein französischer Crêpe ausschaut, dann aber mit Ei, scharfem Chiliöl, Frühlingszwiebeln und einem kross-gebackenen Knusperteil belegt wird. Der Pfannkuchen wird schließlich zu einem Rechteck gefaltet und in eine dünne, halbdurchsichtige Plastiktüte gesteckt: Frühstück zum Mitnehmen. Frittierter Brotteig wird als »Elefantenohr« angeboten, einige Straßenrestaurants stellen Tische auf, an denen man in Ruhe seinen Reisbrei löffeln kann. Das alles ist sehr preiswert, und kaum ein Chinese auf dem Weg zur Arbeit käme auf die Idee, vorher zu Hause zu frühstücken.

Frühstück am Straßenrand

Bestellen ohne Worte

Tipps & Know-how

Chinesisches Fastfood Das Bestellen in chinesischen Fastfood-Restaurants geht auch ohne Worte, denn vorne an der Theke gibt's, ähnlich wie bei der amerikanischen Konkurrenz, bunte Bildchen, auf die man einfach nur zeigen muss. Wer die Zahlen beherrscht, kann »yige« oder »liangge« (ein oder zwei) dazusagen, es reichen aber auch Fingerzeichen (Vorsicht, ab sechs haben Chinesen eine andere Fingergestik). Haben Sie alles erfolgreich bestellt und bezahlt, bekommen Sie einen Kassenzettel, den Sie, sobald Sie einen freien Tisch gefunden haben, der vorbeihuschenden Bedienung in die Hand drücken. Hier zeigt sich nun endgültig die Überlegenheit des chinesischen Gastronomie-Systems gegenüber dem amerikanischen: Chinesische Schnellrestaurants haben Bedienung, die Ihnen das Essen an den Tisch bringt! Hinzu kommt, dass sie billiger sind und dass es besser schmeckt.

Fingergestik für Fortgeschrittene Die Freude ist groß, wenn Herr Zhang seinen Gästen die Geschichte der zwei *laowai* erzählt, die zwei Bier bestellen wollen, stattdessen aber acht erhalten. Zwei Finger hätten sie erhoben, den Daumen und den Zeigefinger, so wie das bei ihnen zu Hause üblich wäre. Aber, ha, in China gebe es für die Zahlen sechs bis zehn doch ganz andere Handzeichen. Und die Daumen-Zeigefinger-Pistole bedeute da eben »acht«.

Damit hat Herr Zhang natürlich Recht. Die Sechs wird mit einer Faust gezeigt, aus der Daumen und kleiner Finger abgespreizt werden, die Sieben sieht fast aus wie eine Schwurhand: Mittel- und Zeigefinger sind erhoben, der Daumen wird an diese beiden Finger gelegt, die restlichen Finger sind eingeklappt. Für eine Neun machen Sie erst einmal eine Faust und stecken dann den Zeigefinger wie einen kleinen Haken nach oben. Für die Zehn können Sie Zeige- und Mittelfinger kreuzen oder, was häufiger ist, den rechten und linken Zeigefinger zum Kreuz verbinden.

Nicht nur beim Zählen gibt es Gesten, die uns nicht geläufig sind. Will man auf sich selbst zeigen (»Was, ich?«), weist man auf die Nasenspitze und nicht, wie bei uns, auf den Körper.

Möchte man jemanden heranwinken, muss man mit den Fingern der nach unten gedrehten Hand wedeln. Nicht etwa mit dem nach oben gekrümmten Zeigefinger wackeln wie die Hexe bei Hänsel und Gretel, das wäre unhöflich und würde bei dem so Herbeigewunkenen für Unmut sorgen.

Pendeln: Fahrrad, Auto oder Bus?

Raus in die Vorstädte

Im China der Wirtschaftsreformen sind viele ein, zwei Stunden unterwegs, bis sie am Arbeitsplatz ankommen, dafür sorgen der dichte Stadtverkehr und die Entkoppelung von Wohnen und Arbeiten. Ausgeglichen wird die auf den Straßen verlorene Freizeit ein wenig durch die Fünf-Tage-Woche (in vielen Ländern Asiens längst keine Selbstverständlichkeit), die seit Anfang der 1990er gilt. Abhilfe brächte wohl allein die Rückkehr zu alten Wohngewohnheiten, doch statt näher an die Arbeit zu ziehen, machen die Chinesen das, was auch wir machen – sie ziehen raus in die Vorstädte, wo die Wohnungen (vor allem die Eigentumswohnungen) billiger sind als in den Innenstädten.

Glücklicherweise hält der öffentliche Nahverkehr halbwegs Schritt mit der Entwicklung. Die U-Bahn-Netze der Großstädte erstrecken sich bis in entfernte Vororte (dann allerdings schon überirdisch: ab der Station *Sihui* erblickt die Beijinger U-Bahn das Tageslicht), und auch die Busse, wenngleich chronisch überfüllt, bedienen immer mehr das Umland.

Teure U-Bahn

Leider ist U-Bahn-Fahren für normal verdienende Chinesen teuer. So sind die Untergrundzüge ein gutes Stück leerer als die konkurrierenden Busse – was nicht heißen soll, dass sie leer sind. Sie sind sogar sehr gut besucht, doch so voll, dass man beim Aussteigen fast nicht mehr zur Tür kommt, sind sie nicht. Auch bei den Bussen gibt es Linien, die nicht chronisch überfüllt sind: In den teureren Expressbussen mit Klimatisierung findet man normalerweise immer einen freien Sitzplatz.

Erstickungsgefahr

Private Konkurrenz machen den Stadtbussen die Minibusse, die allerdings nicht bis in die Innenstadt dürfen und deshalb meist zwischen fernen Vorstädten und nächstgelegener U-Bahn-Station pendeln. Diese Minibusse (*xiaoba*) sind grausige Gefährte mit 18 Sitzplätzen und 22 Stehplätzen, von denen die meisten eigentlich gar nicht zugelassen sind: Die Bestuhlung ab Werk sieht gerade mal 14 Sitzplätze vor. Doch mit viel Kreativität und ein paar Brettern wird der Minibus gekonnt umgerüstet. Noch ein paar Haltegriffe an die Decke geschraubt, fertig ist Bus 312 für den Pendelverkehr zwischen der Kleinstadt Tongzhou und der Beijinger U-Bahn-Station *Sihuidong*. Die bedrückende Enge in einem mit 40 Personen besetzten Minibus ist nicht einmal das Schlimmste; die schlechte Luft ist es, die einem zu schaffen macht. Nicht die Ausdünstungen der Mitfahrer stören – Chinesen haben verglichen mit uns Westlern keine sehr ausgeprägten persönlichen Duftnoten –, sondern die Abgase des Busses selbst, die durch löchrige Motorabdeckungen, klapprige Fenster und offene Türen in den Innenraum wehen. Der Mensch als Katalysator: Giftige Abgase einatmen, in der Lunge alle Giftstoffe zurückhalten, die gereinigte Luft wieder ausatmen. Das Ganze mal 40.

Nur ein Yuan

Minibusse kennen keine festen Haltestellen. Erspähen Fahrer oder Schaffner einen potenziellen Fahrgast, wird angehalten. Als allein durch die Gegend spazierender Ausländer fällt man der Minibus-Crew natürlich besonders auf. Wer, nichts Böses ahnend, durch eine Beijinger Vorstadt spaziert, sollte sich nicht wundern, wenn sich plötzlich und ohne Vorwarnung ein Mi-

Bequemer als es aussieht. Rikschagefährt in Chengdu, Sichuan

nibus heranpirscht. Im Schritttempo fährt er neben einem her, der Schaffner (zugleich auch Kundenbeschaffer) preist beredt die schnelle und bequeme Fortbewegung mit dem *xiaoba*, wobei er sich in der Hauptsache auf ein Argument stützt, eines, das selbst die sprachunbegabtesten Touristen nach nur einem Tag in China verstehen: »Yi kuai, yi kuai!«, nur ein Yuan! Wie man da noch zögern könne, einsteigen solle man, dann ginge es sofort weiter. Hier gilt es, sein Gesicht zu wahren und cool zu bleiben. Entweder ohne eine Miene zu verziehen stur weiterlaufen oder aber ganz lässig einsteigen und dabei so aussehen, als wäre das Zusteigen eine freie Willensentscheidung und nicht vom Werben des Schaffners provoziert worden.

Taxis und Rikschas

Die abendliche Rushhour unterscheidet sich nur in einem Punkt von der morgendlichen: An den Endhaltestellen der U-Bahn und der Busse lauern die Taxis auf Fahrgäste. Neben den Taxis stehen auch Fahrrad- oder Moped-Rikschas bereit, zum Teil mit abenteuerlichen Aufbauten. Besonders drollig sind die Rikschas mit Mini-Kabinen, die im Dunkelrot der Mauern des Kaiserpalastes gestrichen sind. Selbst die goldglänzenden Knäufe fehlen nicht, und so fährt mancher Pendler die letzten Meter nach Hause als moderner Kaiser.

Tipps & Know-how

Duftnoten und Geschmacksfragen

Was gut und was schlecht riecht, bestimmt neben der Nase oft auch die Kultur. So dürfte ein duftender Limburger Käse bei Chinesen durchweg zu Brechreiz führen. Andererseits haben unsere Geruchsnerven wenig Freude an der in China beliebten Spezialität *choudoufu,* dem Stink-Tofu. Jenseits kulinarischer Unterschiede wird es immer dann kritisch, wenn menschliche Eigengerüche ins Spiel kommen. Hochsommerliche Acrylpulliträger sind auch in unseren Breiten eine olfaktorische Zumutung. Anders gesagt: Sie stinken. In China sollten Sie die Nasen Ihrer Gastgeber sorgsam behandeln. Dusche und Deo sind Pflicht, nur so lässt sich dem Ruf, der uns Westlern vorauseilt, energisch genug entgegentreten: Viele Chinesen sind, nicht ganz ohne Grund, der Meinung, dass Ausländer schlecht riechen. Unsere hormonale Anlage, verbunden mit größeren, zahlreicheren und aktiveren Schweißdrüsen gibt den Chinesen Recht. Schweiß allein macht zwar noch keinen Körpergeruch, aber die Zersetzungsprozesse in der Achselhöhle können, hält man sie nicht gut in Schach, schnell dazu führen, dass die Chinesen uns, weil sie uns zu deutlich riechen, »nicht riechen können«. Überlagerungsversuche mit Parfüm sollten unterbleiben, das macht alles nur noch schlimmer.

Unterwegs mit Mama. Guilin, Guanxi

Kleine Kaiser auf dem Rücksitz

Verwöhnte Bälger Schulbusse für die Kleinen sind eine Seltenheit, Mütter, die ihre Kinder auf dem Rad zur Schule bringen, ein alltäglicher Anblick. Wer dem Fahrrad-Kindersitz entwachsen ist, sitzt auf dem Gepäckträger, durch ein Kissen halbwegs komfortabel gepolstert. Irritierend sind Kinder, die bereits einen Kopf größer sind als die zart gebaute Mutter und noch immer von ihr in die Schule gekarrt werden: Hier beweist sich, dass in der chinesischen Ein-Kind-Familie die Bemutterung Dimensionen erreichen kann, die aus einem netten Kind schnell ein verwöhntes Balg machen.

Die Kindersitze auf chinesischen Fahrrädern können aus schlichtem Bambus sein, doch meist sind sie aus schwarz überzogenem Metall. Besonders beeindruckend sind vollverkleidete Versionen, in denen die Kinder, kleinen Kaisern gleich, wie in einer verschlossenen Sänfte transportiert werden. Vor Wind und Wetter – in Beijing vor allem auch vor dem Staub – bestens geschützt, kommen die Kleinen so wohlbehalten zur Schule. Die radelnde Mutter freilich ist erst einmal am Ende ihrer Kräfte.

Kostbare Knoten Auch mit dem Stadtbus kommt man in die Schule. Mutter und Kind steigen ein, und dann und wann steht auch mal ein Fahrgast auf und bietet seinen Platz an. Doch wer sich nun hinsetzt, ist nicht etwa die Mutter, die die schwere Schultasche schleppt, sondern das Kind. Im Bus für Kinder aufzustehen ist ebenso gängig wie bei McDonald's eine Ladung Junk food für den Kleinen zu bestellen, um dann mit seligem Lächeln zuzuschauen, wie der *baobei geda* (»kostbare Knoten«) alles bis auf den letzten Krümel wegputzt.

Das erklärt, weshalb in aufklärerischen Fernsehserien dicke 8-Jährige durch aufgeräumte Mittelstandsküchen jagen und jammernd nach Keksen oder wenigstens ein paar Stückchen *shanzhagao* verlangen, einem Stück Kaubonbon aus roten Weißdornfrüchten. Die Fernsehmutter, die das Kind lieber ein wenig dünner hätte, lässt sich wieder einmal erweichen, und unser Dickie stürzt sich auf die Naschwaren. Was im Fernsehen nur Spiel ist, ist in vielen Familien bereits bittere Realität. Man meint es gut mit den Kleinen, umso mehr, als man ja nur ein Kind hat. Ihm oder ihr soll es an nichts fehlen – soweit die Familie es sich leisten kann. Und sie kann es sich leisten. Mama, Papa und vier Großeltern tun ihr Bestes, damit Klein Yanzi mindestens einmal pro Woche ihr *Happy Meal* bekommt.

Tipps & Know-how

Liebling, ich habe die Äpfel geschrumpft!

Stellen Sie sich einen Apfel vor, reduzieren Sie ihn vor Ihrem geistigen Auge auf halbe Tischtennisballgröße und stecken Sie acht oder neun solcher Äpfelchen auf einen Holzspieß. Überziehen Sie die Äpfelchen – die gar keine Äpfelchen sind und *shanzha* (chinesischer Weißdorn) heißen – mit Zucker, und schon haben Sie Nordchinas beliebteste Leckerei vor sich: *tanghulu,* kandierte Weißdornfrüchte. Verkauft werden die *tanghulu* auf der Straße, meist von fliegenden Händlern, die ihre Spieße auf dem Gepäckträger ihres Fahrrads in ein umwickeltes Strohbündel stecken. Das sieht hübsch aus, besonders im Sonnenschein, wenn der glasklare Zuckerüberzug im Licht glitzert. Künstlerisch begabte Zuckerbäcker verschönern die Spießchen mit kleinen Zuckerskulpturen: Hauchdünne Zucker-Drachen wachsen aus den Früchten und machen so aus der süßen Versuchung auch noch eine ästhetische.

Shanzha gibt es auch flüssig als Fruchtsaftgetränk oder, zu einem Gummibär-ähnlichen Teig verarbeitet, als *shanzha pian.* Etwa drei Millimeter dick ist sie als dunkelrotes Röllchen in jedem Supermarkt zu finden. Wer die klebrige Gummimasse nicht mag, bekommt seine *shanzha*-Dosis auch als Fresspapier *(shanzha pi),* wunderbar säuerlich und leicht süchtig machend.

Tipps & Know-how

Löcher und Drähte

Wer, tief in den Genuss seines *tanghulu* versunken, unachtsam durch Chinas Straßen schlendert, schwebt in größter Gefahr: Offene Gullideckel entpuppen sich als wahrhafte Menschenfallen. So mancher unachtsame Tourist hat sich beim Sturz in die Tiefen der chinesischen Kanalisation schon einen oder mehrere Knochen gebrochen. Gerade bei Dunkelheit besteht Grund zu erhöhter Vorsicht.

Dass die Gullideckel fehlen, liegt an ihrem Wert: Für das Altmetall zahlt der freie Markt gutes Geld, eine zusätzliche Verdienstmöglichkeit für alle, die gerade knapp bei Kasse sind. Doch die öffentliche Hand gibt sich längst nicht geschlagen: Mehrere Ingenieurbüros arbeiten an diebstahlsicheren Kanaldeckeln. Manche Kommunen wollen so lange nicht warten und verwenden nur noch Gullideckel aus Beton. Die gehen zwar schneller kaputt, werden dafür aber auch nicht gestohlen.

Neben fehlenden Kanaldeckeln ist auf Spanndrähte zu achten, mit denen manche Laternenpfähle abgesichert sind und die bei Dunkelheit zu schlimmen Stolperfallen werden.

Kritischer Blick auf die Einnahmen des Vormittags. Yangshuo, Guangxi

Xiuxi, xiuxi: Ruhe sanft zur Mittagszeit

Geheiligte Pause

Chang Jiali gehört zu den Chinesen, die sich zur Mittagspause in ihre Wohnung zurückziehen können. Sie wohnt auf dem Campus, ist aber weder Studentin noch Dozentin. Sie arbeitet als Sekretärin für einen amerikanischen Rechtsanwalt, der sich bei einer Beijinger Fremdsprachenhochschule eingemietet hat. Hier unterhält er seine Kanzlei, spart dabei viel Miete und hat überdies den Vorteil, immer genügend Übersetzer bei der Hand zu haben, wenn ein Schriftsatz die Kapazitäten seiner Zwei-Mann-Praxis einmal überschreitet.

Studentisches Essbesteck

Bevor Chang Jiali in ihre Wohnung geht, besorgt sie sich noch etwas zu essen in einer der drei Hochschulmensen. Die Essenskarten sind digital und mit Speicherchip: einmal durchs Lesegerät gezogen und der Betrag ist abgebucht. Das Essen ist schlicht, aber preiswert, und das Mittagessen ist ihr ohnehin nicht so wichtig. Abends kocht sie warm, da kommt sie mittags mit ein bisschen Reis und Gemüse aus. Ab 11 Uhr 30 kann sie in die Mensa gehen. Wie die Studenten hat sie ihre eigene Emailleschüssel in einem Fach am Eingang deponiert, auch ein Löffel liegt dort bereit. Kaum jemand benutzt Stäbchen in der Mensa. Die meisten Studenten nehmen einen »Löfser«, eine

Kombination von Löffel und Messer, unten mit Löffel, oben mit einem verbreiterten Stiel, der als Messerersatz gute Dienste leistet. Nach dem Essen wird alles kalt abgespült und wieder ins Fach gestellt.

Kuschikuschi

Bis 14 Uhr herrscht Mittagsruhe. Wer kann, legt sich ein halbes oder drei viertel Stündchen aufs Ohr und macht *xiuxi*. Angeblich ist China das einzige Land der Erde, in der eine derartige Ruhezeit in der Verfassung festgeschrieben ist. Artikel 43 verbrieft das Recht auf *xiuxi*. Ein Bett im Büro ist, bei so viel verfassungsrechtlicher Rückendeckung, nichts Außergewöhnliches, zumindest in den Amtsstuben. Die Privatwirtschaft kennt solche Annehmlichkeiten nicht, und wer gar bei einem Joint Venture angestellt ist, muss froh sein, wenn er mittags noch 30 Minuten Zeit für einen Imbiss findet.

»Sie wollen sich doch sicher ausruhen«, waren nach »Welcome to China!« die ersten Worte, die ich auf chinesischem Territorium zu hören bekam. Ausruhen wollte ich zwar nicht, doch was blieb mir übrig, denn Li Yufeng, die Leiterin des universitären Auslandsamtes, die mich mit ihrem Fahrer vom Flughafen abgeholt hatte, verabschiedete sich und kündigte ihr Wiedererscheinen erst für den frühen Nachmittag wieder an. Erforschen wollte ich das Land, stattdessen saß ich in einem kargen Wohnzimmer mit abgewetztem Cordsofa, aus dem ich nicht herauskonnte, wollte ich meine Gastgeber nicht vergrätzen. »This is your new apartment, Mr. Kreisel«, hatte mir Li Yufeng noch zu verstehen gegeben. Und dass ich mich gut ausruhen solle, weil ich doch sicher sehr müde sei.

In der Falle

Zeit genug, die Einrichtung meines neuen Domizils zu bewundern. Besonders das dunkelgrüne Sofa hatte es mir angetan. Hatte man sich niedergelassen – ein langwieriger Prozess bei einem Sofa, das nicht viel höher als ein Kinderstuhl war –, genoss man eine perfekte Aussicht auf die Oberkante

Tipps & Know-how

Feste Zeiten, feste Bräuche

Kalender Ein unumstößlicher Brauch in der Geschäftswelt sind Kalender zum Jahreswechsel. Westliche Firmen unterwerfen sich willig dieser Gepflogenheit und lassen für ihre chinesischen Geschäftspartner aufwendige Kalender drucken, meist im Großformat. Kalender dürfen so ziemlich alles zeigen, nur eins dürfen sie nicht: billig wirken. Auch hier gilt es, sich chinesisch zu verhalten: Klotzen, nicht kleckern.

Zeitzonen China ist kein Land, in dem Sie dauernd Ihre Uhr nachstellen müssten. Alle Landesteile unterwerfen sich der Beijinger Zeit. Was zu kuriosen Zeitangaben führt: Isst man um 12 Uhr in Beijing bereits zu Mittag, ist es im Westen, obwohl die Uhr ebenfalls 12 Uhr anzeigt, erst in zwei oder drei Stunden so weit.

Ganzjährig die gleiche Zeit In China gibt es kein Vorstellen der Uhren im Frühling: Versuche mit der »Sommerzeit« hatte es zwar gegeben, doch niemanden konnte sie überzeugen: Ein Umstand, der sehr für die Chinesen spricht. So wird man in China wohl auch in Zukunft um ein Umstellen der Uhren herumkommen.

der eigenen Knie. Was nicht einmal so übel war, denn nun ließ sich der Kopf bequem zwischen den Beinen ablegen. Mir erschien diese Bauhöhe als sehr unchinesisch, denn zu Hause im alten Europa hatte ich auf antiken chinesischen Stühlen gesessen, bei denen meine Beine kaum den Boden erreichten. Derartige Stühle, so wurde mir zugetragen, wären früher mit Fußschemeln benutzt worden.

Eine Weile blieb ich sinnend sitzen, überdachte zuerst die Sitzhöhe chinesischer Sofas, dann meine Lage: Gesehen hatte ich bis jetzt von China eine holprige Straße, die durch ländliches Gebiet zum Campus führte, ein paar mongolische Fettsteißschafe und ein paar blaue Lastwagen. Und nun das *zhuanjialou* (»Wohnheim für Experten«), das ich anfänglich für einen Plattenbau hielt, das sich später aber als Plattenbau-Imitation aus überputztem Backstein herausstellen sollte. Erdbebensicher, wie mir versichert wurde, denn die Erinnerung an das Tangshan-Beben von 1976 war noch immer nicht verblasst. Mao Zedongs Ende hatte es vorausgedeutet: Vor dem Tod des Kaisers bebt die Erde. Tagelang hatten die Beijinger aus Angst vor weiteren Beben auf den Straßen kampiert. Zeitgleich hatten die Tangshaner ihre Toten gezählt. Am Ende sollen es, nach offiziellen Angaben, 250 000 gewesen sein. Inoffiziell doppelt so viele.

Erdbebensicher

Jetzt aber war Ausruhen angesagt. Ich musste mich fügen, wohin hätte ich auch sollen? Ich stand unter der fürsorglichen Belagerung chinesischer Gebräuche, die für Reisende großzügige Ruheregelungen vorsehen, ob das den Reisenden gefällt oder nicht. Noch krasser sind die Ruhevorschriften dann, wenn es um die Gesundheit geht: Studenten, die mit schöner Regelmäßigkeit zum Blutspenden vergattert werden, dürfen tagelang dem Unterricht fernbleiben, um sich zu erholen. Übertroffen wird das nur durch die vierwöchige Bettruhe, die, so zumindest die traditionelle Auffassung, Frauen nach der Entbindung einhalten müssen: *Zuoyuezi* nennt sich das, »Sitzmonat«.

Sitzmonat

Mit der Zeit habe ich die feste Strukturierung des Tages durch *xiuxi* oder feste Essenszeiten durchaus schätzen gelernt: Jahrelang habe ich nahezu jeden Tag um 17 Uhr 30 zu Abend gegessen. Der Rhythmus der Hochschule war mein eigener geworden. Selbst bei Abendveranstaltungen kannte man spätestens beim zweiten Mal den genauen Ablauf. Etwa beim hochschulinternen Silvesterempfang für ausländische Lehrer und Studenten. Beginn um 18 Uhr, üppiges Essen bis 19 Uhr, Überreichung der Kalender für das neue Jahr, anschließend geselliges Beisammensein. Punkt 20 Uhr bringt der Präsident oder sein Vize einen letzten Toast aus. Kaum hat man das Glas abgesetzt, heißt es »The party is now over!« Die Russen waren gerade erst in Fahrt gekommen, die kampftrinkenden Japaner hatten sich noch kein einziges Mal übergeben – und die Feier sollte schon zu Ende sein? Sie war es tatsächlich, und in den darauf folgenden Jahren wurde es nicht anders gehandhabt. Eine durchaus sinnige Angewohnheit: Man wird aus dem offiziellen Teil einer Veranstaltung zu einer vernünftigen Zeit entlassen, darf dann aber gerne noch auf eigene Faust weiter feiern.

The Party is over

Abendessen: Nicht nur mantou

Fisch vom Markt

Wer es mittags nicht schafft, erledigt den Marktbesuch nach der Arbeit. Trotz Kühlschrank und Gefrierfach legt man Wert auf frisch eingekaufte Ware. *Xian* (Frische) wird ernst genommen: Frisch ist der Fisch nur dann, wenn er noch vor einer Stunde im Fischbecken zappelte. *Xian* bedeutet aber auch, dass der Eigengeschmack erhalten bleibt, dass ein Gericht zart ist und dennoch Biss hat. Augenfälligster Ausdruck des *xian*-Konzeptes sind die Köpfe an Ente, Huhn und Fisch, die stets mit serviert werden. Das kann so weit gehen, dass Fischgerichte aufgetischt werden, bei denen der Kopf des Tieres vorne noch nach Luft schnappt, der Rest des Leibes aber längst gekocht und von süß-saurer Soße überzogen ist.

Toller Tofu, klasse Kimchi

Doch so hoch im Kurs *xian* auch stehen mag, im Alltag greifen Chinesen immer öfter auf Fertigwaren zurück. Eingelegtes gehört traditionell zu den Lebensmitteln, die man guten Gewissens im Geschäft kaufen kann: Die vielen Salzgemüse, eingelegten Gurken oder angemachten Tofusorten (etwa den *ban fuzhu* aus getrockneter Tofuhaut) kauft man überwiegend fertig ein. Scharf und lecker der Kimchi, eigentlich aus Korea stammend, aber in Nordchina überall zu haben, dann allerdings unter seinem chinesischen Namen *chaoxian paocai*. Die Supermärkte bieten in den Städten in Folie eingeschweißte Wurstwaren an, Fleisch kauft man lieber an der Fleischtheke. Doch noch immer kaufen die meisten Menschen ihr Essen ohne Plastikumhüllung: Märkte, auf denen Frischwaren angeboten werden, gibt es in der Nähe jedes Wohngebietes, an sieben Tagen in der Woche. Wer ein bisschen feilscht, bekommt sogar eine jener typisch chinesischen, sehr stachligen und sehr krummen Schlangengurken dazu geschenkt, aus denen sich mit Knoblauch, Öl und Essig ein knackiger Gurkensalat namens *pai huanggua* bereiten lässt.

Allzeit verkaufsoffen

Die Fünf-Tage-Woche, eingeführt Mitte der 1990er, hat den schönen Effekt, dass nun auch samstags die Supermärkte überfüllt sind. Sonntags wird es dann noch wuseliger, sodass man am Wochenende lieber nicht zum Shopping aufbricht. Wer's dennoch tut, hat auch seinen Spaß: Als Westler fühlt man sich an den letzten verkaufsoffenen Tag vor Weihnachten erinnert.

Gekocht wird mit Gas

Gerne stecke ich meine Nase in Chang Jialis Küche. Wo in den meisten Wohnungen noch chinesische Eigenarten zu entdecken sind, regieren bei Chang Jiali Siemens und Ikea. Was könnte exotischer sein, als in China statt der erwarteten Bambusdämpfer und Reiskocher moderne Mikrowellengeräte mit integriertem Grill vorzufinden? Der Kühlschrank kommt von Siemens, modisch blassgelb (weiß galt lange als Trauerfarbe), Energieeffizienzklasse A, riesiges Gefrierteil. Nur auf ein elektrisches Kochfeld hat sich Chang Jiali nicht eingelassen, kein vernünftiger Chinese würde dies je tun. Gekocht wird mit Gas, die chinesische Küche verlangt schnelle Regulierbarkeit und hohe Temperaturen. Gute Köche regulieren das Gas mit einer Vollendung, die an die Pedalbeherrschung eines Meisterpianisten erinnert. Mit Strom lassen sich langweilige Eintöpfe kochen, nicht aber ein *gongbao jiding*.

Tipps & Know-how

Brotzeit

Ein Chinese würde sich sehr wundern, sähe er sich einer Brotschneidemaschine gegenüber. Zwar gibt es in China, vor allem im Norden, jede Menge Brot, doch auf dicke Krusten verzichtet man, sodass unsere Brotschneidemaschinenproduzenten wahrscheinlich genauso wenig auf chinesische Kunden hoffen dürfen, wie auf amerikanische. In Nordchina beliebt ist vor allem das *mantou,* ein gedämpftes Bällchen Hefeteig, das der Dampfnudel süddeutscher Herkunft nicht unähnlich ist. Allerdings fehlt die Salzkruste, was ein *mantou* für uns nicht eben zum Genuss macht. Gegen Abend können Sie auf der Straße, überwiegend aber in Supermärkten, beobachten, wie frische *mantou* verkauft werden. Alles scheint hier weiß zu sein: Die Verkäufer in ihren weißen Kitteln und Kappen, die weißen Tücher, unter denen die *mantou* frisch und sauber gehalten werden, und die *mantou* selbst, die ebenfalls weiß sind.

Für Frühstück und Snack gibt es kastiges Weißbrot, wie unser Toastbrot bereits geschnitten, das gerne auch mal mit Marmelade oder einem hart gekochten, in Tee eingelegten Ei (»Teeblattei«, *chayedan*) verzehrt wird.

Die Faule Susanne

Einen Reiskocher gibt es natürlich doch noch. Mit japanischem Namen, aber hergestellt in China und von der Hausherrin ein wenig misstrauisch betrachtet: »Made in Japan« wäre nun doch besser. Andererseits: Oft, so habe sie gehört, lieferten die Japaner lediglich ihre zweite Wahl nach China, die Spitzenware verbleibe in Tokio oder Yokohama. Der Reis aus dem Kocher ist dennoch makellos, und so können wir uns setzen und die verschiedenen Gerichte durchprobieren. Die Faule Susanne dreht sich, eine runde Glasplatte, unten mit einer Drehscheibe versehen, die im Zentum des Tisches steht und von uns immer wieder angetippt wird, damit wir uns bequem noch ein Stückchen Huhn und noch einen Bissen Fisch schnappen können, ohne mit unseren Stäbchen über den halben Tisch reichen zu müssen.

Essen außer Haus

Einladungen nach Hause sind selten geworden in diesen zunehmend wohlhabenden Zeiten. Gäste werden fast immer ausgeführt. Man isst draußen, beim Sichuaner, beim Hunaner, beim Shanghaier – die chinesische Küche ist enorm variantenreich. Oder auch mal bei den Muslims, deren grüne Schilder mit arabischen Schriftzeichen auch für die des Arabischen Unkundigen leicht auszumachen sind.

Chinesische Vorzeichen

Sozialismus à la Chinoise

Stützen des Systems

Die Kehrtwende hätte deutlicher nicht sein können. Aus dem sozialistischen Arbeiter- und Bauernstaat mit seinen hehren Idealen ist ein Staat geworden, der den Kapitalismus rehabilitiert und so perfekt umgesetzt hat, dass Parteimitglied Professor Zhou aus der Deutschabteilung der Shanghaier Fremdsprachenhochschule zugeben muss: »Der Wohlfahrtsstaat Deutschland ist sozialistischer als China.« Statt »Lang lebe Mao Zedong!« heißt es nun »Lang lebe der Privatbesitz!« Selbst die zentrale Parteihochschule in Beijing verabschiedet sich von liebgewonnenen maoistischen Dogmen; die »Theorie der drei Vertretungen«, mit der die Privilegien der Zugehörigkeit zur Arbeiterklasse aufgehoben werden, gehört zum kanonisierten Lernstoff: Inzwischen weiß jeder Kader, dass auch Geschäftsleute gern gesehene Mitglieder der Partei sind.

> *»Hauptaufgabe der Nation ist die Konzentration ihrer Energie auf die sozialistische Modernisierung, indem sie den Weg des Aufbaus des Sozialismus mit chinesischen Vorzeichen beschreitet.«*
>
> Verfassung der VR China

China trägt schwer an seiner Erblast. Die Reform der gewaltigen Staatsbetriebe soll ohne übermäßige Härten gelingen, die sozialen Missstände auf dem Land müssen durch ein bislang nur in Ansätzen vorhandenes Sozialsystem aufgefangen werden. Der Aufbau von Kranken- und Rentenversicherungssystemen für alle wird Jahrzehnte dauern, der Kampf gegen Korruption und Willkürherrschaft, vor allem in den ländlichen Gebieten, wo sich kleine Parteibonzen wie Alleinherrscher aufführen, weil die Macht der Regierung wie zu Kaisers Zeiten an der Dorfhecke endet, erfordert einschneidende Maßnahmen.

Soziale Missstände auf dem Land

Eines der erfolgreichsten Experimente im ländlichen Raum setzt – ausgerechnet – auf Demokratie. Nahezu unbeachtet vom Westen dürfen in China seit 1998 die Dorf- und Nachbarschaftskomitees in freier und geheimer Wahl gewählt werden. Despotische oder korrupte Dorfvorstände sind, nach den Vorschriften des Wahlgesetzes, sogar abwählbar. In der Praxis aber sieht man sich gewaltigen Problemen gegenüber: Wähler werden eingeschüchtert, bestochen, Wahlzettel werden manipuliert. Als ein chinesisch-deutsches Team Dorfwahlen in der Provinz Jiangxi beobachtet, steht hinter dem kleinen, weiß gekachelten Schulgebäude, das zum Wahllokal umfunktioniert wurde, eine Gruppe von fünf Männern, die seelenruhig und gleich stapelweise Wahlzettel für ihren Kandidaten ausfüllen. Auch eine auf sie gerichtete Videokamera bringt die fünf Wahlfälscher nicht aus der Ruhe. Offensichtlich ist das Demokratieverständnis in ländlichen Gebieten noch nicht so weit entwickelt, wie man sich das erhofft hatte. Tatsächlich werden immer wieder Dorfwahlen durchgeführt, bei denen nur auf die schöne Fassade geachtet wird, so wie man es von sozialistischen Jubelveranstaltungen her kennt. Die zum Wahltag einberufene Dorfversammlung bekommt vor dem Urnengang ein buntes Unterhaltungsprogramm geboten, mit Theater, Gesang und Tanz, letzterer aufgeführt von rotbäckig geschminkten Kindern in einheitlichen Schul-Trai-

Demokratie auf dem Dorf

◄ Ein überlebtes Ideal

Die Hälfte des Himmels

Unterrepräsentiert In China gibt es ungefähr so viele KP-Mitglieder wie Menschen in Frankreich (rund 60 Millionen). Damit dürfte die Kommunistische Partei Chinas die größte Partei der Welt sein. Nach einem geflügelten Wort von Mao Zedong tragen Frauen die »Hälfte des Himmels«. Nicht ganz so viele sind es, wenn man deren Mitgliedschaft in der Kommunistischen Partei betrachtet: Nur 17% der Mitglieder sind Frauen. Ist die KP ein Männerclub, werden Frauen diskriminiert?

Chinas Vorzeigefrau Im Kampf gegen die atypische Lungenentzündung SARS wussten die Politstrategen sich nur dadurch zu helfen, dass sie das einzige weibliche Mitglied im Politbüro, Wu Yi, zur Gesundheitsministerin bestellten. Die resolute Dame im Rentenalter gilt auch Kritikern als kompromisslos in der Sache und hart im Durchgreifen. Den Beitritt Chinas zur Welthandelsorganisation WTO hatte sie souverän gemanagt, nun sollte sie SARS in den Griff bekommen und zugleich das ramponierte Ansehen Chinas in der Welt wiederherstellen.

ningsanzügen. Zuvor aber gilt es, den Reden der Kandidaten zu lauschen, ihren Versprechungen von gerechter Verteilung der Lasten und ehrenhafter Amtsausübung.

Dorfwahlen

Nach der Wahl gibt's ein von Plastik umhülltes Blumengesteck für den neuen Dorfvorsteher, der oft auch schon der alte war. »Meistens wählen die Menschen den Amtsinhaber«, erklärt uns Cai Liya, eine Beobachterin aus Beijing, »aber allein das Wissen um seine Abwählbarkeit macht ihn zum besseren Mann für den Job.« Nur selten schaffen es Rebellen, den Amtsinhaber abzulösen. Gerade in Dörfern, die von einer Sippe, einem Clan dominiert werden, steht der Sieger schon vor der Wahl fest. Doch dort, wo zwei Clans erbittert um die Vormachtstellung ringen, freut sich oft der Dritte: Ein Dorfchef, der keiner der beiden Sippen angehört, wird durchaus gewählt, wenn er als fairer Mittler der Interessen auftritt.

Nur eine Partei

Wer immer auch gewählt wird, er sollte der Partei angehören. So zumindest will es die Zentralgewalt in Beijing. Auf diese Weise hofft man, doppelt punkten zu können: Einmal durch die praktizierte Demokratie auf dem Land, dann durch die Festigung der Macht der Partei. Oft genug wird der örtliche Parteichef zum Dorfvorstand gewählt, ebenso oft aber muss sich der Kader einem Kandidaten geschlagen geben, der kein Parteimitglied ist. Auf ein Angebot, der Partei beizutreten, braucht ein parteiloser Wahlsieger meist nicht lange zu warten. Demokratie ist ja schön und gut, aber am liebsten hat man es, wenn sie innerhalb der einzig wahren Mutterpartei, der Kommunistischen Partei Chinas, praktiziert wird.

Freie Wahlen in 50 Jahren

So gesehen sind auch die Prophezeiungen von mehr Demokratie im ganzen Land nicht mit einem vollständigen Wandel gleichzusetzen. »In fünfzig Jahren«, tönt es vollmundig aus Beijing, »werden auch der chinesische Staats- und Ministerpräsident demokratisch gewählt«. Von einem Mehrparteiensystem ist freilich auch hier keine Rede. Dass es geht – und wie es geht – hat Taiwan bereits vorgemacht, sehr zum Leidwesen der Beijinger Führung.

Bescheidener Wohlstand

Weit wichtiger als alle demokratischen Bestrebungen sind der Führung (und wohl auch der Bevölkerung) die wirtschaftlichen Erfolge. Das beim 16. Parteitag 2002 verkündete Entwicklungsziel einer »Gesellschaft mit bescheidenem Wohlstand« (*xiaokang*) gilt noch immer: Keine Überflussgesellschaft wolle man werden (Städte wie Shanghai und Beijing scheinen dort längst angelangt), sondern eine Gesellschaft, in denen es allen verhältnismäßig gut gehe, in der ein bescheiden-milder Wohlstand herrsche.

Der Soziologe Lu Xueyi weiß das genau zu beziffern: Das Pro-Kopf-Einkommen sollte bis 2020 bei 3000 Dollar liegen, die Mittelklasse müsse 38% der Bevölkerung ausmachen, ein Plus von rund 20% gegenüber der aktuellen Struktur. Dies sei nur zu erreichen, wenn die Kluft zwischen relativem Reichtum in der Stadt und relativer Armut auf dem Land überwunden werde. Lu gibt sich optimistisch: Bei einem jährlichen Wirtschaftswachstum von durchschnittlich 7,2% sei das problemlos zu schaffen, eine stabile politische Ordnung vorausgesetzt.

Demokratie auf dem Dorf. Freie Gemeindewahlen in Pingtangcun, Jiangxi

Trotz Reformen nur wenig zu lachen: Landarbeiter auf einer Dorfversammlung. Pingtangcun, Jiangxi

Humor: Da lacht der Kader

Moderne Diplomaten

Nicht verknöcherte Hardliner, sondern junge, aufgeschlossene, gut ausgebildete Leute arbeiten im Außenministerium. Mindestens eine Fremdsprache sprechen sie, und viele haben auch noch das, was man bei jungen Diplomaten nicht erwartet: Einen Sinn für Humor. Schade nur, dass man dies den öffentlichen Verlautbarungen des Ministeriums nicht anmerkt. Hier werden seit Jahren die gleichen Phrasen gedroschen. Doch als ich Zhou Ren kennen lerne, der Englisch studiert hat und im Außenministerium arbeitet, finde ich das plötzlich alles nicht mehr so schlimm.

Lizenz zum Lachen

In Beijing feiern wir das amerikanische *Thanksgiving*. Fünf Chinesen, sechs Amerikaner, ein Deutscher. Gelbe, Weiße, Schwarze: So, wie wir hier sitzen, könnte man meinen, der ewige Weltfrieden sei ausgebrochen. Der *huoji* (»Feuerhuhn«, Truthahn) schmeckt auch den Chinesen, und die Beilagen wie Kürbis- und Maisgemüse finden regen Zuspruch. Zhou Ren, Redenschreiber für Englisch, den ich heute zum ersten Mal sehe, berichtet von seinen Reisen mit dem mittlerweile zurückgetretenen Staatschef Jiang Zemin. Die Stimmung sei immer gut gewesen auf Reisen, sagt Zhou Ren, Jiang sei sehr umgänglich. Ob Jiang die Witze kenne, die über ihn kursieren, möchte ich wissen. »Ja, einige, aber wir legen es nicht darauf an, ihm alle zu erzählen.« Schon gar nicht diesen, der als »gut gemeinter Hinweis« kursiert: Jiang solle nie versuchen, vor Publikum Englisch zu sprechen, nie in der Öffentlichkeit singen und vor allem niemals, egal wie heiß es auch sei, seine Jacke ausziehen. Wer weiß, dass Jiangs Körperbau in etwa dem der amerikanischen Zeichentrickfigur Homer Simpson entspricht und Jiang – wie viele rundliche Herren in China – es liebt, seine Hose weit über den Bauch zu ziehen, um sie fast auf Brusthöhe zu gürten, kommt da schon ins Schmunzeln.

Mann trägt Bauch

Beim Kauf eines Anzuges in einem kleinen Kaufhaus im Beijinger Stadtteil Chaoyang kann ich das Jiang-Modephänonem zwei Tage später persönlich testen. Die Jacke sitzt recht gut, doch die Hose ist zu lang und vor allem viel zu weit. Als ich aus der Umkleidekabine zurückkomme, die Hose wenig elegant unter dem Brustbein festgezurrt, wende ich mich vertrauensvoll an meine Verkäuferin: »Guck mal, du hast mir aus Versehen Jiang Zemins Hose angedreht!« Die Verkäuferin grinst ein »Du Schlingel!«-Grinsen und weiß sofort, worauf ich anspiele. Nur gut, dass Chinesen Spaß verstehen, und gut, dass man für solche Scherze heutzutage nicht mehr zur Umerziehung aufs Land kommt. Es hat sich viel getan in diesem Land: Selbst schlechte Witze von dummen Ausländern werden anstandslos hingenommen.

Demokratie ist nicht alles

Dass China keine Demokratie ist, stört, so kommt es mir vor, wenn ich mich mit Chinesen unterhalte, nur eine verschwindend kleine Minderheit. Man macht, besonders wenn eine Kampagne durch das Land weht oder ein Parteitag die Hauptstadt heimsucht, seine Witze und lässt ansonsten den lieben Parteivorsitzenden und Staatspräsidenten einen guten Mann sein. Mit Nachdruck verweist man auf Indien, das einzige Land, das in der Größe seiner Bevölkerung halbwegs an China heranreicht. Hier habe man eine Demokratie, doch sei das Leben dort besser? Wohl kaum!

Wirtschaftsprobleme

Weit mehr als die fehlende Demokratie bereitet die wirtschaftliche Lage den Bürgern Kopfzerbrechen. Zwar hört man allenthalben von den Erfolgen der Wirtschaftspolitik, doch vieles glänzt nur auf den ersten Blick. Selbst die Regierung gibt zu, dass die Arbeitslosenzahlen zu hoch seien, dass die Einkommen der Bauern sänken, dass man vom Weltmarkt und von Auslandsinvestitionen abhängig sei, dass das Wachstum nicht ewig weitergehen werde.

Abgeordnete mit drei Händen

Unsere kleine internationale *Thanksgiving*-Feier ist mittlerweile beim Nachtisch angelangt, die wirtschaftlichen Themen sind abgehakt. Mich interessieren politische Witze, ich möchte sehen, wie weit man geht, aber auch, was man in China komisch findet. Einen letzten Scherz kitzele ich noch heraus, diesmal von Zhou Rens Frau, He Hui: »Warum haben Parteitagsabgeordnete immer drei Hände? Ganz einfach! Eine zum Klatschen, eine zum Händeschütteln und eine, um allen Vorlagen der Partei per Handzeichen zuzustimmen.«

Humor und Kultur

Acht Cartoons habe ich für ein Bildungsprojekt in Südchina gezeichnet und getextet. Eine humorbegabte Chinesin hat die Gags in ein Chinesisch übertragen, das die Pointe überleben ließ – und trotzdem fielen beim Feldtest drei der acht Gags hoffnungslos durch. Aus vielfältigen Gründen, einmal aber nur deshalb, weil ich mich kulturell vergriffen hatte. »Nein, da kannst du keinen sprechenden Hund nehmen«, wurde eine Zeichnung kommentiert, in der ein Hund und ein Mensch gleichberechtigt miteinander umgingen. »Hunde sind zu schmutzig, die kannst du nicht mit Menschen auf eine Ebene stellen. Das ist nicht komisch.«

Inzwischen habe ich genug streunende Gassenköter gesehen, um das zu verstehen. Und genug chinesische Geschichte verinnerlicht: »Eintritt für Hunde und Chinesen verboten« soll an einem Park nördlich des Bunds, mitten im Gesandtschaftsviertel des vorrevolutionären Shanghai zu lesen gewesen sein. Selbst wenn es sich hier nur um eine krasse Übertreibung kommunistischer Propagandaoffiziere handeln sollte (was wahrscheinlich ist), so ist das Unerhörte dieses Satzes umso unerhörter, wenn man weiß, wie wenig man in China vom »besten Freund des Menschen« hält.

So mag die Partei ihre Minderheiten: Demonstrativ glückliche Mongolin. Hohot, Innere Mongolei

Youmo Dashi: Großmeister des Humors

Nicht alles, was nach politischem Humor aussieht, ist auch welcher. Es gibt Politikerwitze, die sich allein durch Wortwitz und Wortspielereien auszeichnen, die Figur des Politikers liefert dabei nur den Aufhänger:

Deng Xiaoping in den USA

Deng Xiaoping besucht die USA. Als er gegenüber seinen Beratern andeutet, dass er gerne mal allein, ohne Bodyguards, einen Spaziergang machen würde, sind diese nicht eben erfreut, können ihren Chef aber nicht umstimmen. »Falls du von der Polizei angehalten wirst, Genosse Deng, bitte denke daran, dass die Jungs nur die Personalien aufnehmen wollen. Sag ihnen zuerst deinen Nachnamen, dann den Vornamen.« Deng nickt und spaziert los. Ein Polizist, der Deng erkennt, hält ihn an und möchte ein bisschen Smalltalk machen. Weil er gehört hat, wie stolz Deng auf seine Kenntnisse der US-Geschichte ist, beginnt er mit der amerikanischen Revolution: »Wie hieß denn der erste Präsident der Vereinigten Staaten?« Deng Xiaoping, der kein Englisch spricht, antwortet wie ihm aufgetragen: »Wo xing Deng.« (»Ich heiße Deng« klingt auf Chinesisch wie »Wa-shing-ton«.) Der Polizist ist's zufrieden: »Yes! *Washington!* Und was machen Sie hier?« Darauf Deng: »Xiaoping.« »Ah, *shopping!* Very good. Have a nice day!«

Kein Sinn für Galgenhumor

Ein für unsere Verhältnisse harmloser Scherz, denn es geht ihm um Wortspiele, um die Kombination von Englisch und Chinesisch, nicht um eine stichhaltige politische Aussage. Zwar würde er vom *Youmo Dashi* (»Humor-Großmeister«), dem chinesischen Humor-Zentralorgan, trotzdem nicht gedruckt werden, doch nicht wegen seiner politischen Brisanz, sondern wegen mangelnder Ehrfurcht vor dem großen Erneuerer Deng Xiaoping.

Was dem chinesischen Humor weitgehend fehlt, ist ein Sinn für Ironie oder Sarkasmus. Bei uns ist es cool, auch in verzwickten Situationen noch eine sarkastische Bemerkung zum Besten zu geben: Wer auf dem Weg zum Scheidungstermin einen Autounfall hat und dann sagt: »Na wenigstens regnet's heute!«, bekommt in England und in den USA die volle Humorpunktzahl, in deutschsprachigen Länder immerhin noch zirka 50%, in China aber kommt der Scherz nicht an. Galgenhumor zieht nicht, Witze und Kommentare in dieser Richtung verpuffen unverstanden.

Humor ist relativ

Humorige Übertreibungen im Alltag oder Streiche wie »Jemanden in den April schicken« lieben die Chinesen nicht, und wenn, dann nur im Film. Die Angst vor dem Gesichtsverlust scheint hier dem Humorgenuss im Wege zu stehen. Für die jüngere Generation gilt das bisher Gesagte nur zum Teil, denn Humor ist immer auch abhängig vom Alter und der Generation. Worüber unsere Eltern gelacht haben, findet heute kein Mensch mehr komisch. In China ist das nicht anders. So verschwinden die traditionellen Sketche des *xiangsheng* (*cross-talk*) nach und nach von den Bühnen und aus dem Fernsehen. Einzig im Radio hören sich gelangweilte Taxifahrer die zwei Kombattanten dieses komödiantischen Zwiegesprächs noch an. Ausgerechnet im Fernsehen kommt es alljährlich zu einem Comeback des *xiangsheng*. Die Neujahrssendung des Staatsfernsehens will auf den Scherzdialog noch im-

Mythos Volksbefreiungsarmee

Guan Yuqian berichtet in seiner Autobiographie »Mein Leben unter zwei Himmeln«, wie die noch junge Volksbefreiungsarmee bei der Einnahme von Shanghai von solch eiserner Moral geprägt ist, dass selbst die ausgehungertsten Soldaten freiwillige Gaben der Bevölkerung brüsk zurückweisen: Man wolle das Volk befreien, nicht ausplündern. Eine Frau wendet ein, dass sie den Soldaten das Essen und Trinken doch aus eigenen Stücken gebe, ohne jeden Zwang, man könne es getrost annehmen. Nein, kommt es von den Soldaten zurück, allenfalls ein Schlückchen Tee werde man akzeptieren.

Kein Wunder, dass der Mythos Volksbefreiungsarmee über Jahrzehnte zu den unumstößlichen Faktoren der chinesischen Politik gehörte. Selbst der alte, aus kaiserlichen Zeiten stammende Spruch »Hao tie bu da ding, hao han bu dan bing« (Aus gutem Eisen macht man keine Nägel, aus guten Burschen keine Soldaten«) wurde für die edlen Volksbefreier umgemünzt zu »Hao tie yao da ding, hao han yao dang bing« (Gutes Eisen will zum Nagel werden, gute Männer wollen zur Armee). Vierzig Jahre sollte der Ruhm andauern, dann kam es zum Sündenfall: Am 4. Juni 1989 schoss die Volksbefreiungsarmee am Tiananmen auf das eigene Volk. Hunderte junger Demonstranten starben, doch auch Soldaten wurden auf bestialische Weise gelyncht.

mer nicht verzichten, und selbst das Publikum, so scheint es, trägt das Revival mit Fassung.

Als Witzfigur unsterblich

Weit weniger freundlich als mit Deng Xiaoping geht der chinesische Humor mit Li Peng um, dem als Hardliner verrufenen ehemaligen Ministerpräsidenten, der vielen als der eigentlich Verantwortliche für das Tiananmen-Massaker gilt. Li Peng ist zwar inzwischen abserviert, doch als Witzfigur scheint er unsterblich. In den meisten Witzen agiert er als geistig leicht unterbelichtet: Li Peng besichtigt einen Schweine-Mastbetrieb. Für die Zeitung werden Fotos gemacht: Li Peng mit den Tieren. Am Abend reicht der zuständige Redakteur das Bild bei Li Pengs Sekretärin ein. Text: »Die Schweine und Li Peng«. Die Sekretärin schüttelt den Kopf, ändert die Bildunterschrift in »Genosse Li Peng und die Schweine« und gibt Bild wie Text zum Absegnen an Li Peng weiter. Am nächsten Morgen schlägt die Sekretärin die Zeitung auf und liest: »Der Vierte von links ist Genosse Li Peng.«

Private Firmen

Jiang Zemin, seit der Übergabe seiner beiden wichtigsten Ämter an Hu Jintao im November 2002 und März 2003, weder Partei- noch Staatschef, muss vergleichsweise wenig Häme ertragen. Ihm verdankt man die endgültige Öffnung des privaten Sektors. Erst nachdem Jiang, der 1989 Parteichef wird, als Nachfolger von Mao und Deng fest installiert ist, schießen nichtstaatliche Firmen aus dem Boden wie der sprichwörtliche Bambus nach dem Regen: Es herrscht Gründerzeit, ohne Not und ohne Leid – zumindest anfänglich. In einem Jahrzehnt entstehen 25 Millionen private Firmen, große wie kleine. Vom privaten Lehrinstitut über die Möbelfabrik bis hin zum Computerdienstleister.

Etikettenschwindel

60% des Bruttosozialprodukts werden mittlerweile von privaten Firmen erwirtschaftet – allerdings nur, wenn man auch die Joint Ventures und die Firmen im Streubesitz mitzählt, die ja überwiegend noch vom Staat kontrolliert werden. Lässt man diese weg, fällt der Wert auf rund 30%. Dennoch: Vom Gefühl her dominiert längst die Marktwirtschaft. Jiang weiß das so gut wie jeder andere, doch das Kind beim zu Namen nennen, hieße die zu verschrecken, die bislang den Etikettenschwindel willig mitgemacht oder erst gar nicht richtig wahrgenommen haben: In Schulen und Hochschulen werden noch immer Deng-Xiaoping-Theorie und Mao-Zedong-Ideen unterrichtet und kleinlich genau abgefragt. Ohne zumindest mittelmäßige Noten in Politik und Ideologie gibt's keinen Studienplatz.

Ideologisches Nachbessern

Nur langsam vollzieht sich der Wandel, denn die sozialistische Staatsdoktrin mit ihren hohen Idealen und ihrem süßlichen Patriotismus gilt in Zhongnanhai, dem gut gesicherten Regierungs(wohn)viertel, als der Kitt, mit dem sich bislang ein Land zusammenhalten ließ, das ansonsten an seinen inneren Spannungen zerbrochen wäre.

Dass die meisten längst schon bemerkt haben, dass zwar Sozialismus gepredigt, aber reinster Kapitalismus praktiziert wird, scheint in Zhongnanhai nicht sonderlich zu stören. Schrittweise bessert man Marx und Mao nach, erlaubt selbst Unternehmern die Parteimitgliedschaft, und hofft, dass man am

Das »Kleine Rote Buch« (xiaohongbaoshu). Letzte Relikte der Kulturrevolution auf einem Antiquitätenmarkt in Shanghai

Ende das gesamte Gedankengebäude so umgebaut hat, dass es halbwegs wieder mit der Realität im Einklang steht. Einige Soziologen, wie etwa der emeritierte Geschichtsprofessor Shang Dewen, erwarten gar eine Wandlung in Richtung Sozialdemokratie.

Pragmatismus

Den Pragmatikern in China ist es ohnehin ziemlich egal, wie sich das System selbst bezeichnet: Sozialismus mit chinesischen Vorzeichen, sozialistische Marktwirtschaft oder kapitalistischer Sozialismus. Hauptsache, dass es stetig vorangeht auf dem von der Partei ausgerufenen Weg zur *xiaokang*-Gesellschaft (»bescheidener Wohlstand«). Doch wehe, wenn wieder einmal eine Krise kommt, wenn die Wirtschaft taumelt, die Menschen aufmucken. Dann führt der Weg, wie schon so oft zuvor, schnell zurück in die tiefsten Täler der Unterdrückungsideologie.

Selbstkritik

Die Repressionsmechanismen vergangener Tage kann die politische Führung, bei akutem Bedarf, jederzeit aktivieren. Nicht immer wird gleich das volle Repertoire reaktiviert werden, nicht immer werden Selbstkritiken verlangt, die zu Geständnissen, ja Selbstanklagen ausufern, wie sie bei den so genannten Rechtsabweichlern in den 1950ern üblich waren: »Ich habe in politischer, wirtschaftlicher, ideologischer, kultureller und pädagogischer Hinsicht gegen die Partei und den Sozialismus verstoßen.« Es geht auch eine Nummer kleiner. Vor ein paar Jahren wurde mir in der Ausländer-Meldestelle nahe gelegt, eine Selbstkritik zu verfassen, weil ich meine Aufenthaltsgenehmigung erst fünf Tage nach Ablauf zum Verlängern vorgelegt hatte. Wie erzieherisch wertvoll diese Auflage war, sieht man daran, dass ich seitdem keine *ziwopiping* mehr schreiben musste.

Geistige Zivilisation

Bekanntschaft mit den alten Methoden politischer Erziehung haben zuletzt die Hochschulanfänger der frühen 1990er Jahre gemacht. Statt der Seminare gab es drei Monate lang militärische Grundausbildung, Festigung der Moral, der sozialistischen Weltanschauung und der »geistigen Zivilisation«, verbunden mit reichlich Strammstehen und Marschieren mit Besenstielen über der Schulter – geladene Gewehre wollte man den Kids dann doch nicht in die Hand drücken. Besonders an den Hochschulen, deren Belegschaft sich ganz besonders vehement für die Demokratiebewegung engagiert hatte, mussten die Studenten unzählige Stunden mit politischen Vorträgen über sich ergehen lassen, bevor die ersten richtigen Lehrveranstaltungen beginnen konnten.

Morgens Sozialismus, abends McDonald's

Auch jetzt gehört eine ein- bis zweiwöchige, paramilitärische Grundausbildung für die Erstsemester zu den ersten Erfahrungen an ihrer Hochschule. Sozialismus in Theorie und Praxis – und am Abend verschwinden die Kids dann im McDonald's, wo sie bei Cola und Fritten ihren Frust vergessen.

Das wissen alle Chinesen: Der große Stern steht für die Partei. Doch bei den vier kleinen Sternen beginnt auch in China oft das große Rätselraten.

Neusprech: Worthülsen und Ideologie

Die Partei spricht

Die Partei spricht, und sie spricht ein schlechtes Chinesisch. Anstatt den miefigen Politjargon alter Zeiten konsequent zu vermeiden, produziert sie ständig neue Leerphrasen. Die konstante Wiederholung in den Medien macht selbst gut gemeinte Ansätze zu peinlichen Lachnummern oder langweiligen Schlafpillen. Es ist immer wieder schön zu sehen, wie meine chinesischen Freunde mit einer Mischung von peinlicher Berührtheit (was an meinem Chinesisch liegen mag) und echter Freude (was wohl ebenfalls an meinem Chinesisch liegt) reagieren, wenn ich ihnen die tollsten Klöpse des letzten Parteitages zum Besten gebe. Noch besser klingen die Parteitagsparolen in ihrer offiziellen englischen Version, wenn etwa dazu aufgerufen wird, die »Drei Vertretungen in einer rundherum gültigen Art zu verwirklichen«: »Implement the Three Represents in an all-around way«.

Das Banner hochhalten

Die Partei müsse, schreibt die KP-Zeitung *Renmin Ribao* in der Wiedergabe einer Parteitagsrede, das große Banner der Deng-Xiaoping-Theorien weiterhin hochhalten und den wichtigen Gedanken von den Drei Vertretungen implementieren, um neue Perspektiven für den Sozialismus mit chinesischen Vorzeichen aufzuzeigen. Parteimitglieder müssten die grundlegenden Lehren des Marxismus verbinden mit der Bemühung um theoretische Erneuerung, der Pflege und dem Erhalt der edlen Tradition der Partei, der Förderung des herrschenden Zeitgeistes sowie der Festigung der Klassengrundlage der Partei, damit die Partei zu einem starken Kern der Führungskraft werde, ideologisch, politisch und organisatorisch, und so stets in der ersten Reihe der Zeit stehe, um die Menschen aller Schichten und Klassen in Solidarität führen zu können.

Schlüsselwörter

Wer ein oder zwei solcher Reden gehört hat, hat alle gehört. Allein die Zwischentöne haben für politisch Interessierte noch Bedeutung, denn hier lassen sich anstehende Kurswechsel erkennen oder bevorstehende personelle Veränderungen. Die Phrasen selbst stammen aus dem Baukasten. Anlässlich des 16. Parteitages druckte die in Beijing erscheinende englischsprachige Wochenschrift *21st Century* in zwei Folgen die wichtigsten *key words* aus dem Wortschatz der Kader in Chinesisch und Englisch ab. Zu finden waren alle theoretischen Versatzstücke, die man benötigt, um seine eigene kleine Parteitagsrede zusammenzubasteln: Von »implementing socialism in an all-around way« bis »blazing new trails for the development of Marxist theory« wurde kein Klischee ausgelassen.

Lexikon

Standardvokabular

Die Beijinger Jugendzeitung lieferte zum 16. Parteitag das wirtschaftspolitische Standardvokabular. Nach einer Regierungserklärung des damaligen Ministerpräsidenten Zhu Rongji rafften die Redakteure sich auf und zählten – in satirischer Absicht? – die am häufigsten verwendeten Schlagwörter. Sieger, mit deutlichem Abstand, wurde *fazhan* (Entwicklung), das gleich 57 mal Erwähnung fand. Auf die nachfolgenden Plätze kamen:

gaige	Reform (42)
kuoda	Vergrößerung, Erweiterung (21)
zengjia	vermehren, vergrößern (20)
tiaozheng	sich abstimmen, regulieren (19)
zengzhang	Zuwachs (18)
tigao	erhöhen (17)
shichang	Markt (16)
touzi	investieren (13)
kaifang	öffnen (11)
jiakuai	beschleunigen (11)
guize	Normen, Standards (10)
baozhang	garantieren (10)

Auch Firmen, die in China investieren wollen, kommen um den Griff in die Kiste chinesischer Phrasen wohl nicht herum: *jingji gaige kaifang* (Reform und Öffnung) hören alle immer wieder gern.

Chi ku: Bittere Erfahrungen

Geschichtstrauma

Auch wenn die überwältigende Mehrheit der Chinesen sich als unpolitisch sieht, lassen sich bestimmte Grundüberzeugungen schnell herauskitzeln. Der von frühen Kindesbeinen an gepredigte Patriotismus ist und bleibt, gerade bei Schülern und Studenten, jederzeit abrufbereit. Selbst für die Studentenbewegung von 1989, die sich an der Partei versündigt hatte, indem sie deren Alleinvertretungsanspruch in Frage stellte, stand die Liebe zum Vaterland nie zur Debatte. Nutzbar machen lässt sich dieser Patriotismus für politische Zwecke: Als am 7. Mai 1999 die USA durch einen tragischen Irrtum die chinesische Botschaft in Belgrad in Schutt und Asche legten und dabei mehrere chinesische Diplomaten töteten, kam es zu wütenden Straßenprotesten, die von der Parteiführung wenn nicht vollständig geplant, so doch wenigstens wohlwollend unterstützt wurden. Der antiamerikanische »Zorn der Massen« war verständlich und wohl auch tatsächlich vorhanden. Nur: Er basierte auf einem Trauma, das jeder neuen Generation von Schulkindern anerzogen und so künstlich am Leben gehalten wird: China, so der Tenor vieler Geschichtsstunden, sei vor der Befreiung durch Mao Zedong ein geknechtetes Land gewesen, tief gedemütigt von ausländischen Mächten.

Erzfeind Japan

Das Schlimme an diesem Trauma aus dem Geschichtsunterricht: Es beruht auf Tatsachen. Briten, Franzosen, Deutsche, Amerikaner und Japaner – alle haben sich schamlos an Chinas Schätzen bereichert. Jahrzehntelang musste China *chi ku* (»bitter essen«, leidensfähig sein). Beginnt man ein Gespräch über Japan und die Japaner – am besten mit jungen Leuten – stellt man schnell fest, wie sehr die Geschichte das heutige Miteinander noch beeinflusst.

In einer Diskussion mit jungen chinesischen Studenten, die ganz harmlos begonnen hat, reden sich meine Gesprächspartner schnell in Rage. Alle haben sie persönliche Kontakte zu Japanern, denen sie Nachhilfeunterricht in Chinesisch erteilten, und doch hilft das kaum, den plötzlich aufflammenden Zorn im Zaum zu halten. Yang Guang, den ich als eher sanften Menschen kenne, tut sich als besonders unnachgiebig hervor: »Die Japaner sind alle Schufte.« Wie denn das zusammengehe, möchte ich wissen: »Einerseits kennt ihr alle Japaner, findet sie im Grunde ganz nett, gebt ihnen Chinesisch-Unterricht, kauft euch Sony-Geräte – und dann flucht, schimpft und geifert ihr über ein angebliches Verbrechervolk.«

Alte Rechnungen

Die meisten argumentieren nun historisch. Nein, mit den Altersgenossen aus Japan komme man ganz gut klar (auch wenn den Japanern im gleichen Atemzug eine gewisse Arroganz unterstellt wird), doch was sie China angetan hätten, werde man ihnen nie vergessen. Ich werfe ein, dass dies doch alles weit vor ihrer Zeit geschehen sei. Li Yuan, eine 19-Jährige aus Guangdong, kontert mit einer Frage: Ob ich den Film »Schwarze Sonne: Bataillon 751« gesehen hätte?

Kriegsgräuel

Tatsächlich tut die Filmindustrie ein Übriges, das Anti-Japan-Banner hochzuhalten. In allen Kriegsfilmen sind die japanischen Soldaten durchweg die Erzbösewichte. T. J. Mous Massaker-Movie »Schwarze Sonne: Bataillon 751« zeigt in brutaler Deutlichkeit, welches Gemetzel die Japaner 1937 in Nanjing angerichtet hatten. Der Hongkonger Regisseur landete mit seinem Doku-Drama einen solchen Erfolg, dass er in den 1990ern gleich mehrere Filme zum selben Thema vorlegte. Ein Umstand, der nicht eben zur Verbesserung des japanischen Images beitrug.

Ähnlich wie in England, wo eine seltsame Allianz aus Geschichtslehrplänen und dem *History Channel* (»Hitler Channel« witzeln die Engländer) Hitler und Nazideutschland deutlich überbetont, dominiert beim Thema Japan in der Schule wie auch in Film und Fernsehen die Grausamkeit der japanischen Truppen. Selbst das »Damdamdamdam«, das immer dann von der Tonspur wummert, wenn die Japaner angreifen, hat sich tief ins kollektive Bewusstsein eingegraben: »Jeder Chinese kennt das«, sagt mir Chang Jinliang und summt mir das japanische Angriffsmotiv vor.

Kollektive Demütigung

Die Bombardierung von Shanghai, das Massaker von Nanjing, die Besetzung Nordchinas mit der Einrichtung des japanisch kontrollierten Mandschukuo gelten noch immer als tiefste Demütigungen des chinesischen Volkes, als höchste Steigerungsform des Gesichtsverlustes, seine Steigerung ins Historische und Kollektive. Bei aller Verehrung für die grundsoliden Waren der Japaner – wer hätte nicht gerne einen Toyota? –, dominiert die Ablehnung. Nicht Sympathie sichert den Verkauf japanischer Produkte, sondern der chinesische Pragmatismus, der am Ende dann doch Qualität vor Moral setzt.

Teufel vor der Tür

Nur ein einziger Film hat es gewagt, gegen das Klischee vom japanischen Soldaten als blutrünstigen Satan zu verstoßen: Jiang Wens Antikriegsfilm »Guize laile«, Teufel vor der Tür. Auch wenn das Wort »Teufel« – gemeint sind die Japaner – vermuten lässt, dass hier der Japaner-Hass nur noch stärker geschürt wird, so ist doch das Gegenteil der Fall: Der Film malt nicht nur schwarzweiß, sondern nimmt sich drei Stunden Zeit, Schattierungen und Zwischentöne zu zeigen und – man höre und staune – ein paar moralisch gute japanische Soldaten.

Gezüchteter Zorn

Der Zorn, in den sich junge Chinesen in Bezug auf zeitlich derart weit Entferntes hineinreden können, erschreckt. Noch heute, rund hundertfünfzig Jahre nach der Zerstörung des Alten Sommerpalastes (*yuanming yuan*) durch französische und britische Truppen, erregt man sich über die Demütigung der Nation durch die imperialistischen Ausländer. Dabei beschleicht den Zuhörer immer das Gefühl, dass ein propagandistisch ausgerichteter Geschichtsunterricht hier kräftig mithilft: »Vergesst eure nationale Schmach nicht und strebt nach künftigem Ruhm«, lautet ein vielzitierter Satz des politischen Unterrichts.

Das neue Amerika

Doch so sehr man sich auch an den alten Wunden weidet, letztlich überwiegt der optimistische Blick nach vorn: Bald zeigt sich der Stolz über den schnellen wirtschaftlichen Aufschwung und die feste Überzeugung, dass nun »China an der Reihe« sei und zu einer »großen und starken Nation« aufsteige. Nun hole man sich zurück, was einem früher gewaltsam genommen wurde. Wirtschaftliche Krisen, Aktien-Crashs und Rezessionen sind da nur vorübergehende Begleiterscheinungen. Solange die politische Lage stabil bleibt und die Lohnkosten niedriger sind als im Rest der Welt, werden die Auslandsinvestitionen weiter fließen. Dass diese Faktoren auf Dauer nicht zu gewährleisten sind, scheint keinen zu belasten.

Von den Han-Chinesen ebenso bestaunt wie von den westlichen Touristen. Angehörige der Naxi-Minorität. Lijiang, Yunnan

Inszenierte Idylle: Minderheiten

Jubelfest

Eitel Sonnenschein herrscht am 31. Dezember nicht nur, weil sich heute ein strahlend blauer Winterhimmel über Beijing spannt. Zusammen mit rund 1000 Studenten sitze ich im Auditorium des Beijinger Tourismusinstituts und betrachte die Darbietungen zum Anlass des kurz bevorstehenden neuen Jahres. Die Tibeter sind gerade von der Bühne, jetzt bewundern wir einen Tanz der Yao-Minorität. Fehlt eigentlich nur noch der Öltee, der bei den Yao so beliebt ist.

Gekünstelte Folklore

Die Tänze sind nicht schlecht, und doch beschleicht mich ein merkwürdiges Gefühl. Zu sehr wird hier eine heile Welt der Minderheiten zur Schau gestellt, die es so nicht gibt. Schon die Kostüme sind mir unangenehm: Natürlich weiß ich, dass wir Tausende Kilometer von Yunnan entfernt sind und dass ein authentisches Kostüm in Beijing, wenn überhaupt, nur mit größter Mühe aufzutreiben wäre. Doch die grellen, nachgeschneiderten Versionen aus Polyester verleiden mir die Freude an den ballettösen Darbietungen der Studenten, von denen nicht ein einziger der Yao-Minderheit angehört. Wenigstens die Tibeter waren echt gewesen.

Minderheiten

Über 90% der chinesischen Staatsbürger gehören zu den Han, den »eigentlichen« Chinesen. 55 Minderheiten *(minzu)* erkennt die Volksrepublik offiziell an. Zusammen machen sie rund 9% der Bevölkerung aus. Zu den größeren Gruppen gehören die Zhuang (ca. 7 Millionen), die muslimischen Hui (3,5 Millionen) und die Tibeter (Chinesisch: *xizang ren*). Hinzu kommen die Uiguren *(weiwuerzu)*, die überwiegend in Xinjiang leben und ebenso wie die Tibeter mit rd. drei Millionen Menschen zu den größeren Minderheiten gehören.

Nach Vorbild der Sowjetunion richtete das revolutionäre China seinen Minderheiten so genannte Autonome Gebiete ein: So lebt die Mehrheit der Uiguren in der Autonomen Region Xinjiang, Zhuang leben in Guangxi, einer Provinz, die offiziell als »Autonome Region Guangxi der Zhuang-Nationalität« ausgewiesen ist. Was nicht heißt, dass Angehörige von Minderheiten nicht auch außerhalb der Autonomen Gebiete leben. Wer in Beijing einen Hauch von Xinjiang erleben möchte, geht in das Uigurendorf im Westen, bestellt sich seinen Lammfleischspieß und nimmt mindestens ein *nang* (Fladenbrot) mit zurück ins Hotel.

Wilde Tibeter

Die rund dreißig Tibeter, die das Institut für Tourismus für zwei Jahre zum Deutschlernen nach Beijing geholt hat, haben ihre Tänze ebenfalls in improvisierten Kostümen dargeboten, doch zumindest die Tänze schienen authentisch. Die Han-Chinesen im Publikum freuen sich, unbeschwert von politischen Gedanken, über die tibetischen Darbietungen. Im Jahr zuvor hatte die Hochschulführung einiges an Problemen mit den Tibetern durchzustehen gehabt. Allen propagandistischen Bemühungen zum Trotz, in denen die Vielvölkerfamilie Chinas immer nur glückselig lächelnd vorgeführt wird, war es zu ernsten Reibereien zwischen den Han-Studenten und den Tibetern gekommen. Selbst eine Messerstecherei hatte es, mitten auf dem Campus, gegeben. Wer wen zuerst provoziert hatte, war hinterher nicht mehr festzustellen gewesen, die Schuld wies man trotzdem schnell den Tibetern zu: Viele Minderheiten, vor allem aber die Tibeter, betrachtet man – auch wenn das nur hinter vorgehaltener Hand ausgesprochen wird – als wilde, unzivilisierte Naturvölker, denen deutlich anzumerken sei, dass sie, verglichen mit der 4000-jährigen Zivilisationsgeschichte Chinas, in jeder Hinsicht weit zurückgeblieben seien. Zückt dann ein Tibeter seinen Dolch, wie auf dem Campus geschehen, ist man nicht einmal sonderlich verwundert. Das wäre einem lieber erspart geblieben, aber eine Überraschung sei das nun wahrlich nicht.

Vorurteile

Zwar gibt es auch Han-Chinesen, die eine derart naive Sicht Tibets und der Tibeter ablehnen und überdies vorzüglich informiert sind, was tibetische Kultur und Sprache betrifft, doch bilden sie eine kleine Minderheit. Selbst Intellektuelle, die es besser wissen müssten, betonen gern die vermeintliche Wildheit der Tibeter und Tibeterinnen: »Außerdem wusste ich«, steht in der Autobiographie eines chinesischen Sprachwissenschaftlers, »dass die Tibeter sexuell ziemlich freizügig waren«. Diese gern attestierte Freizügigkeit wird durchaus nicht positiv gewertet, sie gilt als moralischer Makel. Damit wird gleichzeitig die zivilisatorische Überlegenheit der Han-Chinesen betont, deren Sittlichkeit außer Frage steht.

Nicht uninteressant scheint mir, dass Eigenschaften, die man den Tibetern nachsagt, auch auf uns Westler Anwendung finden. »Waiguo guniang tai suibian«, ausländische Mädchen sind sehr freizügig, raunen sich die Chinesen zu. Die chinesischen Mädchen hingegen seien die Unschuld vom Lande: »Zhongguo guniang baoshou«, chinesische Mädchen sind konservativ.

Assimiliert

Nicht immer glänzen Minderheiten mit folkloristischen Besonderheiten wie bunten Trachten und unterhaltsamen Tänzen. Die Zhuang etwa, rund 7 Millionen Menschen, die meisten von ihnen ansässig in der südwestlichen Provinz Guangxi, gelten als weitgehend assimiliert. Für westliche Besucher, aber auch für die meisten Chinesen, ist nicht mehr festzustellen, wer Han und wer Zhuang ist.

Ebenfalls völlig eingefügt in den *Han way of life* haben sich die Mandschuren (*manzu*). Nach dem Zusammenbruch der han-chinesischen Ming-Dynastie, übernehmen die Mandschuren 1644 die Macht und gründen die Qing-Dynastie. Bis zur Gründung der Republik 1912 bleiben die *manzu* an der Macht. Der berühmte Chinesenzopf, der hinter einer hohen, ausrasierten Stirn den Rücken hinabhing, geht auf die Mandschu zurück und war nicht etwa Mode, sondern ein Unterdrückungszeichen: Han-Chinesen, die ihn als barbarisch ablehnten, waren gezwungen, ihn zu tragen. Heute sind die rund 10 Millionen *manzu*, von denen die meisten in Beijing und Liaoning leben, vollständig assimiliert.

Vorgetäuschtes Glück: Minderheiten im Themenpark

Eine chinesische Variante des Erlebnis- und Vergnügungsparks ist der Minderheiten-Park. In Shenzhen, aber auch in Beijing und anderen Großstädten sowie den touristisch erschlossenen Minderheitengebieten, strömen die Ausflügler ins *zhongguo minzu wenhua cun,* das »Dorf der chinesischen Nationalitätenkultur«, wo Weben und Bauen, Kochen und Kleiden nach Art der verschiedenen Minderheiten vorgeführt wird. Das ist durchaus unterhaltsam, und nach einer Weile schüttelt man sogar das Gefühl ab, sich in einem Zoo für Menschen zu befinden. Abendliche Musikveranstaltungen gehören zum Höhepunkt des Tages. Wer nicht ganz so lange bleiben möchte, verschafft sich seinen eigenen Höhepunkt, indem er eines der ethnischen Restaurants besucht, in denen kein Mensch über die volksrepublikanische Minderheitenpolitik spricht, sondern sich alle nur am leckeren Essen erfreuen. So gesehen sind die Minderheiten-Erlebnisparks durchaus staatstragend: China präsentiert sich als Land, in dem die Harmonie regiert und seine vielen Völker und Ethnien vor Glück fast platzen.

Japaner oder Chinesen?

Während einige Volksgruppen, wenn sie in Beijing unter die Han-Chinesen geraten, sofort auffallen, sehen auch die Han den *manzu* ihre ethnische Zugehörigkeit nicht an. Und doch sind viele Han überzeugt, anderen Menschen an der Nasenspitze ansehen zu können, zu welcher Bevölkerungsgruppe sie gehören. Beim Vorzeigen meiner Urlaubsfotos aus Tokio bot sich die Gelegenheit, derartige Vorurteile aus der Welt zu schaffen. Beim ersten Betrachten der Bilder aus Japan wussten alle, dass es sich bei den Abgelichteten nur um Japaner handeln könne, das sehe man den Gesichtern sofort an. Falsch, denn was mein chinesischer Abendbesuch nicht wissen konnte, war, dass mehr als die Hälfte der Fotografierten chinesische Ärzte waren, die in einer Tokioer Akupunkturklinik arbeiteten. Ein zweites Mal wurden die Bilder inspiziert. »Das ist ein Japaner, eindeutig!«, war zu hören. Falsch! Immer wieder gab es falsche Zuordnungen, wurden Japaner zu Chinesen erklärt, immer wieder konnte ich korrigieren. »Gut«, kam am Ende fast schon kämpferisch zurück, »aber dieser Japaner sieht doch wirklich nicht sehr japanisch aus, oder?«

Diskriminierung

Im Flugzeug komme ich mit Jane Dodgson, einer Engländerin, ins Gespräch. Sie arbeitet für eine italienische Hilfsorganisation in der Nähe von Xining, der Hauptstadt der Provinz Qinghai. Qinghai gehört historisch zu Tibet. Die vielen ansässigen Tibeter nennen es Amdo und schlagen es ihrem Heimatland zu. Zumindest geographisch kann es keine Zweifel geben: Xining liegt auf der tibetischen Hochebene, 2200 Meter über dem Meeresspiegel, und Tongde, die Stadt in der Jane im einzigen Hotel mit halbwegs funktionierender Heizung wohnt, liegt noch ein gutes Stück höher. Dort, fern der Hauptstadt Beijing, prallen die Ethnien ohne schützende Puffer aufeinander. Tibeter, Kasachen, Hui, Mongolen und, als größte Gruppe, Han-Chinesen leben nur auf den Seiten der Jubelpostille *China Pictorial* harmonisch zusammen. In der Wirklichkeit sieht man schon den Straßen an, wo Tibeter und wo Han wohnen. Staubige Schotterpisten bei den Tibetern, Asphalt bei den Han. Nicht anders bei den Schulen: Die Tibeter dürfen ihre eigenen Schulen haben, doch mit dem Geld hält man sie knapp. Sie müssen mit einem Bruchteil des Geldes auskommen, das für han-chinesische Schüler aufgewendet wird. Besonders hart trifft es die Frauen: Jane schätzt, dass bei den tibetischen Mädchen und Frauen in und um Tongde die Zahl der Analphabeten bei 75% liegt.

Tipps & Know-how

Die drei Ts

Eine der einfachsten Regeln, um als westlicher Ausländer in China unangenehme Gesprächsverläufe zu umgehen: Man meide die Themen Tibet, Taiwan und den Tod. Dass der Tod kein Thema für den Smalltalk abgibt, liegt auf der Hand. Bei Tibet und Taiwan betonen westliche Ausländer gerne das Selbstbestimmungsrecht, für die meisten Chinesen hingegen gehören Tibet und Taiwan unter ein Dach mit der Volksrepublik, ihre Unabhängigkeit (obwohl bei Taiwan de facto längst vorhanden) ist völlig undenkbar.

Während die Zentralregierung die Öffnung nach außen propagiert – »Xibu dakaifa, Xining dafazhan« steht auf einem Spruchband: »Große Öffnung der westlichen Region, große Entwicklung von Xining« –, misstrauen die örtlichen Autoritäten schon solch harmlosen Aktivitäten wie dem Englischunterricht von Jane. Dass sie Tibeter und nicht Han unterrichtet, gilt bereits als Affront, und das lässt die Verwaltung die Mitarbeiter von Jane deutlich spüren: Ein tibetischer Englischlehrer, der einen Reisepass beantragt hatte, wurde monatelang hingehalten. Als dem jungen Tibeter schließlich der Geduldsfaden riss und er wissen wollte, welches Spiel hier eigentlich gespielt werde, bekam er eine verblüffend ehrliche Antwort : »Wenn du Chinese wärst, hättest du morgen schon deinen Pass in der Hand.«

Die große Öffnung

Presselandschaft

Parteiorgane

Mutige Journalisten, die gegen Polizeiwillkür anschreiben. Enthüllungsjournalismus, der bei Umweltsünden maroder Staatsbetriebe Alarm schlägt. Berichte aus Dörfern, die durch schlampige Hygiene beim Blutspenden zu AIDS-Kolonien geworden sind: Chinesische Zeitungen beschreiben, zumindest in Häppchen, auch die unangenehmeren Seiten des Lebens in der Volksrepublik. Dennoch dominiert die servile Hofberichterstattung. Allzu langweilig kann die Mischung von Politik und »Aus aller Welt« trotzdem nicht sein, denn gekauft und gelesen wird viel und gerne. An jeder Straßenecke, vor jeder U-Bahn-Station, stehen Zeitungsverkäufer, die ihre Blätter direkt vom Fahrrad oder Lasten-Dreirad verkaufen. Ihre Kampfrufe ändern sich entsprechend der Tageszeit. Morgens noch gut bei Stimme, klingt ihr »Beijing wanbao, Beijing wanbao!« (Beijinger Abendblatt) am Nachmittag schon recht heiser. Zeitungsverkäufer, die in fest installierten Kiosken sitzen, haben es da besser: Ihre Megaphone verfügen über einen kleinen Chip, auf dem sich die Lockrufe digital aufzeichnen und als Endlosschleife abspielen lassen. Wer einmal beim Warten auf den Bus neben einer solchen Flüstertüte gestanden hat, dem will das endlose »Renmin Ribao, Renmin Ribao, Renmin Ri...« ein Leben lang nicht mehr aus dem Kopf. Die *Renmin Ribao* ist das, was in der UdSSR die *Prawda* oder in der DDR das *Neue Deutschland* war. Überall ist sie zu haben, doch in der Hauptstadt greifen die Leute lieber zur hippen *Beijing Youth Daily* als zur staubtrockenen Parteipostille.

Hochglanz-magazine

Der Magazinmarkt hat in den letzten Jahren, überwiegend durch ausländische Investitionen, einen Boom erlebt. Die Verlagsindustrie profitiert dabei, wie die chinesische Industrie insgesamt, vom Willen ausländischer Investoren, auf dem potenziell größten Markt der Welt Fuß zu fassen. Ableger taiwanesischer, französischer, deutscher und amerikanischer Magazine lassen sich schon an ihrer Aufmachung erkennen, auch wenn man das Mutterblatt nicht kennt. Rein chinesische Zeitschriften, die anfänglich mit dem eleganten Layout und den forschen Artikeln nicht mithalten konnten, liegen mittlerweile gleichauf mit ihren Konkurrenzprodukten, verdrängen bereits die ersten importierten Titel. Ob Mode, Autos oder Computer: Teuer sind sie allesamt, zumindest dann, wenn sie auf Hochglanzpapier erscheinen.

Staatliche Partner

Für alle privaten Investoren gilt nach wie vor, dass sie einen staatlichen Partner brauchen, der über eine offizielle Publikationslizenz verfügt – im Normalfall ein etablierter chinesischer Verlag. Der, so sehen es die Richtlinien vor, ist auch für den Inhalt verantwortlich, hat das letzte Wort in allen Fragen der Veröffentlichung. In der Realität sind die staatlichen Partner froh, wenn sie sich um das neue Presseprodukt nicht kümmern müssen. Hauptsache, sie bekommen jeden Monat ihre »management fee« aufs Konto überwiesen. »Jeder weiß, wie das hier läuft«, sagt denn auch Herr Zheng, Mitherausgeber eines Sportmagazins, »aber niemand sagt es laut. Man muss sich ja nicht in Schwierigkeiten bringen.«

Abos übers Postamt

Eine Reihe neuer Magazine wendet sich direkt an die Yuppies der chinesischen Großstädte, niemand sonst kann sich die Hochglanzblätter leisten. Entsprechend klein – für China, wo das Parteiblatt *Renmin Ribao* täglich mit 2 Millionen Exemplaren erscheint – sind die Auflagen: Das Magazin *NBA Time* stagniert bei weniger als 100 000 Stück, und das trotz der enormen Beliebtheit von Basketball. Dem Wachstum im Wege steht nicht zuletzt auch das langwierige Abonnierverfahren. Abos werden noch immer vom Postamt abgewickelt. Meinen Versuch, die Wochenzeitschrift *Beijing Today* zu bestellen, schmetterte das Postamt ab: »Steht nicht auf unserer Liste.« Versäumt ein Verlag, seine Produkte auf diese Liste setzen zu lassen, sinken die Verkaufschancen. Deshalb versuchen einige Verlage, ihre eigenen Vertriebssysteme aufzubauen. Private Distributoren arbeiten zuverlässiger und vor allem überweisen sie die eingesammelten Abo-Gebühren schneller an die Verlage. Die Post lässt sich damit drei Monate Zeit.

Erste Ansätze einer Meinungsvielfalt. Zeitungsverkäufer in Xian, Shaanxi

Tipps & Know-how

Buchmarkt am Bahnsteig

U-Bahn-Fahren wird in China nie langweilig, denn für ein paar Yuan kann man sich direkt am Bahnsteig mit jeder Menge Lesematerial eindecken. Anders als bei normalen Kiosken haben die Zeitungsverkäufer am U-Bahnsteig ihre Druckerzeugnisse auf langen Tischen ausgebreitet. Im Normalfall kann ich noch beim Einfahren meiner U-Bahn eine Zeitung oder Zeitschrift aussuchen, bezahlen und unter den Arm klemmen, ohne auch nur im geringsten Gefahr zu laufen, den Zug zu verpassen.

Wer sich an die Boomjahre unserer New Economy zum Jahrtausendwechsel erinnert, dem fällt vielleicht noch ein, wie beliebt seinerzeit Bücher von so genannten Börsengurus waren, die uns erklärten, was *hedge fonds* sind und was *derivates.* Die Medien versorgten uns regelmäßig mit den Autobiographien erfolgsverwöhnter Jungunternehmer, die durch den Börsengang ihres Unternehmens zu Multimillionären geworden waren. In China, zumindest solange die Wirtschaft weiter wächst, gehört dieses Segment des Buchmarktes noch immer zu den populärsten, so populär, dass ausgewählte Titel direkt am U-Bahnsteig ausliegen, wo man seine dreiminütige Wartezeit auf die nächste Bahn mit dem Kauf von Jack Welchs Lebenserinnerungen sinnvoll ausfüllen kann.

Comics

Ein kleiner, schnell wachsender Markt ist der Markt für Comicstrips. Chinesische Kinder kennen *Tang Laoya* (Donald Duck, wörtlich: süße, alte Ente) und *Mi Laoshu* (Mickey Mouse, »Reismaus«), das Comic-Heft gibt's an vielen Kiosken. Doch China wäre nicht China, wenn nicht auch hier der Volksbildung Vorschub geleistet würde: Mindestens eine Geschichte pro Heft erscheint auf Englisch, wenn auch mit chinesischer Übersetzung.

Dürftig hingegen ist die Auswahl, was sonstige Comics angeht: Rong Fei, selbst Zeichner und überdies Gründer von Beijings erstem Comic-Buchladen, rechnet es uns genau vor: »In Japan gibt es 2000 Comic-Magazine, mit Auflagen von bis zu 6 Millionen. In China haben wir gerade einmal fünf Comic-Hefte, von denen es die bekanntesten auf maximal 30 000 bis 50 000 Exemplare bringen.«

Wer Rongs Comic-Laden (Guozijian Jie, Stadtteil Dongcheng) betritt, bemerkt, dass der Großteil seines Angebots aus Japan und Hongkong stammt, doch für Künstler aus China hält Rong wie zum Trotz eine ganze Wand frei. An Wochenenden brummt der Laden, Fans aus den umliegenden Städten wie Tianjin und Tangshan kommen angereist, um sich mit Lesefutter einzudecken.

Die chinesische Comic-Szene zieht längst auch große Namen an. Schon 1995 erscheint eine zeitkritische Comic-Serie, gezeichnet von Rong, mit dem im Deutschen etwas schwerfällig daherkommenden Titel »Die Welt gesehen mit den Augen zweier Puppen«. Der Autor: Wang Shuo, immerhin einer der bekanntesten chinesischen Drehbuchautoren und Romanciers.

Dianshitai: Fernsehen

Geldanbetung

Ärgerlich wird die Jugend, wenn man ihr eine lieb gewordene Fernsehserie (*lianxuju*) wegnimmt. Als wohlmeinende Kader »Geldanbetung« (*baijin*) witterten, musste die immens populäre Seifenoper »Meteorgarten« (*liuxing-huayuan*), frisch importiert aus Taiwan, ohne Vorankündigung von den Bildschirmen verschwinden. Doch längst werden solche Entscheidungen nicht mehr widerspruchslos hingenommen. Innerhalb eines Tages hatten sich 70 000 Kids in das passende Online-Forum eingeloggt und ihrem Ärger Luft gemacht. In der Tat war es schwer nachzuvollziehen, dass die harmlose Aschenputtel-Soap über ein armes Mädchen in einer Schickimicki-High-School ein »dekadentes Luxusleben« verherrliche. Schwerer wog wohl der Umstand, dass die Heldin es völlig in Ordnung fand, gleichzeitig mit zwei Freunden zu verkehren.

Raubkopien

Wer seinen Zorn online hatte wehen lassen, verschwand kurz darauf im nächstbesten Videoladen, um sich die DVD mit allen Folgen von »Meteorgarten« zu kaufen, frisch vom taiwanesischen Original raubkopiert. Die Popularität der Meteor-Schauspieler blieb trotz Verbot ungebrochen. F4, die in der Seifenoper gezeigte Knabenclique und Boygroup, verkauft noch immer ihre Platten in Millionenauflage, und ihr Poster dürfte über so manchem chinesischen Kleinmädchenbett hängen.

Frohe Botschaften

Auch südkoreanische Soaps, Hongkonger *gongfu*-Spektakel und Kuppelspiele vom Typ »Herzblatt« erreichen ein Millionenpublikum. Chinas oberste Sendechefs nehmen es hin, dass das Volk gut und professionell unterhalten werden will, doch noch lieber sähen sie, wenn die mit erzieherischen Absichten daherkommenden heimischen Shows – Message: »Geld ist nicht alles«, »Ein Kind reicht zum Glück«, »Korruption nimmt ein böses Ende«, »Im Ausland ist's auch nicht besser« – ähnlich hohe Einschaltquoten verzeichnen würden wie die importierten Sendungen.

Alte Zöpfe wegzappen

Weit auseinander klaffen die Sehgewohnheiten von Jung und Alt. Während Frau Zhang gerne musikalische Unterhaltungssendungen sieht, bei denen der Chor der russischen Roten Armee zusammen mit dem dicken Tenor Liu Han ein Potpourri aus chinesischen und russischen Volksliedern schmettert – Höhepunkt ist der Auftritt eines russischen Solisten, der chinesisch singt –, zappt ihre Tochter schnell weiter, wenn sie derartigen Zumutungen begegnet. Auch von den Geschichtenerzählern, älteren Herren mit dick aufgelegtem Rouge, die in der Sendung »dianshi suchang laotou'r«, in epischer Breite und ganz allein, ein chinesisches Heldenlied vor ihrem Publikum ausbreiten, will sie nichts wissen.

Kultfilme

Fernseherlebnisse wirken identitätsstiftend für eine ganze Generation. Viele erinnern sich an »Beijinger in New York«, »Huanzhugege« (»Prinzessin Huanzhugege«) oder »Tangminghuang«, den Kaiser der Tang-Dynastie. Noch tiefer sitzen Erinnerungen aus der Kinderzeit. Kaum zu glauben, dass einige Chinesen wohlige Erinnerungsschauer überlaufen, wenn sie das Lied der Schlümpfe hören: Der böse Zauberer Gurgelhals hieß in China *gegewu* und verfolgte auch im chinesischen Fernsehen Woche für Woche die *lanjingling*, die kleinen blauen Zeichentrickkobolde.

Bis zum Kultstatus haben es einige ausländische Filme gebracht. Für den US-Streifen »Ghost« findet man ohne Probleme das englischsprachige Script im Buchhandel, genauso wie für »Casablanca« und das US-Musical »The Sound of Music«, dessen Lieder alle kennen: »Edelweiß, Edelweiß ...« schnulzt es aus so mancher chinesischer Kehle, wenn feuchtfröhliche Abende langsam ins Melancholische abgleiten. Zum medialen Kulturerbe moderner Chinesen gehören auch die drei »Sissi«-Filme, bei denen es sich so vortrefflich weinen lässt. Wer einmal erleben möchte, wie herrlich sentimental es in China zugehen kann, sehe sich mit ein paar Chinesen wahlweise »Forrest Gump«, »Sissi« oder »Ghost« an: Mit Wonne gibt man sich während gefühlsseliger Passagen den erhabenen Emotionen von Melancholie und Trauer hin, lässt ungehemmt seine Zähren fließen. Während wir rationalen Westler mit Macht unsere Tränen unterdrücken, hält sich in China kaum einer zurück, weder Frau noch Mann. Sentimentalität wird genossen, bis zum letzten Schluchzer ausgekostet. Dabei unterscheiden die wenigsten zwischen kitschigem Hollywood-Schwulst à la »Love Story« und tieftraurigen Tragödien: Hauptsache, die Tränen fließen und das Schluchzen nimmt kein Ende.

Edelweiß, Edelweiß

Zuweilen werde ich in Gespräche über amerikanische Filmklassiker verwickelt. Ob ich »Aodaili Heben« kenne, das sei ein klasse Schauspielerin. Ich muss passen, nie gehört. Aber die sei doch so berühmt, geradezu weltberühmt. Vor allem durch den »Difanni«-Film. Wie bitte soll der Film heißen, »Difanni«? Ja, »Frühstück bei *Difanni: Difanni zaocan*«. Jetzt endlich klingelt's bei mir: »Breakfast at Tiffany's« mit Audrey Hepburn. Die Übertragung westlicher Namen ins Chinesische mag ja einfach genug sein, doch die Rückübertragung ist eine einzige Qual, oder hätten Sie gewusst, dass *Adaoerfu Xitele* ein gewisser Adolf Hitler ist? Ausländische Namen, die rein nach Klang ins chinesische Schriftsystem übertragen wurden, sind schon am Schriftbild leicht zu erkennen, auch dann, wenn man kein einziges Zeichen lesen kann: Achten Sie beim Nachspann auf einen mittig gesetzten Punkt zwischen Vor- und Nachnamen. Bei chinesischen Namen fehlt dieses Trennzeichen.

Frühstück bei »Difanni«

Fernsehwerbung

Chinesische Eltern sind sehr darauf bedacht, dass der Nachwuchs gut lernt. Die Fernsehwerbung nutzt das gnadenlos aus. Selbst das dümmste Würfelspiel wird als »intelligenzfördernd« verkauft, weshalb auf der Packung gleich mehrfach das Kürzel »IQ« prangt. Wer nun noch das Wundertonikum aus einer geheimen Mischung chinesischer Kräuter trinkt, wird vollends zum Intelligenzbolzen: Die Aufnahmefähigkeit wird erhöht, die Gehirndurchblutung gefördert, die Intelligenz verstärkt. Überhaupt stehen Mittelchen gegen allerlei tatsächliche und vermeintliche Leiden hoch im Kurs. Zumindest in der TV-Werbung dominieren sie deutlich und verraten ein wenig von der Gesundheitsbesessenheit vieler Chinesen.

Xiahai: Sprung ins Wirtschaftswunder

Xiahai in Shanghai

Geld ist geil

Die mittlerweile verblichene Zeitschrift *Beijing Scene* witzelte Anfang der 1990er, dass man in China schnell ein paar Millionen verdienen könne, würde man eine gebührenpflichtige Wahrsager-Hotline einrichten: »Wenn Sie wissen möchten, ob Ihr Kind ein Junge wird, drücken Sie die 1. Wollen Sie wissen, ob Sie es zum Millionär bringen, drücken Sie die 2. Möchten Sie wissen, ob ihr zukünftiger Mann genug Geld haben wird, um Sie hoffnungslos zu verwöhnen, drücken Sie die 3. Drücken Sie die 4, wenn Sie erfahren möchten, ob Ihr Auslandsvisum erteilt wird. Wenn Sie mit einem Wahrsager sprechen möchten, drücken Sie die 5.«

»Die Tochter der Kaisers braucht sich keine Gedanken um einen Bräutigam zu machen.«

Chinesisches Sprichwort

Der erhebliche Wahrheitsgehalt dieses Scherzes ist nicht von der Hand zu weisen. Alles schien sich ums Geld (notfalls auch im Ausland zu verdienen) zu drehen – ein Umstand, der nicht wenig bejammert wurde. Mittlerweile scheint man sich daran gewöhnt zu haben, dass die Volksrepublik nur dem Namen nach noch sozialistisch ist.

Neue Begriffe

Sprache kann erstaunlich sensibel sein, wenn es darum geht, Änderungen im Sozialgefüge aufzunehmen. Der schöne Ausdruck *xiahai* (»ins Meer springen«) war lange Zeit die Umschreibung eines eher unrühmlichen Vorgangs. Der Begriff beschreibt den Ausstieg aus einer angesehenen Profession in eine mit geringem Sozialprestige: Etwa ein Arzt oder Lehrer, der nun Schauspieler, Sänger oder Geschäftsmann wird – im alten China ein dramatischer Abstieg. Spätestens im China der frühen 1990er setzt der Umschwung ein: Nun stürzt man sich ins Meer, nicht um darin unterzugehen, sondern um von ihm getragen zu werden: Das Meer symbolisiert die enorme Fülle wirtschaftlicher Möglichkeiten, die es zu nutzen gilt.

Und doch ist das *xiahai* noch nicht ganz reingewaschen. Wenn der Wanderarbeiter aus Anhui sich mit einem kleinen Laden selbstständig macht, rührt sich kein Bedauern. Wehmut aber schwingt mit, wenn es wieder einmal heißt, dass Lehrer Wang oder Lehrerin Lü »ins Meer gesprungen« seien: Gerade bei Intellektuellen gilt es noch immer als leicht anrüchig, sich zu den Haien ins Meer zu stürzen, sich herabzulassen auf das Niveau der Krämer und Kaufleute.

Überall Hühnerfedern

Liu Zhenyuns Roman »Yidi jimao« (»Überall Hühnerfedern«, Hühnerfedern symbolisieren das Trivial-Gewöhnliche) beschreibt diesen Sündenfall an seinem Helden Xiao Lin, der nach vierjährigem College-Studium den klassischen Sackgassen-Job antritt: Er wird einer kleinen Regierungsstelle zugewiesen, leidet an der miefigen Beschränktheit seines Büros und seiner Kollegen, rebelliert, revoltiert, bis ihn schließlich die wirtschaftliche Notwendigkeit alle Lust am Aufbegehren vergessen lässt: Er heiratet, bekommt eine Tochter, braucht eine größere Wohnung und vor allem mehr Geld. Am Ende steht er abends nach Feierabend auf der Straße und brutzelt Häppchen für hungrige Heimkehrer. Anfänglich ist es ihm noch peinlich, Geld hinzuverdienen zu müssen, doch bald erkennt er, dass er hier freier und ungebunde-

◄ Hauptsache laut: Mobiltelefone

ner ist als in seinem Büro und entwickelt eine solche Begeisterung, dass er seinen Bürojob an den Nagel hängen möchte.

Graugeld

Nebenbeschäftigungen (*huise shouru*, »graues Einkommen«) sind in China gang und gäbe. Früher waren es überwiegend Lehrer, deren Gehälter so niedrig waren (und es zum Teil noch sind), dass erst durch den Job am Nachmittag und Abend genug Geld in der Haushaltskasse war. Heute gilt der zweite Job bei jungen Leuten fast schon als cool: Nicht nur das Geld sei wichtig, erklärt Zhu Jin, die tagsüber in einem Büro sitzt und abends bedient. Man sammele dadurch Erfahrungen, die einem später zugute kämen. Es sei, als halte man zwei Schalen in den Händen, jede mit einer anderen Welt gefüllt.

Schwarzbrenner

Xu Ren, Internet-Programmierer der ersten Stunde, hat die Nase voll vom *xiahai*. Zu unsicher ist ihm das Geschäft, er sei bereits zum dritten Mal entlassen worden, weil sein Arbeitgeber Pleite gemacht habe. Weswegen er sich erst einmal an der führenden technischen Universität des Landes, der Beijinger Qinghua-Universität eingeschrieben habe, um weiter zu studieren. Um nicht von seinem Ersparten zehren zu müssen, nimmt er nebenher noch Aufträge an. Nachts programmiert er Java-Applets für Webseiten und kommt so gut über die Runden.

Bunt wie Las Vegas: Die Nanjing Donglu in Shanghai

Gelber Onkel wird Millionär

Lizenzgeschäfte

Zhang Yu, den alle nur Xiao Yu nennen, oder, wegen seiner Vorliebe für pornographische Filme, *huang shushu* (»gelber Onkel«, Porno-Onkel), hat es gepackt. Zehn Jahre hat er gebraucht, doch jetzt wohnt er in einer Villa am Stadtrand von Beijing, fährt den neusten und größten Nissan und nur noch gelegentlich in seine Fabrik in der Südwestprovinz Guizhou. Als ich ihn kennen lerne, lebt er mit seiner Frau in einer bescheidenen Zwei-Zimmer-Wohnung unweit der dritten Ringstraße. Seine Frau, Wang Lihua, arbeitet als Redakteurin für eine Modezeitschrift, Zhang Yu schlägt sich mit allerlei undurchsichtigen Geschäften durch. So lange, bis er die Lizenz zur Herstellung eines taiwanesischen Schlankheitsmittels auf Kräuterbasis erwirbt. Das Pulver ist ein Hit, und Xiao Yu ein gemachter Mann.

Den Wohlstand zeigen

Bei keinem anderen meiner chinesischen Bekannten ist der Aufstieg augenfälliger. Zwei Jahre nach dem Lizenzerwerb wohnen Xiao Yu und Wang Lihua bereits in einer geräumigen Eigentumswohnung, im Wohnzimmer dudelt ein Fernseher halb so groß wie ein Bett. Fünf Jahre später dann der Umzug in die Villa, 320 Quadratmeter auf drei Ebenen. Drinnen alles vom Teuersten, draußen ein Vorstadt-Paradies nach amerikanischem Vorbild: Gepflegte Grünflächen, große Rasen, kein Haus ohne Doppelgarage. Über allem wacht ein privater Sicherheitsdienst, Zufahrt erhält man nur nach Anmeldung an der Pforte.

Zum Glück gezwungen

Der Deal mit den Taiwanern hat Xiao Yu zu einem reichen Mann gemacht. Er musste sich nicht einmal sonderlich anstrengen, man hat ihn von taiwanesischer Seite förmlich zu seinem Glück gezwungen. Auch sonst kann sich die chinesische Wirtschaft vor Heiratsanträgen kaum retten: Die verführerische Größe des chinesischen Marktes und sein enormes Wachstumspotenzial ziehen ausländische Kapitalgeber an wie eine exquisite Schönheit die heiratswilligen Jünglinge.

Der unaufhaltsame Aufstieg des Zhang Ruimin

König der Kühlschränke

Eine einzige grandiose Erfolgsgeschichte ist der Aufstieg der Marke Haier. Noch immer in staatlicher Hand, hat die Firma mit Hauptsitz in Qingdao nichts mehr an sich, was auch nur entfernt an ein plangesteuertes Produktionskombinat erinnern könnte. Begonnen hatte man 1985 mit Lizenznachbauten deutscher Liebherr-Kühlaggregate, damals noch unter dem Namen »Allgemeine Kühlschrankfabrik Qingdao«. Heute ist Haier der größte Kühlschrankproduzent der Welt. Produzieren lässt man in mehr als einem Dutzend Länder, verkauft wird weltweit. Nicht nur Kühlschränke, sondern auch Fernseher und andere Elektrogeräte. Geworben wird mit einem Markenzeichen, das zwei Knaben in Badehosen zeigt, einer blond, der andere schwarzhaarig: Offensichtlich ist neben dem *hai* (Meer) des Firmennamens auch die deutsch-chinesische Partnerschaft in die Gestaltung mit eingeflossen.

VEB McDonald's

Nicht alles, was privat aussieht, ist es auch. Dass ausländischen Firmen eine Mehrheitsbeteiligung eingeräumt wird, ist erst seit 2003 möglich. Für die meisten Joint Ventures aber gilt: 49% ausländischer, 51% chinesischer Anteil. Selbst in China alteingeführte Marken wie Volkswagen *(Dazhong)* haben nur bei einigen kleineren, ausgegliederten Betrieben (etwa in der Getriebefertigung) die volle Verfügungsgewalt über ihre Einrichtungen.

Auch global agierende Konzerne müssen beim 49%-Spiel mitmachen, mit zuweilen kuriosen Ergebnissen. So liest man, dass der erste chinesische Chef von McDonald's einst als linientreuer Vorsitzender einer stramm planwirtschaftlich geführten Volkskommune seine *mantou* (Dampfbrötchen) verdiente. Von Big Mao zu Big Mac – eine erstaunliche Karriere.

Der richtige Riecher

Ihren Erfolg verdankt die Firma dem glücklichen Händchen des Managements. Direktor Zhang Ruimin hatte von Anfang an den richtigen Riecher, bewies – trotz seiner vielen Jahre als Parteibonze – echten Unternehmergeist. Er bewundert Kongzi und Laozi ebenso wie Jack Welch und Bill Gates. In seinen Fabriken ersetzt Zhang die alten sozialistischen Phrasen durch die Mantras des Kapitalismus: »Der Kunde hat immer Recht«, lässt er seine Mitarbeiter wissen. Das hat er aus westlichen Quellen. Den Slogan »Hingabe ans Vaterland durch das Streben nach Vollkommenheit« wohl eher nicht.

Chief Executive Officer

Der Parteiführung kam der Erfolg von Zhang mit Haier gerade recht, zeigte er doch, dass selbst die alten, maroden Staatsbetriebe sanierungsfähig waren. Die Propagandamaschine lief an und half via Filmförderung mit, den Streifen »CEO« – die verfilmte Erfolgsstory von Zhang Ruimin bei Haier – rechtzeitig zum 16. Parteitag in die Kinos zu bringen. In einer Szene zertrümmert das filmische Alter Ego von Zhang, der sonst eher sanft wirkt, schlecht verarbeitete Kühlschränke. Diese, so ein wutschnaubender CEO Zhang, könne man seinen Kunden nicht vorsetzen, denn die seien, vor allem im Ausland, bessere Qualität gewöhnt.

Westliche Standards, fernöstlicher Ton

China, einst nur verlängerte Werkbank westlicher Firmen, zeigt mit Haier, dass es auch aus (fast) eigener Kraft geht. In den Haier-Fabriken würden sich auch deutsche Miele-Arbeiter sofort heimisch fühlen. Die Produktionsmethoden entsprechen westlichem Standard, die Qualitätssicherung ist gründlich. Wer in einem Obi-Baumarkt – egal ob in China oder Europa – ein Haier-Gerät kauft, kriegt viel Maschine für wenig Geld.

Deutlich anders als hierzulande verläuft allerdings die Motivation der Mitarbeiter. In einem Propagandaton, der fatal an die theatralischen Manierismen früherer Jahre erinnert, bekommen die Mitarbeiter immer wieder ausgesuchte Slogans von Direktor Zhang zu hören. Was anderenorts Abneigung hervorrufen würde, scheint in Shandong zu funktionieren, die Mitarbeiter identifizieren sich mit den Sprüchen, die ihnen als Weisheiten gelten. »Lebenslanges Lernen« hat man ihnen angekündigt, und dazu gehören auch die

Lautsprecher-Weisheiten. »Anfänglich fand ich das seltsam«, meint ein junger Arbeiter, »doch jetzt finde ich, dass die Slogans oft einen wahren Kern enthalten.«

»Das einzige, was sich nie ändert, ist der Wandel«, sagt Zhang und führte eine Leistungskontrolle ein, die sämtliche Aktivitäten seiner Mitarbeiter mit Plus- und Minuspunkten bewertet. Wer gut ist, wird belobigt, Aushänge verkünden seine Ruhmestaten. Plus- und Minuspunkte werden regelmäßig miteinander verrechnet, wer ein negatives Punktekonto aufweist, muss zittern. Bei seinen Abteilungsleitern zeigt sich Zhang rigoros: Sobald unterm Strich drei Minuspunkte stehen, muss man seinen Schreibtisch räumen und eine Etage tiefer Platz nehmen.

Strenge Leistungskontrolle

Ganz hat sich Zhang noch nicht von der Herrschaft der Parteikader gelöst. In Führungspositionen sitzen nur Parteimitglieder. Allerdings kompetente, denn Parteimitgliedschaft bedeute nicht automatisch Inkompetenz, meint Zhang. »Es ist nicht wie früher, als nur leere Phrasen gedroschen wurden«, sagt er. Die KP-Männer sind außerdem billiger: »Die Parteimitglieder arbeiten mehr und verdienen weniger.«

Superstar der Partei

Unterwegs in Südwestchina

Mit vier Männern und zwei Frauen ist das Team von *BTV* (*Beijing Television*) besetzt. Die Männer sind zuständig für die Technik: Ein Kameramann, ein Beleuchter, beide herumkommandiert vom Regisseur, dazu ein Produzent, der alles managt. Auf verlorenem Posten: Zhang Jihui, die Übersetzerin, und Laurie Wilder, die einzige Nicht-Chinesin, eine Amerikanerin, die eigens für die leicht propagandistische Sendung »China Through Foreigners' Eyes« angeheuert wurde. Eine Sendung, die den schnellen wirtschaftlichen Aufstieg der Provinzen Sichuan, Guangxi und Zhejiang dokumentieren soll.

Ausländer sehen China

Das kleine TV-Team war bei einem Dutzend Firmen angemeldet, die Termine standen seit Wochen fest. In den USA, das war Laurie klar, wäre jeder Dreh in weniger als einem halben Tag im Kasten gewesen. Nicht so in China. Hier braucht man Zeit. Allein die Begrüßung verschlang einen halben Tag: Erst die Abholung vom Flughafen mit Fahrt zum Firmensitz, wo vor dem Verwaltungsgebäude das unvermeidliche Spruchband in weißen, aufgeklebten Schriftzeichen verkündete: »Welcome to Guilin Fresh Water Pearl Company, BTV Team!« Schließlich die Begrüßung mit allseitigem Austausch von Visitenkarten. Zigaretten werden verteilt, nach chinesischer Art: Sie werden aus der Packung genommen und dem Gegenüber in die Hand gedrückt. Man setzt sich zum Teetrinken an den Tisch, raucht und trinkt und plaudert. Auch wenn alles im Sitzungszimmer der besuchten Firma stattfindet, mit einem offiziellen Meeting hat diese Phase nichts zu tun. Um die Arbeit wird es noch lange nicht gehen, man macht Smalltalk. Wer jetzt schon nach Arbeit und Action riefe, bräche mit allen guten Sitten.

Eile mit Weile

Mit fortschreitender Stunde melden sich die Mägen, und richtig, die Gastgeber lassen sich nicht lumpen und laden zu einem Mittagessen, das so üppig bemessen ist, dass die Bedienungen am Ende halbvolle Teller in die Küche zurücktragen. Volle Mägen stören ihre Besitzer beim Arbeiten ebenso

Erst das Essen, dann die Arbeit

Tipps & Know-how

Visitenkarten für Langnasen

Ohne *business cards,* in China *mingpian* (»Namenskarte«), fehlt ein wichtiges Requisit beim geschäftlichen Begrüßungszeremoniell. Doch bevor Sie sich dieses unerlässliche Stück chinesischer Identitätsstiftung drucken lassen (am besten im Land selbst, weil billiger, besser und genauer), müssen Sie sich beraten lassen, welcher chinesische Name passt. Pamela Tabbert, technische Redakteurin für den auch in China sehr rührigen Softwareriesen SAP, hört seit ihrem ersten Chinesischkurs auf den wohlklingenden Namen Tian Peimei. Man bemerkt, dass ihr chinesischer Berater sich Mühe gegeben hat, den westlichen Namen in einen chinesischen umzuwandeln.

In China steht der Nachname zuerst. Rund 100 verbreitete Nachnamen gibt es, einer davon ist Tian, der hier für Tabbert herangezogen wird. Aus Pamela wird Peimei, wobei es recht hübsch ist, die Silbe und das Schriftzeichen *mei* zu benutzen: *mei* bedeutet »schön« und ist zudem Bestandteil von *meiguo* (USA), dem Heimatland von Pamela.

Ich selbst ziehe als Herr Wu durch die chinesischen Lande. Meinen Nachnamen habe ich wegfallen lassen (ich hätte ihn bestenfalls in Ke wandeln können), stattdessen habe ich aus Uwe sowohl Vor- als auch Nachnamen destilliert: So entstand »Wu Wei«, und nur böse Zungen behaupten, dass dieser Name vom daoistischen Prinzip des *wuwei* (Nichtstun, Nicht-Handeln) abzuleiten sei. Spätestens wenn ich meine *mingpian* verteilt habe – nach Landessitte muss sie mit beiden Händen weitergereicht werden, die Schrift darf dabei (vom Empfänger aus betrachtet) nicht auf dem Kopf stehen –, ist klar, dass hier einfach nur der alte Nachname Wu mit dem Vornamen Wei verbunden wurde.

Gut, dass eine Visitenkarte zwei Seiten hat. Vollständig Chinesisch die eine, die Rückseite Englisch und/oder Chinesisch in Pinyin-Umschrift. Es bietet sich an, dass man die Karte mit dem Chinesischen nach oben weiterreicht. Wer Problemen aus dem Weg gehen möchte, beschränkt sich auf eine Seite, lässt diese dann aber zweisprachig bedrucken.

Nicht geizen müssen Sie bei Ihren China-Karten, was Titel und Ämter (auch Ehrenämter angeht). Ihrem Gegenüber helfen solche Angaben, Sie besser einzuordnen. Missverständliche Abkürzungen bitte vermeiden und peinlich genau darauf achten, dass der Übersetzer auch versteht, was gemeint ist. Denn der übersetzt zuweilen lieber irgendetwas als zuzugeben, dass er's nicht kann. Deswegen alles von mindestens zwei kompetenten Leuten verschiedener Altersgruppen gegenlesen lassen. Trau keinem unter Dreißig ist eine gute Regel, wenn es um gutes Chinesisch geht.

Eine der schönsten Visitenkarten in meiner kiloschweren Sammlung ist die von Herrn Zhou, die ihn als »Mitglied der PKK« ausweist. Hat die kommunistische Kurdenpartei auch in China schon Fuß gefasst? Nein, gemeint ist die »Pekinger Konsultativkonferenz«, eine Art erweiterter Stadtrat für Beijing. Behutsam machte ich Herrn Zhou, der gut Deutsch spricht, auf das mögliche Missverständnis aufmerksam. Er nimmt es mir nicht übel und überreicht mir eine Woche später eine korrigierte Neuauflage.

Arbeits- und Geschäftsessen

Ein Begriff wie »Arbeitsessen« sollte auch uns als *contradictio in adiecto*, als Widerspruch in sich selbst, auffallen. Arbeiten *und* Essen? Bei aller daoistischen Liebe zur Dialektik: So weit will man die In-eins-Setzung der Gegenbegriffe nun doch nicht verstanden wissen. Natürlich, ein gelungenes Essen ist gut fürs Geschäft, aber nur dann, wenn die Absicht nicht penetrant im Vordergrund steht.

Delegationen begrüßen

Tipps & Know-how

Das Gruß-Banner am Hauptgebäude gehört dazu. Es gibt den Gästen Gesicht, zeigt, wie wichtig man sie nimmt. Oft werden diese roten Banner von ausländischen Besuchern als kommunistische Propaganda missverstanden. Nichts könnte falscher sein. Sie sind Teil eines Begrüßungsrituals, dessen Schlüsselwort *huanying* (willkommen) lautet. Selbst Touristengruppen werden zuweilen durch solche Spruchbänder geadelt: »Welcome to Qingdao, German Tour Group from Gebeco«. Oben Chinesisch, unten Englisch. Das Englisch ist nicht immer astrein, aber verständlich. So wie dieses Schild, das in der Lobby desselben Qingdaoer Hotels zu sehen war: »This hotel is authorized to accomodate aliens«. Mit »foreigners« wäre man hier besser bedient gewesen. Oder erwartet die Hotelleitung demnächst tatsächlich ein paar »Außerirdische«?

sehr wie leere. Also lässt sich die Crew ins Hotel kutschieren, checkt ein und bettet das Haupt zum Nachmittagsnickerchen: *Xiuxi!* Ab 14 Uhr, dem offiziellen Ende der Mittagsruhe, regen sich die ersten, um eine Stunde später mit den Dreharbeiten zu beginnen. Anderthalb Stunden später ist alles im Kasten, und man freut sich schon auf das gemeinsame Abendessen, das noch opulenter ausfallen wird als das Mittagsmahl.

Gute Atmosphäre ist alles

Das Team von »Waiguoren kan zhonguo« (»Ausländer sehen China«) lebt nicht schlecht. Laurie, die als Exotin im Team immer besonders herzlich begrüßt wird, kann die Prioritäten nicht ganz nachvollziehen. Kein »business before pleasure«, kein »Erst die Arbeit, dann das Vergnügen«, im Gegenteil. Und doch kann sie dem chinesischen Ansatz einiges abgewinnen: »Von Anfang an eine gute Atmosphäre (*qifen*) schaffen ist sicherlich nicht verkehrt. Mir persönlich gefällt das ganz gut.« Aber sie hat auch Bedenken: »Wenn ich mir einen jung-dynamischen US-Geschäftsmann vorstelle, der einem Geschäftsabschluss hinterher jagt, dem fehlt einfach die Geduld, das alles durchzuhalten.« Wer hier einen Deal durchhecheln will, sieht sich schnell einer eisigen Mauer gegenüber.

Subtile Bestechung

Der Versuch, auf Biegen und Brechen beste Beziehungen zu etablieren, führt fast zwangsläufig zur Bestechung. Deutsche Firmen lassen sich in China so manches Geschäft einfädeln, indem sie reichlich Dollars, Yuan oder Euros fließen lassen. Auch die kleine Crew von BTV wird freundlich bedacht von ihren Partnern, meist kleineren Firmen, die sehr darum bemüht sind, dass ihre Geschäftsaktivitäten auch im fernen Beijing ins beste Licht gerückt werden. Kleine Geschenke aus der Firmenproduktion sollen für die richtige innere Einstellung des Fernsehteams sorgen. In der Seidenfabrik geht es gleich nach dem Mittagessen in den Showroom, wo nach Herzenslust Schals, Blusen und Pyjamas gebunkert werden. Laurie wundert sich über die Selbstverständlichkeit, mit der die Herren sich hier bedienen. Ihr scheint es reichlich unverfroren, dass der Produzent mit fünf Blusen für die daheimgebliebene Gattin davonzieht. Zwei Tage später, in einer Fabrik für Turnschuhe, wiederholt sich das Spiel: Sneakers für die ganze Familie werden abgegriffen. Spätestens an diesem Tag muss der Kameramann einen Abstecher in ein Kaufhaus machen, um einen zusätzlichen Koffer zu kaufen. Sein alter, zu Beginn der Reise nicht einmal halb voll, quillt über vor Geschenken. Ob man beim nächsten Mal nicht einen Dreh in einer Kofferfabrik einschieben könne, fragt er grinsend.

Betrunkene Shrimps

Das Abendessen krönt den Tag, jetzt werden die Bäuche so rund wie zuvor die Einkaufstüten und Koffer. Kostspielige Köstlichkeiten lassen die Firmenchefs auffahren, von denen nur einige wenige nicht gegen das Artenschutzabkommen verstoßen. Die Schildkrötensuppe gehört nicht dazu. Schlange und Eidechse wohl auch nicht. Erlaubt sind wahrscheinlich die Hundepfoten, die Shrimps ohnehin. Die Zubereitung der Shrimps wird Laurie noch lange im Gedächtnis bleiben: »Betrunkene Shrimps« hat sie das Gericht getauft, und auch der chinesische Name besagt nichts anderes. Die Bedienung stellt eine Schüssel mit lebenden Shrimps auf den Tisch, die in einer klaren Flüssigkeit schwimmen. Laurie glaubt zuerst, es handele sich um Wasser. Doch das vermeintliche Wasser steht Sekunden später in Flammen: Es ist *baijiu* (»weißer Alkohol«), ein hochprozentiger Klarer. Bei lebendigem Leibe flam-

Tipps & Know-how

Egal gibt's nicht!

Fragt man einen Chinesen, was er trinken möchte, setzt das sofort einen Bescheidenheitsreflex in Gang. Zwei-, dreimal wird der chinesische Gast aus reiner Höflichkeit ablehnen, willigt er schließlich doch ein, sagt er einfach »Egal!«. Verkneifen Sie sich die Erwiderung »Egal gibt's nicht!«, zwingen Sie ihn nicht sich festzulegen, und geben Sie ihm stattdessen einfach etwas in die Hand, etwa ein Glas Saft oder, wenn es deftiger zugeht, ein Bier. Den nächsten Gast aus China quälen Sie besser erst gar nicht mit Entscheidungsfragen, sondern bewirten ihn einfach mit vollen Tellern und Gläsern. Es wird schon etwas für ihn dabei sein.

biert, zappeln die beschwipsten Krustentiere ihrem Tod entgegen. »Hao chi!« (Lecker!), lautet das einhellige Urteil der Gourmets. Laurie kann sich diesem Urteil nicht ganz anschließen, hofft aber sehr, dass der Alkohol, wenn er den Geschmack schon nicht verbessert, wenigstens das Schmerzempfinden der armen Tiere ausgeschaltet hat.

Bei Anruf Sex

Es liegt wohl nicht nur an den »betrunkenen Shrimps«, sondern vor allem am reichlich fließenden *baijiu,* dass sich ein sturzbetrunkener Fernsehregisseur auf dem Parkplatz des *Holiday Inn* in Guilin übergeben muss. Der Kameramann und sein Beleuchter schleppen ihn auf sein Zimmer. Das Ende eines anstrengenden Arbeitstages.

Auch Laurie ist längst in ihrem Zimmer. Amerikanischer Standard, schließlich gehört das Hotel zu einer US-Kette: Das Toilettenpapier ist an der Abrisskante nach hinten geknickt und das Bettzeug auf der linken Seite im Dreieck aufgefaltet. Nicht zum Standard gehört der Anruf, der Laurie nachts um zwei auffahren lässt: Eine Frauenstimme. Ob sie Gesellschaft wünsche? »Leave me alone!«, brüllt Laurie, donnert den Hörer auf die Gabel und schläft wieder ein, von hüpfenden Garnelen träumend. Am nächsten Morgen berichten alle von nächtlichen Anrufen. Bei Laurie und ihrer Übersetzerin haben die anrufenden Damen einen Fehler gemacht: Grundsätzlich sind sie hinter Männern in Einzelzimmern her, denen sie ihre Liebesdienste anbieten. Dass auch Frauen zuweilen ein Einzelzimmer belegen, damit hatten die Callgirls nicht gerechnet.

Geschenke und Gleichklänge

Tipps & Know-how

Die Zahl Vier *(si)* klingt im Chinesischen wie »sterben«. Geschenke in Vierzahl oder mit Namen, in denen die Vier eine prominente Rolle einnimmt, sollte man deshalb vermeiden. Ein Regenschirm *(yusan)* hat zwar nichts mit vier zu tun, da *yusan* auf Chinesisch aber an »auseinander gehen« erinnert, kann man die hierzulande beliebten Werbe-Regenschirme nicht an chinesische Geschäftsfreunde verteilen.

Was man jedoch verschenken kann, verschenke man gleich doppelt: Eine Flasche Cognac sieht einfach zu armselig aus. Wer Eindruck machen will, greife zur besten Sorte und gleich zweimal ins Regal.

Ich selbst halte Schokolade für ideal. Feodora-Pralinen aus Hamburg sind praktischerweise gelb verpackt, was positive Verbindungen zum »kaiserlichen Gelb« zulässt. Aber auch Überraschungseier kommen gut an. Ansonsten dürfen Sie gerne heimatliche Spezialitäten verteilen. Ein Bocksbeutel-Frankenwein (bitte zwei Flaschen im Geschenkkarton) oder ein guter Pfälzer (dito), vor allem wenn's ein roter ist *(hongputaojiu),* sorgt für gute Stimmung bei Ihren Gastgebern.

Für eine Abendeinladung zu Hause bei einer Familie mit Kind empfiehlt sich Spielzeug. Lego oder ein Set mit Knetmasse bieten stundenlang Beschäftigung. Die Erwachsenen freuen sich über Obst, Saft und Wein, auch ein paar eingeflogene Flaschen europäischen Biers passen.

Englisch als Ersatzchinesisch

Weltsprache Englisch

Englisch ist in vielen internationalen Unternehmen in China Pflicht, es ist die Betriebssprache, in der alle miteinander reden können. Xiao Ding frustriert das: Erst hat er vier Jahre lang Deutsch studiert, dann in Deutschland ein Fachhochschulstudium abgeschlossen und schließlich bei einer deutschen Firma angeheuert. Mit dem Resultat, dass er heute mit seinen deutschen Kollegen Englisch spricht. Für diese wiederum gilt: Auch wenn sie fließend Chinesisch sprechen, um Englisch kommen sie nicht herum. Allein schon deshalb, weil Englisch in China als die Fremdsprache schlechthin gilt. Ein Ausländer, der nur schlechtes Englisch spricht, wird in China schräg angesehen – da helfen auch keine Beteuerungen, dass man Russe, Deutscher oder Franzose sei. Ein *laowai* muss einfach Englisch können und damit basta.

Audio-Feedback

Die Fremdsprachenabteilungen der Buchläden sind voll von Sprachkursen, Sprach-CDs, Audiocassetten und einem Gerät, das sich Sprach-Wiederholer nennt: Im ersten Moment meint man, einen Walkman in der Hand zu halten, doch dann bemerkt man, dass es hier Schalter und Tasten gibt, deren Funktion man nicht kennt. Die *language repetitors* machen etwas sehr Cleveres: Sie bieten dem Lerner ein sofortiges Audio-Feedback. Kaum hat man seine Vokabel der Cassettenvorgabe nachgesprochen, wiederholt der Repetitor das, was man selbst gerade gesagt hat. So lassen sich die schlimmsten Aussprachepatzer noch ausbügeln, bevor sie sich verfestigt haben. Auch für Satzmelodie und Intonation ist das Gerät ideal, so ideal, dass man sich fragt, weshalb hierzulande derartige Lernmaschinchen kaum zu finden sind. In China gehören sie zum etablierten Standard: Dutzende von Modellen drängen sich auf dem heiß umkämpften Sprachlernmarkt.

Verrücktes Englisch

»Crazy English« nennt sich eine Methode, die der gewiefte Lanzhouer Geschäftsmann Li Yang bis zum letzten Yuan ausbeutet. Seinen Merchandising-Produkten lässt sich nicht entgehen – vom Sprachkurs bis zur Zeitschrift hat er so ziemlich alles im Programm, was halbwegs zum Englischlernen taugt –, seinem Bildnis erst recht nicht. Seine Live-Auftritte in Fußballarenen sind Spektakel, die eher an Pop-Konzerte erinnern denn an Englischkurse. Doch keine Sorge: Vernünftig Englisch hat mit »Crazy Englisch« noch keiner gelernt. Darum scheint es ohnehin nur am Rande zu gehen, denn Li benimmt sich wie ein Motivationstrainer, und als solcher erledigt er seine Sache sehr gekonnt. Alle haben ihren Spaß, wenn sie, zusammen mit ihren 30 000 Mitlernern, unisono »How are you?« brüllen. So laut wie möglich, so deutlich wie möglich und so schnell wie möglich, lauten Lis Grundregeln. Durch das Schreien will Li Yang Lernhemmungen abbauen, den Spaß am Lernen, den die Paukerei in der Schule verbaut hat, wieder freilegen. Dass Li letztlich dann doch wieder dem dumpfen Nachsprech-und-Nachbet-Schema des alten China zu neuem Leben verhilft, dämpft die Freude ein wenig. Dennoch: Lis Erfolg zeigt, wie willig sich ein ganzes Land auf eine Sprache stürzt, die nicht nur für chinesische Zungen unangenehm schwer auszusprechen ist. Trotzdem ist vor überzogenen Erwartungen zu warnen. Außerhalb der großen Unis und Firmen sprechen nur wenige eine Fremdsprache, auch wenn man immer wieder Menschen begegnet, deren gutes Englisch überrascht.

Lexikon

Missverständnisse durch Sprachenmix

Famous Bei allem Lerneifer und Lernerfolg mogelt sich das Chinesische immer wieder in das so fleißig geübte Englisch. Etwa beim Wörtchen *famous,* berühmt. Das Wort gehört ohnehin nicht zu den sonderlich seltenen, doch in China scheint mir geradezu eine *famous*-Epidemie ausgebrochen zu sein. Alles und jeder ist *famous.* Die obskurste Pagode in Xiaocun wird noch als *world-famous* apostrophiert, und auch das Lied, das gerade im Radio gelaufen sei, informieren mich meine Freunde, sei wirklich *famous.* Genau wie dieses Buch, das man gerade lese: *Famous!* Oder, grammatisch zweifelhaft, dafür aber voll überbordenden Lobes: *Very world-famous!* Das geht natürlich auch auf Deutsch. O-Ton eines Studenten aus der Provinz Anhui: »Die Ausbildung in Deutschland ist sehr weltberühmt.« Natürlich steht hinter dieser *famous*-Invasion das entsprechende chinesische Wort, *hen youming* (sehr berühmt), das hier kräftig aufs Englische durchschlägt.

Maybe Ganz oben auf meiner Liste englischer Ausdrücke, die im Munde von Chinesen potenziell missverständlich sind, steht das unscheinbare *maybe* (vielleicht). Wenn eine chinesische Sekretärin ihrem ausländischen Chef auf Englisch mitteilt, dass Herr Zhou »vielleicht« am Mittwoch zu einem Besuch vorbeischaut, bedeutet das meist, dass er sich bereits fest angekündigt hat. Das *maybe* macht es, so die Logik der Sekretärin, angenehmer für den Vorgesetzten, diesen Umstand zu ertragen. Harte Tatsachen im Chinesischen mit *vielleicht (keneng)* abzufedern, ist ein Gebot der Höflichkeit, und so trifft man im Englisch von Chinesen immer wieder auf dieses gut gemeinte, aber dennoch falsche *maybe.*

Soon Fast noch gefährlicher ist ein »bald« aus dem Munde eines Chinesen. »Bald« kann »in ein paar Tagen« bedeuten – aber auch »in fünf Jahren« oder »wenn es mir passt«. In Verhandlungen ist es so gefürchtet wie das russische »Njet!«, denn Kenner wissen, dass niemand in China gerne Nein sagt und viele deshalb auf das unverfängliche »bald« ausweichen. In der Konsequenz aber bedeutet es dasselbe. Im günstigsten Fall spielt man auf Zeit, will sich nicht festlegen, sich alle Optionen offen lassen.

Yes Aber auch ein Ja berechtigt nicht immer zur Freude. Ich selbst habe, spätestens ab meinem dritten China-Jahr und der damit verbundenen Nachahmung chinesischer Vorgehensweisen, oft genug Ja gesagt, ohne auch nur im Traum daran zu denken, der entsprechenden Bitte nachzukommen. Von chinesischer Seite kam dann nach ein paar Wochen die Nachfrage: »Wu Wei, wann hilfst du mir mit meiner Übersetzung?« Ich: »Bald!«

Wem diese Methode zu unredlich erscheint, dem bleibt nur noch ein Weg, um sich vor einer ungeliebten Aufgabe zu drücken. Die Mutter aller Ausreden lautet in China: »I am tired!«, wobei »müde« hier auch »erschöpft, ausgelaugt« und »überarbeitet« bedeutet. Wer müde ist oder Müdigkeit vortäuscht, braucht keine weitere Überzeugungsarbeit zu leisten. Sofort wird ihm großzügig *xiuxi* (Pause, Erholungszeit) eingeräumt, alle Arbeiten dürfen liegenbleiben, bis der Erschöpfungszustand wieder behoben ist.

Olympic English

Englisch überall. An den Zeitungsständen finden sich mindestens drei englischsprachige Blätter, aber auch auf den Titelseiten der rein chinesischen Publikationen zeigt man stolz, dass man Englisch spricht. Englisch ist schick, weltläufig und demonstriert, dass China nun auch dazugehört zur großen weiten Welt des globalen Handels und Wandels. Spätestens seit dem Zuschlag für die Olympischen Spiele ist Englischlernen zum Massenphänomen geworden. Englischsprachige Zeitschriften wie *21st Century*, die für die Masse europäischer Englischlerner eindeutig zu schwer wären, finden in China problemlos ihr Publikum.

Englisch üben

Auf Beijings bekanntester Einkaufsmeile werde ich immer wieder von jungen Leuten angesprochen, die sich als Studenten ausgeben und, so wird mir erklärt, ihr Englisch üben wollen: »I want to practice my English!« Ich wittere nicht grundsätzlich hinter jeder Annäherung dieser Art unehrenhafte Motive, rede auch gerne ein paar Takte mit den Leuten. Doch auf der Wangfujing stellte sich bislang noch jeder englischsprachige Kontakt als plumper Abschleppversuch heraus: Eine Ausstellung kunsthandwerklicher Stücke solle ich mir ansehen und, in Teilen zumindest, auch erwerben. Nach dem dritten Versuch innerhalb weniger Minuten, mich als Kunden zu gewinnen, werde ich etwas knurrig, brummele nur noch »Ting bu dong!« (Ich verstehe nicht!) oder »Bu yao!« (Will nicht!) und laufe grantelnd weiter.

Tipps & Know-how

Stilfragen

Pamelas Job an der Hochschule für Tourismus war es, zu schreiben. Seitenweise produzierte sie mit ihren Kollegen am College für Tourismus Material zur Tourismusförderung, hinzu kamen Lehrmaterialien und -bücher, die aus Chinesen mit magerem Schulenglisch in ein paar Jahren fließend Englisch sprechende Reiseleiter machen sollten – und dies ab und an auch taten.

An westliche Schreibkonventionen gewöhnt, litt Pam an den schwülstigen Texten ihrer chinesischen Kollegen. Entsprechend deutlich waren ihre Eingriffe bei Sätzen wie »Warmly welcome foreign friends to beautiful Confucius' hometown«. Oft aber war es das exakte Gegenteil von schwülstig, das Korrekturen nötig machte: Endlos didaktisierende Wiederholungen (»Langweilig!«, stöhnten die Westler), effektheischende Zahlenhuberei (»92,65% aller Fälle ...«, »1325 Besucher in 16,5 Monaten ...«) und haufenweise unbelegte Zitate ließen keine rechte Lesefreude aufkommen. Zu schwerfällig holperte es vom schlauen Lehr- und Sinnspruch zur Zahlenkolonne und von dort wieder zurück. Was Pamela in gut lesbares Englisch verwandelte, lag am nächsten Morgen wieder auf ihrem Schreibtisch. Man wolle eine genaue Übersetzung! Es dauerte Wochen, bis beide Seiten zueinander gefunden hatten. Übersetzen von einer Sprache in die andere, so einigte man sich, sei immer auch das Übersetzen von einer Kultur in die andere. Pamelas Texte, das sah man schließlich ein, entsprachen dem angelsächsischem Sprach- und Kulturverständnis weit besser als die wörtlichen Übersetzungen, die chinesische Stilfiguren in ein fragwürdiges Englisch übertragen hatten.

Die neuen Herren im Gesandtschaftsviertel

Wer als Ausländer auf längere Zeit in China arbeitet, entwickelt ein neues Selbstverständnis. Man mag es nicht, wenn man mit den »Touris« oder Kurzzeit-Aufenthaltlern in einen Topf geworfen wird. Als *expat* (kurz für das englische *expatriate,* außerhalb der Heimat Lebender) sieht man sich als Gastarbeiter der allerfeinsten Sorte, als Marco Polo des 21. Jahrhunderts, ins Land gerufen, um die Segnungen der modernen Wissenschaft und Technik in Rekordzeit nach Shanghai, Beijing oder Guangzhou zu holen. Entsprechend herablassend ist die Haltung den chinesischen Gastgebern gegenüber. Ein Siemens-Mitarbeiter, der vor seiner Ausreise immerhin ein firmeninternes China-Seminar besucht hatte, erklärte mir allen Ernstes, die Chinesen seien »halt doch ein Naturvolk«. Nur gut, dass gerade niemand zugehört hatte, denn die Chinesen sehen sich als das Kulturvolk schlechthin: Wer sonst kann auf 4000 Jahre schriftlich belegter Geschichte zurückblicken?

Chinglish in Wort und Schrift

Lexikon

Die Chinesen kommen ihren Gästen mit englischen Übersetzungen gerne entgegen, sind aber zu stolz, einen Muttersprachler um Korrekturen zu bitten. Einige *Chinglish*-Stilblüten bietet die folgende Aufstellung. Was tatsächlich gemeint ist, finden Sie in Klammern. Schreibfehler im Deutschen sind Absicht, sie spiegeln die Patzer im Englischen wider.

- Bahnhof: *Forbid vomiting hlegm.* Verboten Hchleim (*phlegm,* Schleim) zu erbrechend.
- Atemschutzmaske: *Please make sure mask covers your nose and mouse.* Maske soll Nase und Maus (*mouth,* Mund) bedecken.
- Flugblatt: *Baby sisters available.* Baby-Schwestern *(babysitter)* verfügbar.
- Hotel: *Please leave your values at front desk.* Bitte hinterlegen Sie ihre Wertvorstellungen (*valuables,* Wertsachen) an der Rezeption.
- Hotel: *You are invited to take advantage of the chambermaid.* Sie sind eingeladen, sich am Zimmermädchen zu vergreifen.
- Schneider: *Ladies may have a fit upstairs.* Damen dürfen einen Anfall (Anprobe) im Obergeschoss haben.
- Speisekarte: *Stir-fried peasant slices.* Gebratene Bauern-Scheiben (*pheasant,* Fasan).
- Staubtuch: *Keeps your thing clean!* Hält Ihr Ding sauber!
- Toilette: *Control your bowel movement!* Beherrschen Sie Ihren Stuhlgang!
- Zahnarzt: *Teeth extracted by the latest methodists.* Zähne gezogen durch die neuesten Methodisten.

Tipps & Know-how

Ayi

Ein beliebtes Thema bei Gesprächen unter *expats* ist die *ayi* (»Tante«), die Zugehfrau, die Perle. Keiner, der keine *ayi* hätte. Als Brücke zwischen westlichem Haushalt und chinesischen Gemüsemärkten sorgt sie für billige Frischware und bereitet diese unbeschreiblich lecker zu, meistens mit viel zu großzügigen Portionen des guten Erdnussöls. *Expats,* die gerne fettarm leben, haben deswegen immer eine Geschichte auf Lager, wie sie ihre *ayi* zum fettarmen Kochen bewegen konnten. Geprahlt wird immer auch, wie gut die *ayi* bügelt und wie gut sie mit den Kindern kann; gemault wird, dass sie schlecht saugt, doch keiner möchte ohne sie leben. Ich schon. Meine *ayi* bestand darauf, den Teppichboden im Schlafzimmer mit einem feuchten Mopp zu reinigen. Da ich ihr das nicht ausreden konnte – ich hatte extra »Staubsauger« nachgeschlagen –, musste ich mich von der guten Frau wieder trennen. Eine Trennung, die für den Teppichboden um Wochen zu spät kam.

Tipps & Know-how

ATM

Wie wichtig auch und gerade für China solide Englisch- und Pinyin-Kenntnisse sein können, zeigt die leidige Frage nach dem Bargeld. Soll man nach China säckeweise Bargeld mitnehmen oder genügt die Kreditkarte? Letzteres! Schon zu Hause kann man sich am Computer zeigen lassen, in welchen chinesischen Städten Geldautomaten stehen, die auch internationale Kreditkarten bedienen. Visa bietet, allerdings auf Englisch, im Internet einen *ATM locator* (*automated teller machine locator,* Geldautomatenfinder), der in Beijing und Shanghai zigmal fündig wird. Voraussetzung: Man achtet auf die Eingabe »Beijing« statt »Peking«.

Fen

Es gibt Geldscheine in China, die einen so geringen Wert haben, dass sie, origamiartig gefaltet, zu Zehnerbündeln zusammengefasst werden. Die Staatsbank zieht den *fen* inzwischen aus dem Verkehr. Damit ist der *jiao* (genannt *mao*) die kleinste Einheit. Zehn *mao* ergeben einen *yuan* (Slang: *kuai*). Sowohl *jiao* als auch *yuan* gibt es als Schein und Münze.

»Nin gui xing?« Wie lautet der werte Name?

Hi, Rinda!

»Ich heiße nicht Linda, sondern Rinda«, erklärt mir die junge Frau auf Englisch. In China versucht man dem schlechten Gedächtnis ausländischer Besucher für chinesische Namen entgegenzukommen, indem man sich einen westlichen Vornamen verpasst. Shelly Li, Mary Zhou und John Deng steht auf den Visitenkarten. Aber eben auch Rinda Zhu. Da Rinda nun beim besten Willen nicht als gebräuchlicher westlicher Vorname gelten kann, frage ich Rinda, die im Auslandsamt (*waiban*) einer Beijinger Hochschule arbeitet, wer ihr denn diesen hübschen Namen verpasst habe. Ihr Englischlehrer, und weil sie das L immer so komisch ausgesprochen habe, hätte er ihren englischen Namen, der ursprünglich Linda lautete, in ein leichter auszusprechendes Rinda verwandelt.

Vertrackte Phonetik

Womit wir bei einem typischen Missverständnis wären, was die chinesische Aussprache angeht: »Dlei Chinesen mit 'nem Kontlabass, saßen auf del Stlaße und elzählten sich was ...« Tatsächlich haben chinesische Fremdsprachenlerner Probleme mit l und r, aussprechen können Sie aber gerade das R nach einigem Üben recht gut. Einzig beim Hörverstehen kann es Probleme geben. Ob es in einem Blondinenwitz um ein »Blödchen« oder um Backwaren des Typs »Brötchen« gehe, meint Wang Ting, ein Beijinger mit deutscher Staatsbürgerschaft, sei für ihn, besonders wenn er schon ein Bierchen intus habe, nicht immer leicht zu entscheiden.

Schlimmer als die l/r-Problematik sind Problemkonstellationen, die aus Provinzdialekten resultieren: Fremdsprachenlerner aus Hubei quälen sich damit, n und l auseinander zu halten, statt l sprechen sie n. In ihrem Dialekt fehlt diese Lautopposition, und so tut sich das Sprachzentrum im Oberstübchen sehr schwer, hier Unterschiede festzustellen.

Hello, Lao Wang!

Wenn Sie es seltsam finden, ihre chinesischen Partner mit Namen wie Jackie und Alan anreden zu müssen, versuchen Sie es doch einmal mit den traditionellen chinesischen Anredeformen *Lao* und *Xiao*. Die Regeln dazu sind einfach: Sind zwei Wangs in einer Firma, ein jüngerer und ein älterer, darf der jüngere *Xiao Wang* (»Kleiner Wang«) genannt werden, der ältere firmiert unter *Lao Wang* (»Alter Wang«). Auch wenn nur ein Herr Wang (oder eine Frau Wang) durch die Korridore geistert, funktioniert *Lao* und *Xiao*. Zwar sind die Grenzen fließend, doch jenseits der 40, auf jeden Fall aber jenseits der 50, fällt die Wahl zwangsläufig auf *Lao*. *Lao* ist beileibe nicht ehrenrührig, sondern fast schon eine Ehrenbezeichnung. Die traditionelle Wertschätzung des Alters hat zwar in China während der letzten Dekaden deutlich abgenommen, die Anrede *Lao* gilt jedoch nach wie vor als freundlich.

Bedeutungsvolle Spitznamen

Westliche Mitarbeiter internationaler Joint-Venture-Firmen sollten gelegentlich die Ohren spitzen und darauf achten, wie sie von ihren chinesischen Kollegen genannt werden, wenn einmal gerade kein Westler in der Nähe ist. Hermann Durner, der in einem EU-China-Projekt die Durchführung demokratischer Gemeindewahlen vorbereitet, hört offiziell auf den chinesischen Namen Du Hailong. Das ist ein schöner Name. Seine Mitarbeiter aber nennen ihn, fast noch schöner und gar nicht despektierlich, Lao Du, »alter Du«. Eine Anrede, die nicht zuletzt auch von Respekt zeugt.

Große Schwester Yang

Eine ältere Kommilitonin oder auch Kollegin, die mit Nachnamen Yang heißt und mit der man sich gut versteht, kann man *Yang jiejie,* »große Schwester Yang«, nennen. Oft wird sie das von sich aus anbieten. Hier entsteht eine ähnliche Vertrautheit wie bei unserem Duzen. Da sich viele Chinesen, vor allem im Süden, ohnehin von vornherein Duzen (*ni* statt *nin* – das »Sie« existiert durchaus, es ist nur selten und eher im Norden üblich), füllen solche und andere vertrauten Anredeformen eine sprachliche Lücke.

Lexikon

Anreden und Vornamen

- Die formalen Anreden *xiansheng* (Herr) und *nüshi* (Frau) sind wieder da. Der *tongzhi* (Genosse) hat ausgedient. Sie werden dem Namen nachgestellt: *Lü nüshi,* Frau Lü. *Yu xiansheng,* Herr Yu.
- Bei einem nachgestellten *laoshi* haben wir es mit einem Lehrer zu tun. Für Schüler bleibt Lehrer/in Wang ein Leben lang *Wang laoshi.* Auch Professoren werden von ihren Studenten als *laoshi* tituliert. Ein Doktortitel wird als Anrede ebenfalls nachgestellt: *Wang boshi,* Dr. Wang.
- Schön sind chinesische Kosenamen: Eine Verdoppelung des Vornamens, vor allem wenn er einsilbig ist, schafft Nähe und Freundlichkeit. Aus Zheng Shan wird so ein lieber Shanshan, aus Wang Wei eine süße Weiwei.
- Viel Hirnschmalz wird darauf verwendet, die Nachkommen mit den richtigen Namen auszustatten. Die Wahl des Vornamens ist völlig frei, es gibt keine Listen vorgeschriebener Namen, die Eltern haben die Qual der uneingeschränkten Wahl: Ob Kleiner Schnee oder Zarte Wolke, Ewig Rot oder Leichter Regen, die einzigen Grenzen, denen sich die Eltern eventuell unterworfen sehen, sind finanzielle: Professionelle Namensberater kosten Geld. Doch meist schafft es der Familienrat auch ohne externe Hilfe, dem Kindlein einen Namen zu verpassen. Am Ende bekommt jedes Wang-, Li- oder Zheng-Baby seinen eigenen Vornamen, meist sogar einen mit zwei Silben. Im Ausweis wie auch im täglichen Leben steht dann der Nachname an erster Stelle: Mao Zedong. Bei uns hieße er Zedong Mao.

Zigarettenhändler in Hohot, Innere Mongolei

Small Business: Straßenhandel

Ich AGs

Den selbstausbeuterischen Kleinstunternehmern hat China es zu verdanken, dass es die perfekte Servicegesellschaft ist. Millionen von Ein-Mann-Betrieben, die ohne jede Form von sozialer Sicherheit ihre Dienste anbieten, sorgen für ein bequemes Leben. Kaum eine Straßenecke in der Stadt, an der nicht ein *xiaomaibu* (kleiner Laden, Kiosk) wäre, kein Wohngebiet ohne Schneider, keine Straße ohne Gemüse- und Obsthändler. Chinesen im Ausland leiden bitterlich, wenn ihnen plötzlich keine billigen Friseure mehr zur Verfügung stehen, wenn Putzfrauen richtig Geld kosten oder eine Änderung an der Hose mehr kostet als die Hose selbst. Feng Qian, die in Frankfurt Jura studiert, fährt seit Monaten kein Rad mehr. Am Telefon erzählt sie mir, dass ihr Reifen platt sei und sie keinen billigen Reparaturmann finden könne. In China sitzen sie an jeder Straße: Ruck, zuck reparieren sie jeden Plattfuß, mehr als ein paar Yuan sind selten fällig. Kein Chinese würde je auf die Idee kommen, mit Flickzeug zu hantieren. Wozu auch, wofür gibt's denn die Jungs am Straßenrand?

Marktforschung

Der Straßenrand ist der ideale Ort, um angewandte Marktforschung zu betreiben. Neben Produkten des täglichen Bedarfs bieten fliegende Händler allerhand kuriosen Kleinkram an, der sich mit geklauten Markenzeichen schmückt. Wie hoch im Kurs eine Marke steht, lässt sich an den Billigprodukten ablesen, die sie auf ihren Grabbeltischen feilbieten. Li Jue, Mitte 20 und Besserverdienerin in einem Joint Venture, klärt mich auf, dass sich ein *dakuan* (großer Macker, Neureicher) tagsüber gern im Mercedes kutschieren lässt, am Abend aber, wenn er selbst fährt, in den BMW umsteigt. Vom Ruhm der beiden Automarken profitiert auch ein Straßenhändler, der sich mit seinem Dreirad am Haupteingang des Landao-Kaufhauses postiert hat: BMW-Schlüsselanhänger hat er im Angebot und ein Miniradio mit Mercedes-Stern, ein desperater Versuch, die Wertanmutung des Billigprodukts zu verbessern. Neben dem Radio liegt eine angestaubte Plastikkamera mit dem Aufdruck »Löwenbräu«. Keiner seiner Kunden weiß, was das bedeutet, aber das Löwenwappen, so findet man, werte die Kamera deutlich auf. Ein weiteres Radio fällt mir ins Auge, ein Kurzwellenempfänger der Marke »Kchibo«. Wer hier an Tchibo denkt, liegt richtig. Das Firmensignet ist, bis auf das K, komplett von der deutschen Kaffeekette übernommen.

Abkupfern

Auch sonst ist in China niemand zimperlich, wenn es darum geht, sich im Glanz der Giganten zu sonnen: Die taiwanesische Fahrradmarke *Giant* wird zu *Glint*, *Playboy* zu *Palyboy* und *Panasonic* zu *Pandasonic*. Dass die chinesischen Fastfood-Ketten *California Beef Noodle King* und *Yonghe Dawang* sich optisch zu 95% an *Kentucky Fried Chicken* anlehnen, darf da noch als harmloseste Art des Abkupferns betrachtet werden.

Abzocken

Zuweilen berechnen die Straßenhändler dem Ausländer einen Sonderpreis, der, wie wäre es auch anders zu erwarten, deutlich über dem für Chinesen üblichen liegt. Ich nehme das den Leuten nicht übel: Mich wird es nicht arm machen, wenn der Trockenhaarschnitt auf dem Gehweg statt einem Dollar nun zwei kostet. Für viele Chinesen gilt noch immer: »Waiguoren dou you qian«, alle Ausländer haben Geld, sind steinreich und dürfen deswegen gern ein bisschen mehr zahlen. Wer Spaß am Feilschen hat, findet, aller anfänglichen Aufschläge zum Trotz, schnell wieder zum chinesischen Preisniveau zurück.

Das digitale Dao

Internet-Läden

Selbst in kleineren Städten findet sich mindestens ein privater Internet-Laden. Kein Internet-Café, denn mit Gastronomie haben die meisten chinesischen Internet-Läden nichts am Hut, auch wenn der chinesische Name *wang ba* (»Netz-Bar«, Internet Bar) dies nahe legt. Wie in einem Computerzimmer in der Schule reiht sich Computer an Computer. Doch wer meint, dass die computerbegeisterte chinesische Jugend sich hier aktuelle Auslandsmeldungen über Menschenrechtsverletzungen herunterlädt oder in *chat rooms* die Frage einer chinesischen Demokratisierung diskutiert, sieht sich bitter enttäuscht: Man daddelt. Computerspiele auf jedem Rechner. Auch Chen Guoquan, ein 19-jähriger Student im zweiten Studienjahr, macht mir klar, dass er mit Politik nicht viel im Sinn habe. Ja, Demokratie, das sei schon gut, aber die Regierung sei ja schließlich keine Bande von Tyrannen. Das seien halt einfach ein paar alte Leute. Meistens ließen sie einen in Ruhe. Ab und zu wird mal was verboten, ein paar Websites würden blockiert, aber auch so sei das Web »hao wan'r« (interessant) und mache jede Menge Spaß.

Online auch im entlegensten Winkel. Yangshuo, Guangxi

Status-
symbole

Fetzige Mobiltelefone in der Hand sind der Mehrheit der jungen, urbanen Chinesen lieber als abstrakte Diskussionen zu Freiheit und Demokratie. Frei fühlen sie sich ohnehin: Sexuell ist es die freieste Generation, die China je gesehen hat. Finanziell erst recht. Den Kids in Shanghai, Guangzhou und Beijing fehlt es an keinem jener globalen Statussymbole, für das ihre westlichen Altersgenossen meist deutlich mehr Geld ausgeben müssen. Auch wenn das pro Kopf verfügbare Geld geringer ist, unterm Strich geht die Rechnung fast gleich aus, ja sie fällt sogar zugunsten der Asiaten aus: Die flippigsten Musik-CDs lassen sich für kaum mehr als einen Dollar als nicht-lizensierte Kopien kaufen, komplett mit Begleitheftchen und allen Liedtexten.

Eldorado der
Raubkopien

Selbst den kleinen Hologramm-Sticker, der »original und ungefälscht« signalisieren soll, kleben die Musikpiraten auf das in Plastik eingeschweißte Jewel-Pack. Wenn die CD nicht läuft, tauschen sie ohne zu murren alles um. Zur Not auch mehrmals. Nicht anders bei Spielen für PC und Konsole: Ob Sony, Nintendo oder Microsoft, in China gibt es jedes erdenkliche Game als Raubkopie zum Taschengeldpreis. DVD? Aber bitte. Besuchen Sie unser Ladenlokal! Die neusten Filme aus Hollywood? *Mei wenti,* kein Problem. Kaum haben die Studiobosse einen Rohschnitt gesehen, landen schon die ersten Raubkopien in Südchina. Dann sitzt man, eine sehr italienische Tasse Latte Macchiato auf dem Tisch, bei *Starbucks* und pfeift sich mit dem DVD-Laptop 1,5 Stunden Action pur rein. Nicht schlecht für ein Land, in dem noch vor 30 Jahren eine Armbanduhr per Bezugsschein erworben werden musste. Aber auch befremdlich, denn keine 50 Kilometer nach der letzten Beijinger Ringstraße herrscht in den Dörfern, wenn auch nicht die nackte Not, so doch ein Wohlstand, der gemessen an dem der Städter, bestenfalls als extrem armselig gelten kann.

Chinas klei-
nes eBay

Online-Einkäufe lassen sich in China nicht so einfach erledigen wie hierzulande: Statt eBay mit Postzustellung gibt es EachNet mit Selbstabholung. Shao Yibo, der Gründer der Verkaufsbörse, beschreibt das so: »Käufer und Verkäufer müssen zur Übergabe natürlich in derselben Stadt sein. Dann mailt der eine: Ich trage ein rote Jacke. Und ich, schreibt sein Gegenüber zurück, habe ein Buch unterm Arm. Treffen wir uns um sechs am Nordtor der Uni, und dann gibt's Ware gegen Geld.«

Die Post, und daran scheitern landesweite eBay-Auktionen, ist noch immer zu langsam und unzuverlässig, um einen geordneten Warenfluss zu erlauben. Doch bei den Dimensionen chinesischer Städte dürfte es auch so genügend Anbieter und Käufer geben.

Web erst
ab 18

Sohu.com und *sina.com* kennt in China jedes Kind. Die beiden Web-Portale kämpfen erbittert um die Vorherrschaft im chinesischen Cyberspace. Auch nach dem Ende des großen Internet-Sprungs nach vorn, finden beide Firmen noch reichlich Kunden. Eine E-Mail-Adresse bei *sina* oder *sohu* hat fast jeder, der in China einen Computer besitzt. Wer noch ohne Rechner ist, holt sich seine *sohu*-Mail aus dem Internet-Café. Freilich: Kids unter 18 dürfen nicht rein in die Großstadtsurflokale, doch schon in den Vorstädten guckt keiner mehr so richtig hin. Auch hier ist die vermeintlich so unnachgiebige Diktatur Chinas außerordentlich lax. Doch aufgepasst: Wenn die Ordnungsbehörden mal wieder den strengen Tempelwächter markieren, dann kommt die nächsten paar Wochen kein 17-Jähriger mehr an die Rechner.

Ist politisches Großreinemachen angesagt, werden auch Internet-Dissidenten abserviert. In den Herrschaftsquartieren am Zhongnanhai macht vor allem das nervös, was nicht richtig verstanden wird. Zwar erhält selbst die allerhöchste Führungsebene Fortbildung in Sachen Internet, doch so ganz kapiert hat wohl keiner, was der schlaue Professor von der Qinghua-Universität da zum Besten gegeben hat. Chinas Führung reagiert übermäßig nervös auf jede Art von Kritik, die ihr aus den Chatrooms entgegenschallt und beschäftigt Heerscharen von Online-Redakteuren, deren vornehmste Aufgabe es ist, unliebsame Äußerungen möglichst schnell wieder zu löschen. Dabei sollten die Herren an der Macht froh sein, dass die Leute in den Chatrooms mal so richtig Dampf ablassen können. Wer surft, der demonstriert nicht, zumindest nicht so, wie es die Prä-Cyber-Generation noch 1989 vorgemacht hatte. Statt den Tiananmen-Platz zu besetzen und laut nach Demokratie zu rufen, widmet man sich dem Cyber-Salon-Gemeckere, um dann, wenn's dem Herzen wieder wohler ist, seine Online-Einkäufe zu erledigen.

Nervöse Politiker

China online: Identitätsfragen

Besonders einfach ist es nicht für einen Chinesen, einen Online-Namen zu finden. So viele heißen Wang, und wer einfach nur wang@sina.com sein möchte, konkurriert mit Millionen anderer Wangs. Selbst ein vorangestellter Vorname hilft da nicht viel, denn auch den Namen Wang Ying gibt es hunderttausendfach. Bleiben noch Zahlen: Wie wäre es mit wangying888@sina.com? Ist natürlich auch schon weg, weil Glückszahl. Ein letzter Versuch wird gewagt, indem die aktuelle Jahreszahl an den E-Namen angefügt wird, doch andere Wang Yings waren genauso schlau. Nun setzt Resignation ein, und man registriert sich als wangying138535@sina.com oder verlegt sich auf chinglische Fantasienamen wie happysmiling@sina.com.

Ist man erst einmal im Internet, landet man vielleicht auf einer Humorseite wie dieser: In China lebende Ausländer, die bei mehr als 50% der folgenden Aussagen nicken, sind selbst schon zu Chinesen geworden:

Man hat ein ein Handy, egal ob man's braucht oder nicht. Am Auto-Innenspiegel hängt ein Mao-Zedong-Talisman. Man zutzelt gern Fischköpfe aus und saugt an den Flossen. Nach der Einnahme von zwei Teelöffeln Bier bekommt man eine knallrote Birne. Im Wohnzimmer liegen mindestens fünf Fernbedienungen. Man singt gern Karaoke. Das Eigenheim ist innen und außen vollständig gekachelt. Stark beanspruchte Boden- und Sofabereiche werden mit Plastikmaterial geschützt. Das ganze Haus riecht nach getrocknetem Fisch. Das ganze Haus riecht nach traditioneller chinesischer Medizin. Man hat irgendwo zwischen 12 und 23 Onkel und Tanten. Der Kühlschrank stinkt. Man spielt wahnsinnig gern *majiang.* Die Eltern versuchen einen dauernd mit langweiligen Leuten zu verkuppeln. Man kriegt täglich zu hören, wie schön-schlau-erfolgreich anderer Leute Kinder sind. Man hatte als Kind einen Topfhaarschnitt. Die Kleider riechen nach Frittieröl. Man redet nicht, man schreit. Man hasst Käse.

Manman chi: Essen und Benimm

Hu Qing kann kochen

Zauberei am Wok

Hu Qing kann kochen. Er kocht für seine Frau, sein Kind, ja selbst für Schwiegereltern und ausländische Gäste. Der kleine Mann ist ein Genie am Wok, jener großen gusseisernen Pfanne, die aussieht wie eine schwarze Halbkugel und auf Chinesisch einfach nur *guo* (Topf) heißt. Hu Qing unterhält den heißesten Wok nördlich des Huanghe (Gelber Fluss), und das weiß er auch. Wer das Glück hat, von ihm nach Hause eingeladen zu werden, wird dem Küchengott noch Tage später für diesen Segen danken. Und das, obwohl der Küchengott gemeinhin nur am 23. Tag des zwölften Monats (nach dem alten Mondkalender gerechnet) seinen Feiertag begeht.

»Eins muss man den Chinesen lassen: loyal sind sie. Sie kennen die Gabel und auch die Mistgabel draußen auf dem Land. Aber sie bleiben treu bei ihren Stäbchen.«

Jerry Seinfeld

Männer am Kochtopf sind keine Seltenheit in China und müssen in den Medien immer dann herhalten, wenn die Gleichstellung von Mann und Frau demonstriert werden soll. Meist sind es jedoch keine prinzipiellen, sondern ganz pragmatische Gesichtspunkte, wenn ein Mann das Kochen übernimmt: Er kommt früher von der Arbeit nach Hause als seine Frau.

Auf kleinstem Raum

Hu Qing kocht, und er kocht ohne Rücksicht auf Verluste. Seine Küche ist nicht viel größer als die Gästetoilette eines deutschen Eigenheims. Im oberen Bereich ist sie nahezu komplett mit Zeitungspapier ausgeschlagen, was die Wandschränke und die über Putz verlegten Rohre vor dicken Ölablagerungen schützt, die sonst nie wieder wegzubekommen wären. So lodert die Gasflamme unter den erdnussölverklebten Fotos von Hu Jiantao und Wen Jiabao – niemand, aber auch wirklich niemand, besitzt in China einen Elektroherd. Wenn Hu Qing das Öl im Wok erhitzt, steigen blaue Wölkchen auf, so heiß wird das Öl. Hu Qing wirft ein paar leuchtend rote Chilischoten ins Öl, und der Wok verwandelt sich in einen Höllenschlund. Sekunden später fischt Hu die tiefschwarzen Chilis aus dem siedenden Öl. Sie enden im Müll, denn sie haben ihre Schärfe längst an das Öl abgegeben. In schneller Folge wandern nun alle weiteren Zutaten in den Wok, das Fleisch zuerst, das Gemüse, das in China niemals so totgekocht wird wie bei uns, zuletzt. Das alles dauert nur wenige Minuten, dann wird das fertige Gericht in eine Schüssel gegeben, und Hu beginnt mit dem nächsten Menüpunkt.

Klassische Zubereitungsarten

Wenn man Hu über die Schulter schaut (was leicht fällt, denn er ist klein), lassen sich die klassischen Zubereitungsmethoden der chinesischen Küche mitverfolgen. Mein chinesisches Kochbuch unterscheidet allein zehn Arten des Frittierens (*zha*), etwa das *zhibao zha,* das »papierumwickelte Frittieren«, bei dem natürlich nicht die gestrige Ausgabe der *Renmin Ribao* zum Einsatz kommt, sondern eine papierähnliche Substanz aus Reismehl.

Am bekanntesten von allen chinesischen Zubereitungsarten ist das *chao,* das schnelle Braten im Wok unter ständigem Rühren, der englische Begriff *stir fry* (Pfannenrühren) bringt es auf den Punkt. Am schnellsten geht das Braten roher Zutaten (*sheng chao* oder *sheng bian*), doch gelegentlich schreibt

◄ Suppe mit Stäbchen

das Rezept auch *shu chao* und damit bereits gekochte Zutaten vor. Daneben muss ein gewiefter Koch auch dämpfen können, sautieren, räuchern, marinieren, karamellisieren und vieles andere mehr.

Schnelle Schnitte

Vor all diese Zubereitungsarten haben die Küchengötter das Waschen, Schneiden und Zerkleinern gesetzt. Allein der Umgang mit dem breiten chinesischen Hackmesser (einfach nur *daozi,* Messer) – die Klinge ist rechteckig, nicht spitz, rund acht bis zehn Zentimeter lang – setzt einiges an Können und Wissen voraus. Aus drei Grundschnitten werden in der hohen Schule des chinesischen Kochens 25 Schneidebewegungen, von chinesischen Köchen in solch rasanter Geschwindigkeit ausgeführt, dass man sich eine sofortige Zeitlupenwiederholung wünscht.

Mutproben-Gerichte

Um es gleich vorab zu sagen: Die südchinesische Küche gehört nicht zu den von mir bevorzugten. Das Kräftig-Deftige der nordchinesischen Küche oder das vehement Scharfe der Sichuaner Spezialitäten findet hingegen meine rückhaltlose Zustimmung. Exotisches wie Hund, Schlange, Skorpion, Heuschrecke oder Seidenraupen esse ich, ohne mit mehr als drei Wimpern zu zucken, würde es jedoch selbst nie bestellen. Derartiges fällt meist unter die Kategorie *functional food:* Der Hund soll das Herz anregen, die Schlange den Husten lösen, Skorpion stärkt die Manneskraft. Oder aber der Gastgeber möchte seinen ausländischen Besucher auf die Probe stellen: Mal sehen, was unser *waiguo pengyou* (ausländischer Freund) für Augen macht, wenn er das sieht! Doch gerade hier kommt es schnell zu Missverständnissen: Manche Gerichte erscheinen dem überforderten Ausländer als Mutproben-Gerichte, zählen aber eigentlich zum Standardprogramm. So zum Beispiel Seegurke oder auch Kutteln, Lunge, Darm und andere Zubereitungen aus Innereien. Dritte Möglichkeit: Man will dem Gast durch besonders teuere Speisen imponieren: Rinderpenis (*niubian*) und Fischlippen, Haifischflossen und Schwalbennester fallen in diese Kategorie.

Mit Nichtachtung strafen

Normalerweise bereitet es keine Schwierigkeiten, solche Spezialitäten zu ignorieren und sich an den anderen Gerichten schadlos zu halten. Greift jedoch der Tischnachbar zu den Servierstäbchen oder -löffeln und legt seinem Gast ein ausgesuchtes Häppchen Hirn auf den Teller, bleibt diesem nichts anderes übrig, als die gut gemeinte Geste (die glücklicherweise langsam aus der Mode kommt) mit einem »Xiexie!« (Danke!) zu quittieren, ansonsten aber mit Nichtachtung zu strafen: Den ungewünschten Bissen lässt er unangetastet auf dem Teller liegen. Niemand, auch der Gastgeber nicht, wird das übel nehmen.

Fleischlos glücklich

Vegetarier haben in China einen schweren Stand. Niemand glaubt ihnen so recht, dass sie fleischlos glücklich sind. Dabei ist China mit seinen wunderbaren Pilz-, Gemüse- und Tofugerichten ein veritables Vegetarier-Wunderland. *Ganbian doujiao* (grüne Bohnen nach Sichuan-Art), *yuxiang qiezi* (»fischduftende Aubergine«) oder *tuduosi* (leicht gebratene Kartoffelstreifen) lassen keinerlei Gefühl des Verlustes entstehen, wenn man ohne Fleisch lebt. Und doch bedauern die Chinesen die Vegetarier: Olivia Richwald, eine Engländerin, muss sich ständig fragen lassen, ob sie denn abnehmen wolle, eine Fleischallergie habe oder an einer seltenen Krankheit leide. Dass Olivia einfach kein Fleisch essen möchte, bleibt unverständlich. »Ich bin Vegetarierin!« (»Wo chi su!«) fordert in China ausnahmslos ermüdende Diskussio-

Tipps & Know-how

Des Meisters bestes Messer

Die Eleganz des Messers Die chinesischen Hackmesser hätten es verdient, in rauen Mengen nach Europa eingeführt zu werden. In meiner Küche ersetzt ein China-Hacker seit eh und je den sonst unverzichtbaren Messerblock mit seinen acht Solingen-Klingen. Chinesische Beilmesser schneiden, bei fachmännischem Einsatz, selbst deutsches Krustenbrot, schaben Nudelteig, schälen Knoblauchzehen und bereiten Hackfleisch in jeder gewünschten Menge. Besonders beim Knoblauch-Schälen überzeugt es: Ein Schlag mit der Breitseite auf die Knoblauchzehe, dann oben und unten ein Schnitt, schon kann die Schale problemlos abgehoben werden. Mit der Klinge werden die so geschälten Zehen fein gehackt und die Stückchen schließlich mit einem gekonnten Strich der Klinge entlang des Schneidebretts aufgesammelt: Die Klinge ist breit genug, um ein Dutzend Knoblauchzehen aufzunehmen und elegant zum Wok zu schaffen.

Besuch im Messerladen Wer in Beijing ein Messer kauft, greife zur Traditionsmarke *Wang Mazi* – frei übertragen: die Messer des pockennarbigen Wang. Gute Messer für wenig Geld, und der Schleifstein liegt jeder Packung gleich bei.

Aber auch andere Messermacher schmieden einen scharfen Stahl: Lassen Sie sich vor Ort beraten oder, wenn gerade kein Übersetzer zur Hand ist, lassen Sie Ihre Augen über die Schneide gleiten und murmeln dazu wahlweise *hao* (gut) oder *mamahuhu* (geht so). Da in allen Messerläden die Ware gut sichtbar unter Glas liegt, genügt ein Fingerzeig, verbunden mit dem Wort »Zhege!« (Das da!), und schon präsentiert man Ihnen das entsprechende Beilchen. Haben Sie keine Hemmungen, Ihren Einkauf ausufern zu lassen, die Verkäufer in chinesischen Läden genießen den Hauch von Exotik, den Sie in den Laden bringen. Guck dir diesen Ausländer an, wie er da die Messer durchcheckt, ein wahrer Kenner, werden sie innerlich Beifall zollen, und ihnen gleich noch ein paar Messer bringen. Doch irgendwann wird auch das nette chinesische Personal die Lust verlieren. Noch bevor dies passiert, sollten Sie mit einem definitiven »Zhege hen hao!« (Dieses ist sehr gut!) das Ende der Messerschau einleiten. Darauf muss dann ein resolutes »Mai zhege!« (Ich kaufe dieses!) folgen. Dann geht's ans Bezahlen – wenn Sie in einem staatlichen Laden mit Preisbindung stehen. Andernfalls müssen Sie natürlich feilschen.

nen heraus. Einfacher ist es, sich als Buddhist auszugeben: »Wo xin fo jiao.« Dies scheint die einzige Erklärung zu sein, die alle ohne Nachfrage sofort akzeptieren.

Obstgenuss

Woran denken Sie, wenn Sie »Tomate« hören? An eine Obstart oder an Gemüse? Würden Sie auf die Tomate Zucker streuen oder Salz? In China ist es der Zucker, nicht Salz oder Pfeffer, der auf rohe Tomaten kommt.

Wer seine Tomate artgerecht verzehrt hat, sollte das bei Äpfeln und Birnen ebenso halten. Einen Apfel oder eine Birne zu vierteln, um dann das Kern-

Die Rückkehr der Hunde

Zu Maos Zeiten war die Hundehaltung verboten: Ihnen wollte man nicht das Fleisch in den Rachen werfen, das den Menschen fehlte. Erst mit zunehmendem Wohlstand tauchten Hunde wieder auf, nicht die großkalibrigen Angeber- und Zuhälterhunde (»Fass, Hasso, fass!«), die bei uns so beliebt sind, sondern kleine, wuselige Fellbällchen, die als Schoßhunde auch in die kleinste Einzimmerwohnung passen. Zum Verzehr sind diese Tierchen nicht geeignet, und so erntet meine scherzhaft gemeinte Nachfrage »Hao chi ma?« (Schmecken die?) immer ein äußerst entrüstetes Nein. Hundemetzger verlegen sich auf deutlich größere Tiere. Mindestens ein Dutzendmal habe ich Schäferhunde am Strick an einem Baum hängen sehen, wo sie langsam totgeprügelt werden – ein Anblick, der selbst die Herzen der ausgeprägtesten Hundehasser erweicht. Der Grund für die Tortur, so wurde mir versichert, sei nicht die Freude an der Qual der Kreatur, es ginge einzig darum, das Fleisch zarter zu machen. Nebenbei schone es das Fell, das Gewinn bringend weiterveräußert werden könne.

Selbst Tierheime für Hunde gibt es mittlerweile in China. Wer jedoch glaubt, hier würden Setter, Schnauzer und Schäferhunde vor dem Messer des Schlachters gerettet, sieht sich schnell eines Besseren belehrt: Nur Schoßhündchen hoppeln durch die Zwinger. Streunende Hunde, vor allem solche, die ordentlich Fleisch an den Knochen haben, werden erst gar nicht beim Tierheim abgeliefert, sondern enden gleich im Wok.

gehäuse besser entfernen zu können, wird junge, traditionsentwöhnte Chinesen nicht weiter aufregen. Andere gruselt es, kommt doch die böse Zahl Vier zum Vorschein: *si* klingt nach sterben, und daran wollen wir, auch wenn das Obst noch so stark mit Pestiziden gespritzt wurde, erst einmal nicht erinnert werden.

Alle aus einer Schüssel

Tipps & Know-how

In China werden beim Essen keine individuellen Portionen aufgetischt, man bedient sich aus gemeinsamen Schüsseln, die mitten auf dem Tisch stehen. Das gilt für das Essen in der Familie wie für Restaurantbesuche mit Kollegen, Bekannten oder Freunden. Seit 2003 mahnt das Gesundheitsministerium, von diesem jahrtausendealten Brauch Abstand zu nehmen, er sei unhygienisch und unterstütze die Verbreitung von Keimen. Doch so richtig durchgesetzt hat sich das Ministerium nicht. Zwar lässt man in Zeiten grassierender Krankheiten Vorsicht walten und legt Einzelgedecke auf, im Großen und Ganzen aber wird wie gewohnt gegessen.

Von der Stadtverwaltung nur noch an wenigen Stellen geduldet. Garküchen in der Beijinger Innenstadt

Essen auf der Straße: Schnell, preiswert, lecker

Süßkartoffeln

Was wie eine hässliche Kartoffel aussieht, beim Öffnen aber ein unkartofflig orangefarbenes Fleisch zeigt, ist eine gebratene Süßkartoffel, *kaohongshu*. Auf den Straßen sind die Süßkartoffelhändler schnell gefunden: Auf einer großen Tonne liegen die fertig gebackenen Süßkartoffeln, unten, im Ofenteil der umgebauten Tonne, wartet auf heißen Kohlen der Nachschub.

Maiskolben

Gekochte Maiskolben werden immer wieder als Snack angeboten, ein eher rustikales Vergnügen, denn meist bekommt man keinen zarten Gemüsemais, sondern harten Futtermais. Besser ist da das Popcorn, das, in urtümlichen Metallgefäßen zubereitet, am Straßenrand zu haben ist. So richtig appetitlich sieht es aber nicht aus, dafür sorgen die schmuddeligen Plastiktüten, in denen es angeboten wird.

Tipps & Know-how

Nachtmarkt in Beijing

Exotisches für den Gaumen Auch nachts bleiben zahlreiche Garküchen in Betrieb. Vielen ein Begriff ist die Dong-Huamen-Querstraße zur Wangfujing, mitten in der Beijinger Innenstadt: Der Gang über diesen Nachtmarkt gehört seit Jahren zum touristischen Pflichtprogramm. Auch wenn hier Straßengerichte angeboten werden, die in ihrer Vielfalt und Exotik weit über das gemeinhin Übliche hinausgehen, so ist es doch immer wieder schön, sich von den Gerüchen der Garküchen anlocken zu lassen, den Köchen beim Brutzeln zuzuschauen und das ein oder andere Häppchen zu probieren. Die hohen Temperaturen, mit denen in China gekocht wird, sorgen dafür, dass so ziemlich alles abgetötet wird, was unseren Körpern ernsthafte Gesundheitsprobleme bereiten könnte.

Kleine Grausamkeiten Der Abendspaziergang über den Nachtmarkt bietet seinen Besuchern wohldosierte kleine Schrecken. Dass Grillspieße mit jeweils drei kleinen Vögeln bestückt werden, berührt das Gemüt nachhaltig. Fast noch tiefer trifft es einen, wenn man eine lachende Chinesin ganz lässig an einem solchen Spieß herumknabbern sieht. Auch Seesterne sieht ein Westler ungern als Snack, genau wie Schlangen oder Skorpione. Mit der Zeit nimmt man derartige Grausamkeiten allerdings kaum noch wahr, man stumpft ab, und allein der tiefschwarze Stink-Tofu *(choudoufu)* vermag es noch, eine Reaktion hervorzurufen: Er riecht so penetrant, dass man ihn, mit Rücksicht auf die eigene Nase, gerne weitläufig umgeht.

Teigtaschen

Appetitlicher und auch sättigender sind die diversen gedämpften Teigtaschen, die schon zur Frühstückszeit auf dem Programm stehen, aber erst zur Mittagszeit die meisten Abnehmer finden. Dicke, mit Gemüse gefüllte Pfannkuchen (*xian'r bing*) gibt es ebenfalls an jeder Ecke. Sie triefen vor Öl und geben für viele, die sich mittags ein Restaurant nicht leisten können oder wollen, eine ebenso billige wie kalorienreiche Hauptmahlzeit ab.

Nudeln

Preislich auf niedrigem Niveau bewegen sich auch Nudelgerichte. *Dandan mian* ist ein Klassiker: Eine einfache Nudelsuppe mit einer Soße aus Schweinehack, garniert mit Frühlingszwiebeln. Scharf, herzhaft, lecker. Die Nudeln sind dabei aus Weizenmehl und nicht, wie bei den diversen Glasnudelarten, aus Reismehl oder Sojabohnen.

Wer auf der Straße isst, braucht auf einen Tisch nicht zu verzichten. Viele Garküchen stellen Klapptische und -stühle auf, damit es sich die Kundschaft bequem machen kann. Zum Service gehören auch kleine Kannen auf den Tischen. Neben Sojasoße und Duftessig für die Teigtaschen findet man auf den Tischen der Restaurants oft ein kleines Fläschchen *lajiaoyou* (Chiliöl), mit dem man nachwürzen kann, wenn's nicht scharf genug ist.

Essen im Restaurant: Kanonisierte Gerichte

Hausmannskost

Im Restaurant lässt es sich nicht so leicht auf die gewünschten Speisen zeigen wie draußen auf der Straße. Zwar haben die meisten Chinesen nichts dagegen, wenn man sich als Ausländer an ihren Tisch stellt, die Speisen begutachtet, um dann dem Wirt per Fingerzeig zu erklären, dass man eine Portion genau dieses Gerichts gern auf dem eigenen Tisch hätte, doch besser kommt man durch, wenn man sich die Zeit nimmt und einige chinesische Namen lernt.

Standardgerichte

Zu meinen Favoriten gehören eine ganze Reihe von Küchenerzeugnissen, die sich dadurch auszeichnen, dass sie einerseits schmackhaft, andererseits in ganz China erhältlich sind. Es sind Standardgerichte, die, auch wenn sie ursprünglich aus einer bestimmten Provinz (meist Sichuan) stammen, überall problemlos zu bekommen sind. So wie ein Wiener Schnitzel mit Pommes noch in der letzten Ecke Europas zu haben ist, serviert ein chinesischer Koch, solange er noch Hühnerfleisch, Erdnüsse, Öl und Chilis hat, immer auch ein

Straßenrestaurant in Yinchuan, Ningxia

gongbao jiding. Damit werden diese Standardgerichte zum Garanten dafür, dass man auch in den abgelegensten Regionen noch ein anständiges Essen vorgesetzt bekommt.

Weniger ist mehr

Auch wenn man sich teurere Gourmetlokale leisten kann, oft sind es die einfachen Restaurants, in denen es am besten schmeckt. Dort gibt es keine Tischdecken (ein eindeutiges Kennzeichen günstiger Preise), die Stühle haben ein billiges Plastikpolster, das dafür gleich mehrfach mit dem Louis-Vuit-

Lexikon

Bestellen im Lokal

Ouvertüre: Kalte Vorspeisen

- *Pai huanggua.* »Geschlagene Gurke«. Ein Gurkensalat mit reichlich Knoblauch, etwas Öl und Essig.
- *Chaoxian paocai.* Kimchi, das koreanische Sauerkraut aus Chinakohl. Dank Chili deutlich würziger als unser Kraut.
- *Pidan.* »Leder-Ei«. Hundertjährige Eier bestelle ich eher selten und nur meinen Gästen zuliebe. Geschätzt werden *pidan* vor allem, wenn das Eiweiß trotz seiner braunen Färbung noch immer transparent ist und schöne Maserungen zeigt.
- *Chao Huasheng.* Gebratene Erdnüsse. Etwas zum Knabbern – und ein gutes Übungsobjekt für die Anfänger beim Essen mit Stäbchen.
- *Yazhang.* Entenfüße. In der Variante mit *jiemojiang* (Senfsoße) vor allem im Winter beliebt. So senfscharf, dass einem der Atem stockt.

Hauptgerichte: Solide Hausmannskost

- *Culiu baicai.* Süß-saurer Chinakohl. Ende Oktober, Anfang November hat der Chinakohl Hochsaison. Auf den Straßen wird man von Kohltransportern überholt, auf den Balkons der Wohnblocks wird der *baicai* von klugen Hausfrauen meterhoch gestapelt. In geringerem Maße zwar als früher, als es im Winter kaum Gemüse zu kaufen gab, doch immer noch so emsig, dass es auffällt.
- *Haoyou shengcai.* Die Hauptzutat dieses Gerichtes wird bei uns als Eisbergsalat verkauft. Die Chinesen machen daraus, unter Zuhilfenahme von Knoblauch und Austernsoße, ein leckeres Gemüsegericht.
- *Chaomifan.* Gebratener Reis mit Ei. Der berühmte *fried rice,* wie ihn alle Rucksacktouristen in Ostasien kennen.
- *Xihongshi chao jidan.* Tomaten mit Rührei. Für viele der Inbegriff des chinesischen Kantinenessens. Schlicht, einfach, aber doch ganz ordentlich.
- *Tudousi.* »Kartoffelstreifen«. Sehr fein geschnittene Kartoffelstreifen, mit Öl im Wok angebraten. Spitzname unter Westlern: Chinesische Fritten.
- *Mapo doufu.* »Pockennarbiger Tofu«. Tofuwürfel in einer dicken, würzigscharfen Soße. Eines der bekanntesten Sichuaner Gerichte.
- *Hupi jianjiao.* »Tigerfell-Schoten«. Dicke, grüne Peperoni mit einer leichten Salzkruste, die mit etwas Fantasie einem Tigerfell gleichen, in einer meist dunklen Soße. Höllisch scharf. Kommentar amerikanischer Freunde: »It hurts so good!«

ton-Logo bedruckt wurde, und die Speisekarte ist laminiert: Das Versiegeln von Speisekarten, Fotos und Herbstlaub zwischen zwei Plastiklagen scheint eine der ganz großen Leidenschaften des chinesischen Volkes zu sein. Was mich nicht weiter belastet, denn meine Speisenfolge habe ich längst im Kopf. Auf Experimente bin ich in solch einfachen *fanguan'r* (Restaurants) ohnehin nicht aus, ich bestelle hier stets eine Reihe von Standardgerichten, die sich überall als essbar erwiesen haben.

- *Gongbao jiding.* Sichuans Geschenk an den chinesischen Mainstream. Hühnerstücke mit Erdnüssen, reichlich Gewürzen (in der Hauptsache Chili-Schoten) und weiteren Zutaten, die von Frühlingszwiebeln bis zu nicht sehr authentischen Gurkenstücken reichen können.
- *Yuxiang rousi.* »Fischduftende Fleischstreifen«. Scharf, aber mit einem Touch ins Säuerliche. Das *-si* am Ende verweist auf in dünne Streifen geschnittenes Fleisch oder Gemüse. *Rou* (Fleisch) bezeichnet, wenn es allein steht, nahezu ausnahmslos Schweinefleisch. Alle anderen Fleischarten werden durch Ergänzungen ausgedrückt: *jirou* (Hühnerfleisch), *niurou* (Rindfleisch), *yangrou* (Hammel). Außer Fleisch gibt es beim *yuxiang rousi* noch Paprika, Gurke und allerhand andere, ebenfalls in Streifen geschnittene Gemüsesorten.
- *Yuxiang qiezi.* »Fischduftende Aubergine«. Ein sehr häufig auf den Tisch kommendes Gericht, billig und gut. Den Fischduft des Namens braucht man nicht sehr ernst zu nehmen. Die Aubergine schwimmt in keiner Fischsoße, sondern in Gewürzen.
- *Ganbian rousi.* Ein Gericht, bei dem Fleischstreifen zweimal gebraten werden, was für das *gan* (trocken) im Namen sorgt.
- *Ganbian doujiao.* Der vegetarische Bruder des *ganbian rousi,* diesmal mit grünen Bohnen statt Fleisch zubereitet.
- *Tangcu liji.* Süß-saueres Schweinefilet. Süß-sauer kann sehr lecker sein, ich habe aber auch schon erlebt, wie ein chinesischer Koch seine süß-saure Soße mit »Tang«, einem aus Amerika stammenden Getränkepulver zubereitet hat.
- *Jinjiang rousi.* »Poor man's Beijing duck« – Beijing-Ente für Arme – haben wir dieses Gericht genannt, weil es die gleiche Soße verwendet wie die berühmte Beijing-Ente. Das Fleisch liegt dabei auf einem Lauchbett, die Soße kommt darüber. Dazu werden dünne Tofu-Fladen serviert.
- *Ruanzha jiding.* »Chicken McNuggets«. Wer es sieht, denkt sofort an die Nuggets von McDonald's. Nur: Die sind aus Formfleisch, die chinesischen Nuggets aus Brustfleisch. Nur echt, wenn dazu eine Salz-Sichuanpfeffer-Mischung oder das *wuxiang* (Fünf-Gewürze-Pulver) gereicht wird.
- *Huajiao.* Ein deutlich herauszuschmeckender Bestandteil des *wuxiang* ist der *huajiao,* der Sichuanpfeffer, ohne den kein Gericht aus dieser südwestlichen Provinz auskommen mag und von dem später noch die Rede sein soll.

Getrockneter Sepia und anderes Meeresgetier. Taichung, Taiwan

Chinesische Spezialitäten: Essen mit Funktion

Hund

Hundefleisch, so die landläufige Meinung in China, ist gut fürs Herz und spendet Wärme. In Nordchina isst man Hundefleisch (*gourou*) am besten in einem der vielen koreanischen Restaurants, im Süden ist vor allem die Provinz Guangxi für ihren Feuertopf mit Hundefleisch bekannt: Auf dem Tisch steht ein blubbernder Suppenkessel, unter dem ein Gasbrenner für die richtige Kochtemperatur sorgt. Eine Platte mit rohem Hundefleisch wird gebracht, das nun, Scheibe für Scheibe, in die brodelnde Suppe wandert. Diverse Soßen und Gewürze sorgen für Abwechslung, zusätzliche Gerichte beleben das Ganze. Anschließend zeigt der Wirt die Reste: Stolz weist er darauf hin, dass Hassos Kopf, Tatzen und Schwanz nicht verwertet wurden, nur bestes Fleisch komme in den Topf.

Insgesamt aber gehört Hundefleisch zu den eher seltenen Angeboten auf chinesischen Speisekarten. Einzig in koreanischen Restaurants oder in Lokalen, die sich auf Gerichte mit heilender Wirkung spezialisiert haben, wird Hund zum festen Repertoire gehören.

Schlange

Schlange, die ebenfalls wegen ihres medizinischen Nutzens bestellt wird, überzeugt die Gäste vor allem durch ihren grausamen Unterhaltungswert: Die lebende Schlange wird am Tisch präsentiert, bei lebendigem Leibe gehäutet und ihrer Gallenblase beraubt. Die tiefgrüne, fast schon schwarze Gallenflüssigkeit schüttet man in einen klaren Schnaps, der dann auf einen Zug – »Ganbei!« – getrunken wird. Die Schlange selbst gibt's meist als Süppchen (das Fleisch erinnert an Fisch und Huhn zugleich), die Haut wird frittiert und dann wie Chips zum Knabbern serviert. Der böse Husten und die schlimme Erkältung sind nun bald ausgestanden, und auch die Libido regt sich wieder, dies zumindest verspricht die traditionelle Heilkunst nach einer ausgiebigen Schlangenmahlzeit.

Beijing-Ente

»Beijing-Ente ist kein Dickmacher!«, sagt der joviale Professor Wang, lacht mich freundlich an, und fordert mich zum unbeschwerten Weiteressen auf. Seit drei Wochen bin ich wieder in China, und seit 21 Tagen pflastern tote Enten meinen Weg. »The great white duck hunter«, kichern meine amerikanischen Nachbarn, wenn sie mich sehen, denn sie wissen, dass mich viele alte Freunde zum Essen eingeladen haben und dass bei einem solchen Festessen die *Beijing duck* nur selten ungeschoren davonkommt.

Ein bisschen – die Chinesen unter den Lesern mögen mir den Frevel verzeihen – erinnert die *Beijing kaoya* (Beijing-Ente) an einen Hamburger, den man sich selbst zusammenbauen muss. Statt Brötchen gibt es einen etwa handtellergroßen Fladen, auf den nun Lauchzwiebel, Gurke und Ente kommen, wobei die Entenstücke zuvor in eine Soße aus fermentierten Sojabohnen zu tauchen sind. Könner schaffen es, allein mit ihren Stäbchen alles zu belegen, zusammenzurollen und im Mund verschwinden zu lassen.

Hygiene

Weniger versierte Esser dürfen mit den (zuvor gewaschenen) Fingern nachhelfen. Das ist in China, wo Essen ungern angefingert wird, außerordentlich selten. Selbst beim Hamburger-Essen achten viele peinlich genau darauf, den Hamburger immer schön aus dem Papier zu essen und nicht etwa aus der Hand. In der Frühzeit der amerikanischen Ketten in China konnte man noch beobachten, wie Hamburger mit zwei Zahnstochern aufgespießt und dann vom Rand her Stück für Stück abgeknabbert wurden. Vorsichtige Menschen tun das heute noch.

Nur bei uns!

Hamburger gibt es in China überall, doch eines wird man vergeblich auf chinesischen Speisekarten suchen: das bei uns so verbreitete Chop Suey. Einzig in Hongkong findet man Vergleichbares, doch selbst dort schreckt man davor zurück, Paprika, Sojakeime und die ganzen anderen Zutaten schon vor dem Kochen in einem Topf vorzumischen: Fein säuberlich werden die Zutaten getrennt und erst bei der Zubereitung in der richtigen Reihenfolge in den Wok geworfen.

Amerikanern in China fällt auf, dass es nirgendwo *fortune cookies* gibt. Kein China-Restaurant in den USA kommt ohne sie aus: Nach dem Essen gibt es »Glückskekse«, in denen ein schmales Zettelchen mit einer tiefschürfenden Weisheit steckt.

Grundnahrungsmittel Reis

Reis als Beilage

Was dem Deutschen die Kartoffel, ist dem Chinesen der Reis. Doch Reis ist nicht gleich Reis, die Vielfalt macht's auch hier. Der kleine rundkörnige Reis aus dem Nordosten Chinas hat es Maozi besonders angetan: *Dongbei dami* (»Ost-Nord Groß-Reis«), den müsse ich kaufen, der sei so lecker, schwärmt sie. Ich kann kaum glauben, dass dort oben, in der Provinz Heilongjiang, überhaupt Reis gedeihen kann. Offensichtlich kann er das, denn unweit des Beijinger Lufthansa-Centers (*Yansha zhongxin*) werde ich fündig: Ein 10-Kilo-Sack *dami* (ungekochter Reis, gekochter heißt *mifan*) aus dem Norden, noch dazu mit dem Gütesiegel »Aus biologischem Anbau«.

Jahrelang hatte ich *Taiguo xiangmi* gefuttert, thailändischen Duftreis, von dem meine westlichen Besucher boshafterweise immer sagten, er rieche etwas unangenehm nach »weißen Mäusen«. Inzwischen bin ich bekehrt: Kenner essen *dongbei mifan*.

Reis ist in China nie trocken wie der Reis aus der europäisch-amerikanischen Fernsehwerbung, der Reiskorn um Reiskorn von der Gabel purzelt. Wie sollte man den mit Stäbchen in den Mund bekommen? Nein, Chinareis muss kleben und pappen, und das tut er auch.

Reisverzicht

Witzig ist, dass Chinesen, von denen man immer meint, dass sie ohne Reis keine Mahlzeit genießen könnten, unter zwei Bedingungen frohen Herzens auf ihren Reis verzichten: Bei Festessen soll man sich an den exquisiten Gerichten satt essen, nicht am billigen Reis. Da würde es von schlechten Manieren zeugen, äße man ab der ersten Minute schon seinen *mifan*. Die zweite Möglichkeit, ohne Reis zu speisen, ist die, ihn durch genau die Form von Kohlehydraten zu ersetzen, die wir scherzhaft als »flüssiges Brot« bezeichnen: Bier. Chinesen haben dazu einen passenden Satz parat: »Wo bu chi mifan, he pijiu!«: Ich esse keinen Reis, ich trinke Bier. Ob Bier oder Reis, der Bedarf des Körpers an Getreideprodukten wird in beiden Fällen gedeckt.

Reis als Ablage

Meist ist es mir ein wenig peinlich, wenn sich meine Gastgeber übermäßig ins Zeug legen. Immer lassen sie groß auffahren: Zahlreiche Vorspeisen (mindestens eine oder zwei mehr als Personen am Tisch), reihenweise Hauptgerichte (auch hier gilt: Personenzahl plus eins oder zwei), mindestens einmal Fisch (der als Höhepunkt am längsten auf sich warten lässt) und schließlich die Suppe, die in China zuletzt kommt und die man »trinkt«: *He tang* (Suppe trinken) lautet der chinesische Ausdruck. Der Reis kommt im Restaurant nur auf Wunsch zeitgleich mit den Hauptgerichten. »Yi wan mifan!«, lautet die Bestellung, »eine Schale Reis!«

Wenn der Gast Reis braucht, um satt zu werden, waren die Gastgeber zu geizig, hieß es früher. Das mag für hochoffizielle Anlässe noch heute stimmen, sonst aber darf man guten Gewissens seinen Reis einfordern. Ich bestelle ihn meist sofort, denn ich brauche ihn, um meine Häppchen kurz abzulegen und abtropfen zu lassen. Das reichlich triefende Öl lässt sich durch diese Zwischenlandung in der Reisschüssel ein wenig länger von meinem Oberhemd fern halten. Außerdem bilde ich mir ein, dass gekochter Reis als Ablage hygienischer ist als der Teller, der mir natürlich auch zur Verfügung steht, der aber kaum mehr als ein bisschen kaltes Wasser und ein schmutzi-

»He tang«, Suppe trinken, heißt der chinesische Ausdruck. Köchinnen in Lanzhou, Gansu

ges Spültuch gesehen hat, bevor er mir hingestellt wurde. Gerade in den kleinen Klitschen, die ich so gerne besuche, gestatte ich meinem Essen so gut wie nie eine Tellerberührung. Vom Stäbchen auf den Reis, von dort in den Mund. Direkt vom Servierteller in den Schlund – ohne Zwischenlandung – sähe zu verfressen aus und wäre deshalb unhöflich.

»Suibian!«

Ansonsten beschäftigt mich die Sorge um mangelnde Tischmanieren bei Essenseinladungen in China eher wenig. Die Gastgeber mahnen freundlich zum Zugreifen (»Chiba!«), bitten um Ungezwungenheit: »Suibian, suibian!« Der soziale Stress hält sich dabei in engen Grenzen, nicht zuletzt durch das Wissen, dass leichtes Schmatzen erlaubt, ja sogar erwünscht ist, denn es zeigt, wie gut es schmeckt.

Wer eingeladen wurde, sollte die aufgetischten Speisen stets loben. Das fällt nicht schwer und gibt dem Gastgeber Gesicht. Ein guter Gastgeber wird die Speisenfolge sorgfältig planen und nichts bestellen, was er selbst nicht mag. Bleibt das Lob nun aus, versagt man dem Gastgeber nicht nur die Anerkennung, man kritisiert zugleich auch seinen Geschmack.

Grüner Tee, ganz unzeremoniell

Hoher Pestizidgehalt

Dass chinesischer Tee überwiegend nicht aus ökologischem Anbau stammt, führt immer wieder zu Verstimmungen beim internationalen Teehandel: Mal weigern sich die Amerikaner, chinesischen Tee wegen seines hohen Pestizidgehalts auf ihren Markt zu lassen, mal die Europäer. Ähnliches gilt für traditionelle Heilkräuter, denen auch ich nicht so recht über den Weg traue. Nicht weil ich grundsätzliche Zweifel am Wert der traditionellen chinesischen Medizin hätte, sondern weil die in China praktizierten Anbaumethoden den armen Kräutern kaum noch eine Chance geben, ohne Gift groß zu werden.

Öko-Tee

Meine Suche nach »grünem«, sprich ökologisch angebautem Grüntee wurde ein wenig auch von mangelnden Chinesischkenntnissen behindert. Im Chinesischen heißen ohne Chemie angebaute Produkte umgangssprachlich grün, *lüse shipin*. Soviel wusste ich, und danach fragte ich auch, Teeverkäufer um Teeverkäufer. Doch Teeverkäufer um Teeverkäuferin guckten mich immer nur groß an und erklärten im Brustton der Überzeugung: »Alle unse-

»Xiuxi«, das Päuschen, so chinesisch wie grüner Tee oder Schweinefleisch süß-sauer. Marktstand in Hohot, Innere Mongolei re Grüntees sind grün!« Natürlich seien sie das, erwiderte ich, aber ich meine doch »grün« im Sinne von »ohne Gift«. Das konnte man nun erst recht nicht auf sich sitzen lassen, man wolle doch niemanden vergiften: Nein, die Tees seien allesamt harmlos, oder besser noch, im höchsten Maße gesundheitsfördernd.

Die Diskussion, so schien mir, war bereits jetzt an einem Punkt angelangt, der eine weitere Fortsetzung wenn nicht unmöglich, so doch zumindest unergiebig machte. Ich sah von weiteren Nachfragen einstweilen ab, entschuldigte mich für den »mafan« (die von mir bereiteten Umstände), verabschiedete mich und zog weiter, um im nächsten Teegeschäft erneut nach »lüsede lücha«, grünem Grüntee zu fragen.

Im Teeladen meiner Träume

Im Freundschaftsladen, früher der einzige Laden, in dem es gegen harte Dollars oder die inzwischen längst abgeschafften *waihuijuan* (Valutazertifikate) ein vernünftiges Angebot internationaler Produkte gab, wurde ich fündig. Der *youyishangdian*, mittlerweile ein Kaufhaus wie (fast) jedes andere, hatte »organic green tea«, Bio-Tee, zu einem Grammpreis allerdings, der in einem normalen Teeladen für ein ganzes Pfund gereicht hätte. Dann doch lieber an Teevergiftung sterben, sagte ich mir und ließ es bleiben. Ans Aufgeben dachte ich allerdings noch nicht. Denn dank des Freundschaftsladens hatte ich nun einen Prospekt in der Hand, auf dem deutlich das offizielle Siegel grüner Produkte in China zu erkennen war. Auf der Qianmen Dajie, einer meiner liebsten Einkaufsstraßen in Beijing, sollte ich schließlich dem Tee meiner Träume begegnen. Ein kleiner Teeladen, keine 800 Meter vom alten Stadttor Qianmen gelegen, bot gleich zwei Sorten Grüntee mit dem Bio-Siegel an. 30 Renminbi wechselten die Hände, woraufhin mir die Verkäuferin noch einen längeren Ratschlag mit auf den Weg gab, den ich leider nicht in allen Einzelheiten verstehen konnte. Auf meine Nachfrage hin kamen die Erläuterungen ein zweites Mal, diesmal jedoch in perfektem Englisch. Alles hätte ich erwartet, aber dass ausgerechnet hier auf der Qianmen die Verkäuferin in klaren englischen Worten zu erklären wusste, dass Grüntee mit nicht mehr kochendem Wasser – ideal seien 70 bis 80 Grad – aufzugießen sei, das war nun doch des Guten zu viel. Immerhin gelang es mir noch, ein höfliches »Ni shuo yingyu shuode henhao!« (Sie sprechen aber ein tolles Englisch!) herauszubekommen, bevor ich mich, völlig perplex, auf und davon machte.

Der beste Aufguss

Meine liebste Teezeremonie – die natürlich gar keine ist, schließlich sind wir nicht in Japan – ist die der Taxifahrer. Dazu nehme man ein Glas mit Schraubverschluss (etwa eins, das zuvor mit Nescafé-Pulver oder sauren Gurken gefüllt war), werfe bodendeckend Grünteeblätter hinein und gieße das Ganze mit 80 Grad warmem Wasser auf, idealerweise aus einer mitgeführten Thermoskanne, auf deren Alu-Ummantelung Päonien oder Pandas abgebildet sind, und die, nach alter Thermos-Tradition, mit einem schlichten Stück Naturkork verstöpselt ist. Dieser erste, etwas bittere Aufguss, wirkt zwar anregend, gilt aber nicht als der beliebteste. Der kommt erst jetzt: Der zweite Aufguss ist der König aller Aufgüsse, kräftig, anregend, doch nicht mehr bitter. Der dritte schwächelt beim Geschmack, der vierte Aufguss schmeckt nur noch fad. Spätestens jetzt füllt man neue Blätter nach. Da immer wieder auffrischende Blätter nachgeschüttet werden, lässt sich am Teeglas eines Taxifahrers ablesen, wie lange er schon auf Schicht ist: Je mehr Blätter sich unten

»All the tea in China«

Einer der dreistesten Fälle von internationaler Technologie-Spionage, den die Welt je gesehen hat, geht auf das Konto der Engländer. Kaum jemand weiß, obwohl es gut dokumentiert ist, wie der englische Botaniker und Pflanzenjäger Robert Fortune den Chinesen das Geheimnis des Tees entriss – ohne dass China auch nur einen Penny dafür gesehen hätte.

In seinem Bericht »A Journey to the Tea Countries in China« (1852) beschreibt Fortune, wie er, als Chinese verkleidet, auf einer Reise im Auftrag der *British East India Company* das Geheimnis des Fermentierens von Tee auskundschaftete. Vor Fortunes Expedition war man von zwei verschiedenen Pflanzen ausgegangen, einem Strauch für schwarzen, einen für grünen Tee, und war nun bass erstaunt, dass lediglich das Fermentieren den Grüntee zum Schwarztee werden ließ. Dieses Wissen allein hätte Fortune und seinem Arbeitgeber freilich wenig geholfen, denn geeignete Teesträucher wuchsen bis zu diesem Zeitpunkt allein in China und nicht dort, wo die Engländer sie gerne haben wollten – in Indien. Ab 1848 erleichterte Fortune die Chinesen um insgesamt 23 892 junge Teepflanzen und rund 17 000 Setzlinge und ließ sie in eigens konstruierten Behältern (einer Erfindung des britischen Botanikers Ward) nach Indien schmuggeln, wo im Himalaya-Hochland die ersten Teeplantagen außerhalb Chinas entstanden. Mit Hilfe von acht chinesischen Fachkräften, die Fortune von China nach Indien gelockt hatte, gelang der Rest des Technologie-Transfers. Die Himalaya-Anbaugebiete erwiesen sich als ideal für die Pflanzen, und bald schon konnte London seinen Teedurst mit kostengünstigen indischen Blättern befriedigen.

absetzen, desto länger der Arbeitstag. Manche Fahrer bringen es auf Gläser, die drei viertel voll Blätter sind, bevor sie sich erbarmen und einen vollständig neuen Aufguss ansetzen.

Kein Firlefanz

Auf Teesiebe, Teeeier, Teefilter und all den anderen Firlefanz, der einem hierzulande angedreht wird, kann ein Chinese verzichten. Zwar gibt es auch Tassen und Kannen mit Einsätzen, doch nötig sind sie nicht: Die meisten Blätter setzen sich bald am Boden ab, und verirrt sich doch einmal ein Blättchen in den Mund, spuckt man es eben wieder aus oder kaut es klein und schluckt es runter.

Eine Prise Tee

Auf Messlöffel – mit Scham erinnere ich mich an ein »Teela-Maß« genanntes Plastikmesslöffelchen, das einst in meiner Küche einen Platz hatte – verzichten die Chinesen ohnehin, beim Kochen wie beim Tee-Zubereiten. Man greift mit den Fingern hinein in die Teeblätter und nimmt sich eine Prise. Für ein Tässchen reicht, was zwischen drei Finger passt. Hinein in die Tasse, aufgießen, warten, bis die Blätter auf den Boden sinken, fertig ist die Tasse Tee. Es ist erschreckend einfach, eine gute Tasse Tee zu machen. Seinen chinesischen Gästen sollte man diese nie vorenthalten, ebenso wenig wie die Thermoskanne oder die Teedose zum Nachfüllen. Ein einfacher Grüntee genügt normalerweise. Stammt der Tee allerdings aus der Gegend um Hangzhou, ist das prestigeträchtiger: *Longjing cha* (Drachenquellen-Tee) gilt als der Champagner unter den Tees. Aber auch ein Jasmintee wird gerne getrunken, denn der ist ja nichts anderes als ein Grüntee, der mit Jasminblüten (*molihua*) parfümiert wurde. Bessere Sorten zeigen beim Aufgießen echte Blüten, was in Teegläsern hübsch anzuschauen ist.

Symbolischer Dank

Wenn heißes Wasser nachgegossen wird, lässt sich zuweilen bemerken, wie manche Chinesen mit dem Zeige- und Mittelfinger dreimal neben die Tasse klopfen. Das bedeutet »Danke!« und geht auf eine Anekdote zurück, in der ein inkognito reisender Kaiser seinem als Edelmann verkleideten Diener frisches Teewasser einschenkt. Der Diener, dem dies peinlich ist, weiß seinem Respekt und Dank dem Kaiser gegenüber nur so auszudrücken, dass er vor diesem einen Kotau (*ketou*) macht – allerdings nur symbolisch, denn sonst flöge die Maskerade ja auf: Die klopfenden Finger stehen für den sich dreimal in den Staub werfenden Untertan.

Guter Benimm im »Xiao Yudian«

Scheingefechte

Ich weiß nicht, ob die Besitzer des kleinen Restaurants Xiao Yudian reich an mir geworden sind. Bei rund einem Dollar pro Gericht wohl eher nicht. Monatelang habe ich dort, im Osten der Provinz Hebei, zu Mittag gegessen, so lange, bis ich nicht nur die Speisekarte auswendig kannte, sondern auch wusste, dass ich an den Tagen, an denen ich in chinesischer Begleitung aß, zu besonderen Mitteln greifen musste, um den leidigen Kampf ums Bezahlen zu gewinnen. Schon während des Essen täuschte ich einen Toilettengang vor (was besonders trickreich war, denn Xiao Yudian hat keine Toilette), um heimlich die Zeche zu zahlen. Hätte ich das nicht getan, wäre es mir seitens meiner chinesischen Tischgenossen nicht leicht gemacht worden, den großzügigen Gastgeber zu spielen. Separate Rechnungen sind in China undenkbar, und es gehört zum guten Ton, sich ernsthaft darum zu bemühen, die Rechnung übernehmen zu dürfen: Alle wollen zahlen, oder tun zumindest so, weil das die chinesische Höflichkeit vorschreibt. Tritt man jedoch resolut genug auf und hat noch ein paar weitere Trümpfe im Ärmel (man selbst hatte eingeladen oder war beim letzten Mal freigehalten worden), wird einem nach einigen kleineren Scheingefechten gerne der Vortritt gelassen.

Geistige Buchführung

Zweimal habe ich durch vorschnelles Bezahlen der Rechnung meine Gastgeber stinksauer gemacht: In beiden Fällen hatte ich für ein Essen mit Beijing-Ente bezahlt, obwohl ich nach allen sozialen Spielregeln »nicht an der Reihe war«. Chinesische Gastgeber haben da ein sehr feines Gespür und verfügen über eine geistige Buchführung, zu der ich offensichtlich nicht in der Lage bin. Um das zerbrochene Porzellan wieder zu kitten, muss ich mich die nächsten beiden Male widerspruchslos freihalten lassen, sonst bekomme ich ernsthaften Ärger.

Tischsitten

Tasse-Waschen mit Tee

Umgangsformen im Restaurant sind immer auch abhängig von der Art des Lokals, das man besucht. Meist esse ich in einfachen Gastwirtschaften, die nicht als Ausbund an Reinlichkeit gelten können. Meine chinesischen Begleiter sind von derartigen Kleinstkneipen nicht immer sehr begeistert – gerne würden sie mich in feine Luxusetablissements führen –, doch ich mag's rustikal. Lustig wird es dann, wenn der Tisch gedeckt wird. »Ob das hier so sauber ist?«, fragt Gao Shiyang, eine Beijingerin, die offensichtlich Besseres gewöhnt ist, kaum dass wir mein Stammlokal betreten haben. Standhaft weigert sie sich, Schweinefleisch, gleich welcher Form, zu bestellen. Sie habe da von einem Lebensmittelskandal in Hebei gelesen, zudem seien Schweine ja von sich aus schon schmutzig. Da ich wiederum kein Rindfleisch mag (*Wo pa fengniubing!* Ich habe Angst vor Rinderwahnsinn!), einigen wir uns auf Hühnerfleisch. Die Bedienung erscheint mit dem hier kostenlosen Tee (nicht immer ist das so) und zwei Tässchen. Gao gießt sich ein wenig ein, schwenkt den Tee in der Tasse ein paar mal hin und her, bis die Innenwände der Tasse vollständig benetzt sind, und, schwupps, gießt sie den gesamten Tasseninhalt mit einem eleganten Schwung auf den Boden. Ich mache exakt dasselbe, zie-

Einwegstäbchen sind Standard, der Hygiene wegen. Junge Angestellte im Restaurant. Yanjiao, Hebei le beim Schütten jedoch in Richtung Wand, schließlich wäre es nicht schön, wenn wegen mir jemand auf dem nassen Fliesenboden ausglitte und sich die Beine bräche. Was Gao und ich hier demonstrierten, wäre in einem feinen Restaurant ein ernster Fauxpas. Doch hier, im Provinznest, machen das alle: Das Tasse-Waschen mit Tee ist üblich und keiner, der käme und sich über den nassen Boden oder die benetzte Wand beschwerte.

Stäbchen-wetzen

Unsere Teller, die offensichtlich frisch gespült sind, reiben wir mit ein paar Papierservietten trocken. Nun kann das Essen kommen. Zuvor noch schnell die Stäbchen überprüfen. Aha, hatten wir uns doch gleich gedacht: Einwegstäbchen aus Holz! Schlecht ist das, besonders weil ich meine eigenen zu Hause vergessen habe und jetzt auf die Einweg-Restaurantstäbchen angewiesen bin. Egal, da müssen wir nun durch. Gao und ich ziehen die Essgerätschaften aus ihrer hauchdünnen Plastikhülle, trennen die beiden in der Mitte noch verbundenen Stäbchen und beginnen damit, die beiden Holzstäbchen aneinander zu reiben, so wie man zwei Messer wetzt, die man wieder leidlich scharf machen möchte. Sinn dieser Aktion: Die Stäbchen von Splittern befreien, die einem sonst beim Essen in den Mund pieken könnten. Auch dieses Stäbchengewetze wäre in einem teureren Restaurant unterblieben, allein schon deshalb, weil dort waschbare Plastikstäbchen bereitgelegt werden. Auch bei privaten Einladungen ist vom Stäbchen-Wetzen tunlichst abzusehen, es ist etwa so unhöflich wie bei uns das Nachpolieren eines Löffels mit der Krawatte.

Wohin mit den Knochen?

Unser Hühnchen kommt, und es ist eines dieser Tiere, das der Koch, anstatt es in seine anatomischen Bestandteile (Brust, Schenkel, Flügel) zu zerlegen, mit dem Beilmesser in etwa gleich große Würfel zerteilt hat. Kein Teil ohne Knochen und Knochensplitter. Mühsam knabbere ich mein erstes Stück ab. Wohin mit den Knochenstücken? In China kein Problem, man lässt sie direkt vom Mund auf den Tisch fallen. Ein praktischer Brauch, der zugleich erklärt, weshalb Chinesen es rundweg ekelhaft finden, wenn ein Westler fallengelassene Happen von der Tischplatte einsammelt und dann auch noch isst. Und überhaupt, denkt man sich dann, hat der Mensch nicht genug Essen abbekommen, dass er selbst von der Tischdecke noch die letzten Bissen aufsuchen muss?

Alkohol: Hoch das beizi!

Trinksitten

Weil ich mit einer Chinesin am Tisch sitze und nicht in einer reinen Männerrunde, bleibe ich von der Zigarette zwischendurch und *ganbei*-Rufen verschont. Mit »Ganbei!« wird einem zugeprostet: Hoch das Glas (*bei*) und trinken, bis es trocken (*gan*) ist! Ein Brauch, mit dem die Chinesen schon so manchen Westler unter den Tisch gesoffen haben. Wer klug ist und diesen Gesichtsverlust verhindern möchte, nippt nur am Schnaps und gießt in einem unbeobachteten Moment Mineralwasser nach, das zuvor in weiser Voraussicht bestellt wurde. Oder man raunt der Bedienung einen Hilferuf zu und hofft auf deren Mitgefühl: »Bie ba wo guan zuile«, machen Sie mich nicht betrunken.

Trinkfest

Vielen Chinesen sieht man ihre Trinkfestigkeit nicht an. Nach zwei Teelöffeln Bier haben sie bereits einen knallroten Kopf, sodass manch China-unerfahrener Beobachter glaubt, sie hätten das Stadium der Trunkenheit bereits in Richtung Volltrunkenheit überschritten. Doch dem ist nicht so. Das rote Gesicht ist bei vielen Chinesen eine völlig normale körperliche Reaktion auf den Alkoholkonsum, mit Trunkenheit hat es rein gar nichts zu tun. Dazu fehlen noch viele, viele *ganbei*-Rufe und viele Flaschen *Erguotou*.

Billigfusel

Der in grünen Flaschen abgefüllte *Erguotou* (»Zweitopfkopf«) ist Beijings billigster und bekanntester Schnaps. In jedem Supermarkt stehen die grünen Flaschen, selbst im kleinsten Lokal gibt es sie, und wenn nicht, wird einer geschickt, um ein paar Flaschen zu holen. Zum Beeindrucken von Gästen taugt der *Erguotou* nicht, dafür gibt es den *Maotai*, der sich bei Westlern keiner besonderen Beliebtheit erfreut. Wie Kerosin, meinte Kissinger nach einem Staatsbesuch, rieche das Zeug – und schmecke auch so. Da ich im Gegensatz zum Ex-US-Außenminister noch nie Flugzeugtreibstoff probiert habe, muss ich mir einen Kerosin-Vergleich verkneifen. Vielleicht genügt es zu sagen, dass meine private Flasche *Maotai* mittlerweile ein Dutzend Jahre alt ist und noch immer zu 98% voll.

Tipps & Know-how

Nicht ohne meine Stäbchen

Stäbchen-Hochsprung Wer auf dem Land in Hunan oder Hebei seine Stäbchen *(kuaizi)* nach dem Essen auf die Reisschale legt, was in anderen Teilen Chinas durchaus üblich ist, verstört seine chinesischen Gastgeber: So etwas macht man doch nur mit Opferschälchen, die man den Toten darbringt, nicht aber am Familien-Esstisch! Ein satter Bauer in Hunan legt seine Stäbchen einfach nur auf den Tisch, neben die Reisschale.

In ganz China ist es unüblich, seine Stäbchen in den Reis zu stecken. Zwei parallel im Reis steckende Stäbchen erinnern an Weihrauchstäbchen, wie man sie den Toten opfert – eine Gedankenverbindung, die man beim Essen nicht gerne mag.

In besseren Restaurants bekommt der Gast kleine Porzellanbänkchen, auf denen man seine Stäbchen zwischendurch ablegen kann. Gewöhnlich sind diese Bänkchen in Drachen- oder Fledermausform. Dreiste Porzellanmanufakturen, offensichtlich nicht von den Ideen der Frauenbewegung angekränkelt, bieten solche Bänkchen aber auch in Gestalt einer nackten Frau an. Vor ein paar Jahren wäre das noch als Angriff auf die sozialistische Moral gewertet worden, heute schert es keinen mehr.

Löffel oder Stäbchen? Wie schnell Stäbchen sein können, beweisen die Chinesen tagtäglich aufs Neue, wenn sie ihre Reisschalen an die Lippen setzen und den Reis klumpenweise mit den *kuaizi* in den Mund schieben. Schnell sind die Stäbchen auch, wenn es darum geht, eine Bierflasche zu öffnen: Könner schaffen das in Sekundenschnelle.

Es ist keine Schande für einen Ausländer, mit Stäbchen nicht umgehen zu können. Bis zu einem gewissen Alter können chinesische Kinder das auch nicht. Eine Schande aber ist es, während einer dreiwöchigen Chinareise mit

Chinesisches Bier hat noch nie einem Ausländer Schwierigkeiten bereitet. Das in Beijing gebraute *Yanjing pijiu*, dessen Standardflasche 0,6 Liter fasst, schmeckt wie unser Export-Bier. Trotz des Brauwassers, das aus dem Chaobai stammt, einem Fluss, dem man seine gute Wasserqualität wahrlich nicht ansieht. Außer dem Wasser ist nichts chinesisch am Yanjing-Bier. Die Gerste bezieht die Brauerei aus Kanada und Australien, auch der Hopfen wird importiert, die Brauanlagen kommen aus Deutschland, Japan und den USA.

Resteverwertung

Wir sind satt, unser Essen bei *Xiao Yudian* geht seinem Ende entgegen. Die Reste nehmen wir mit. Hier draußen in Yanjiao gibt es dazu noch die kleinen Styroporkisten, die in Beijing bereits verboten sind. Dort sind die *doggie bags (dabao)* aus Karton. Man hat Angst vor den unhygienischen Praktiken der Recycler, alten Männern, die weggeworfene Styroporverpackungen ausspülen und an die Restaurants zurückverkaufen. Bei Verpackungen aus Karton muss man sich da keine Gedanken machen, die sind nach einmaliger Benutzung nicht mehr zu gebrauchen. Um auch bei Styropor auf der sicheren Seite zu stehen, bohren Beijinger Hausfrauen nach dem Aufwärmen der Reste ihre Stäbchen durch die Styroporverpackungen. Doppelt durchlöcherte Packungen, so die Logik, kann keiner wiederverwerten.

Stäbchen zu essen, die einem dauernd aus der Hand gleiten oder die nicht gut genug beherrscht werden, um eine pannenfreie Ernährung zu gewährleisten. Entendarm süß-sauer sieht doof aus, wenn er auf der Bluse landet.

Für den Gebrauch der landesüblichen Essstäbchen gilt, was für alle landesüblichen Bräuche und Gepflogenheiten gilt: Wenn ein Ausländer es anders macht, geht das voll in Ordnung. Quälen Sie sich nicht unnötig, und fragen Sie nach einem Löffel. Eine souveräne Löffel-und-Gabel-Beherrschung ist besser, als sich pausenlos mit Stäbchen lächerlich zu machen. Zudem hilft der Einsatz eines wiederbenutzbaren Löffels den bedrohten Waldflächen, die so vielleicht noch fünfeinhalb Jahre länger durchhalten, bevor sie in Bauerwartungsland oder Wüste umgewandelt werden.

Bitte aus Bambus! Robert, der für die Lufthansa fast jeden Monat nach Shanghai oder Beijing fliegt, weiß Bescheid: Einwegstäbchen, sagt er, sind gut für die Hygiene, doch schlecht für die Umwelt, vor allem, wenn sie aus Holz sind. Gut dass es auch Essstäbchen aus Gras gibt, und zwar aus der Grasart Bambus. Bambus ist ein großartiges, extrem vielseitiges Material: Möbel lassen sich daraus bauen, Bewässerungsanlagen und Baugerüste: Die höchsten Wolkenkratzer des chinesischen Südens sind mit Bambusgerüsten in ihre luftigen Höhen gewachsen.

Bambus wächst extrem schnell nach. Wenn schon Einwegstäbchen, dann solche aus Bambus. Leider finden sich vor allem im Norden immer noch Stäbchen aus Holz, ein ökologischer Unsinn, der bei den Millionen Stäbchen, die China jeden Tag verbraucht, alle Aufforstungsbemühungen zur Farce werden lässt. Deshalb ist es keine schlechte Idee, sich ein Paar abwaschbare Stäbchen anzuschaffen, die man immer greifbar hat.

Gaumenfreuden: Scharf, schärfer, Sichuan

Guanxi, Beziehungen

Über unsere amerikanische Freundin Alice waren Pamela und ich an den Sohn eines chinesischen Nuklearwissenschaftlers verwiesen worden. Han Xiaoxue war damals Student der Geschichte an der Beijing Daxue, Chinas bester Uni, doch es zog ihn dorthin, wo sein Vater bereits seit zwei Jahren forschte, an die Washington University, eine Hochschule, an der auch Pamela und ich einst studiert hatten. Damit war klar, dass wir Han Xiaoxue früher oder später beim Ausfüllen seiner Bewerbungsunterlagen würden helfen müssen und dass wir ihn mit allerhand guten Ratschlägen auf Amerika vorbereiten sollten. Han Xiaoxues Einladung zum Abendessen war eine vorbereitende Maßnahme, ein Teil des *la guanxi*, des Aufbauens jener guten Beziehungen, ohne die in China nichts (oder nur wenig) läuft. Mit bloßem Kalkül darf *la guanxi* nicht gleichgesetzt werden. Es geht nicht kühl berechnend nur um den Gewinn, den man aus einer Beziehung (*guanxi*) schlagen kann. Der gesamte Vorgang des Aufbaus einer Beziehung wird als angenehm empfunden, das Wachsen der Vertrautheit als bereichernd. Im *la guanxi* verbindet sich das Angenehme mit dem Nützlichen.

Für die Gäste nur das Beste

All dies hatten wir im Kopf und doch schnell vergessen, als Han Xiaoxue, ein kräftiger Beijinger, vor uns stand. Wir hatten uns vor dem McDonald's auf der Wangfujing getroffen (einen besseren Treffpunkt ließen unsere damals noch sehr eingeschränkten Ortskenntnisse nicht zu) und mussten noch ein paar Schritte bis zum Sichuan-Restaurant gehen. Dass wir kurz vor einem kulinarischen Erlebnis standen, das alle früheren in den Schatten stellen sollte, war uns zu diesem Zeitpunkt noch nicht klar. Hätten wir geahnt, was auf uns zukommt, wären wir wohl kaum so gut gelaunt über die Schwelle geschritten.

Der Herbst war in diesem Jahr unangenehm kalt, das Restaurant ungeheizt und niemand zog Jacke oder Mantel aus. Han Xiaoxue hatte uns nach oben in den zweiten Stock geführt (in China gilt das Erdgeschoss bereits als erster Stock). Dort war es nicht ganz so voll wie unten, aber auch einen Hauch teurer. Nichts Ungewöhnliches: Für mehr Sitzkomfort muss man oft ein paar Yuan mehr locker machen, für ein Séparée wird ein weiterer Aufschlag fällig.

»Langsam, langsam essen!«

Ob wir denn scharf essen könnten, wollte Han Xiaoxue wissen. Klar, konnten wir. Schließlich waren wir mexikanisch vorgebildet, bei Thai-Gerichten waren wir bis zur Kategorie »Fünf Chilischoten« aufgestiegen – was sollte uns da ein bisschen Sichuan noch anhaben können? Furchtlos bestellten wir die Spezialität des Hauses: *Shuizhuniurou*. Bald stellte man uns eine große Schüssel auf den Tisch, die auf den ersten Blick nach Eintopf aussah. Das also war das berühmte *shuizhuniurou* – enttäuschend. In der Schüssel fand sich, ganz unten, grünes Bok-Choy-Gemüse (erinnert an Mangold), darüber schwammen dünne Fleischscheiben und reichlich rote Chilischoten. Alles schwamm in einer kräftigen Brühe, bedeckt von einer zentimeterdicken Schicht aus Öl und Gewürzen. Wer an das Fleisch oder Gemüse wollte, muss-

Sag beim Abschied leise »man zou«

Beim Verlassen des Flugzeugs hört man es ebenso wie beim Abschiednehmen nach einem gemeinsamen Essen oder einem miteinander verbrachten Abend: »Man zou!« oder »Manman zou!«, geben einem die Chinesen mit auf den Weg, was wörtlich »Langsam gehen!« bedeutet. Wer langsam geht, dem passiert nichts, und so heißt *man zou* eher »Mach's gut, pass auf dich auf, *take care!*«.

te seine Stäbchen durch die Gewürzschicht tauchen: Ganz gleich, was man aus der Schüssel fischte, es war jedes Mal vollständig mit Gewürzen überzogen. »Manman chi!« (»Langsam, langsam essen!«), wünschte uns ein höflicher Han Xiaoxue, und wir machten uns ans Werk.

Lippenlähmung

Der erste Biss trieb uns bereits die Tränen in die Augen. *Shuizhuniurou* war scharf, richtig scharf. Aber es kam noch schlimmer: Unsere Lippen wurden taub. Als hätte uns der Zahnarzt eine Spritze mit Novocain verpasst. Eine beängstigende Erfahrung. Doch weder Pam noch ich wollten uns etwas anmerken lassen. Mit Reis verschafften wir uns Linderung, die Lippenlähmung aber blieb und mit ihr die Angst vor bleibenden Schäden im Mundbereich. Schließlich mussten wir unseren Gastgeber um Hilfe angehen.

Scharf ist nicht gleich scharf

Han Xiaoxue verstand erst gar nicht, was mit uns los war. Die Wirkungen des Sichuanpfeffers (*huajiao*) schienen ihm so wenig erwähnenswert wie uns die Schärfe eines Düsseldorfer Löwensenfes. Dann kam er aber doch darauf, dass es der *huajiao* war, der uns so leiden ließ. »Das ist *ma*«, grinste Han Xiaoxue, »und nicht *la*.« Wir hatten heute diesen Unterschied erstmals am eigenen Leib erfahren: Scharf ist nicht gleich scharf, *ma* ist nicht *la*. China kennt zwei deutlich voneinander abzugrenzende Arten der Schärfe: Das brennend Scharfe der Chilischote (*la*) und das betäubend Scharfe des Sichuanpfeffers (*ma*), der eigentlich gar kein Pfeffer ist, sondern eine getrocknete, rötlich-braune Beerenkapsel.

Lerneffekt

Inzwischen streue ich mir Sichuanpfeffer über so ziemlich alles, was ich im Wok zubereitet habe. Nicht ganz in den Mengen, wie sie für *shuizhuniurou* verwendet werden, aber doch sehr großzügig. *Shuizhuniurou* selbst esse ich nicht mehr, des Rindfleischs wegen, doch die Varianten mit Hühner- oder Schweinefleisch (*shuizhujirou, shuizhurou*) gehören zu meinen absoluten Lieblingsgerichten.

Freizeit und Konsum

Annäherungen an Disneyland

Sprung über die Grenze

Längst schon hat sich in China eine Konsum- und Spaßgesellschaft etabliert: »Women chu qu wan'r«, *let's have fun*. Das Amüsement kennt keine Grenzen, schon gar nicht für die Hongkonger, die seit der »Rückkehr zum Mutterland« 1997 in noch größerer Anzahl ins benachbarte Shenzhen strömen. Weniger wegen der weltstädtischen Erscheinung von Chinas größter Sonderwirtschaftszone (das kann man zu Hause besser und billiger haben), sondern wegen seiner Erlebnisparks. Mit der *Happy Line*, einer Einschienenbahn im Disney-Look, lassen sich die drei größten Parks bequem nacheinander abklappern: *Splendid* China, *China Folk Cultural Village* und *Window of the World* heißen die bekanntesten Attraktionen.

Ersatz für Reisen

Besonders beliebt ist die Internationale Straße im *Window of the World*-Park. Chinesen, denen es nach Sauerkraut verlangt, kommen hier ebenso auf ihre Kosten wie Freunde eines türkischen Kebabs oder eines Kaffees nach Wiener Art. Derart gestärkt, lustwandelt man durch einen Park, der die Sehenswürdigkeiten dieses Planeten maßstabsgerecht wiedergibt, auch wenn der Maßstab dabei öfters einmal schwankt. Der Eiffelturm ist imposant, der Rest von Paris weniger. Taj Mahal, Golden Gate Bridge, Grand Canyon – ein Besuch bei *Window of the World* erspart die Auslandsreise. Wer die schönsten Seiten Chinas sehen möchte, ohne das Land zu bereisen, stattet *Splendid China* einen Besuch ab. Terrakotta-Armee: Gesehen und abgehakt. Verbotene Stadt: Erledigt. Große Mauer: Dagewesen. Der große Buddha von Leshan: Auch den hat man nun gesehen und dabei deutlich weniger Mühsal auf sich nehmen müssen als bei der Besichtigung des Originals.

> *»Ein neuer Ausdruck musste her: shishang xiaofei kuangchao, völlig ausgeflippte Konsumwelle.«*
>
> Slate Magazine

Kommende Supermacht

Um nichts stehen die Chinesen den Amerikanern nach, wenn es um die Einrichtung von absurden Themenparks geht. Eine halbe Autostunde von Shenzhen liegt *Minsk World*, benannt nach dem gigantischen Flugzeugträger *Minsk*, einem sowjetisches Qualitätsprodukt, das nun, zwischen subtropischer Vegetation und hochgeschossigen Wohnsilos, zum Spielplatz für das zahlende Publikum umfunktioniert wurde. Ein Publikum, das sich wundert, wie in Konfuzius' Namen »die Russen jemals den Rüstungswettlauf haben verlieren können.«

Begrüßt wird man von einer Dame im nachgeschneiderten russischen Tarnfarbenanzug, schlendert dann über Deck und erquickt sich an einer eiskalten *Baishi Kele*, Pepsi Cola. So finden drei Supermächte zusammen, eine ehemalige, eine aktuelle und eine kommende. Tatsächlich sehen sich viele Chinesen als die Amerikaner von morgen. Vom Lebensstandard fühlt man sich, zumindest um Shenzhen und Shantou herum, schon jetzt auf einer Ebene mit den Amerikanern, und auch was den demonstrativen Optimismus angeht, steht man den USA in nichts nach.

Wer es lieber ein bisschen kleiner mag, macht am Sonntag eine Reise zum örtlichen Anglerparadies. Künstliche Seen, bestückt mit Karpfen, stehen an

◄ 50 Jahre Volksrepublik. Hohot, Innere Mongolei

Angler-romantik

den Rändern der Großstädte für die Freizeitangler bereit. Für chinesische Angler ist neben der Angel der Sonnenschirm das wichtigste Attribut überhaupt: Braun werden gilt noch immer als uncool. Gut gebräunt sind allenfalls Bauern und Bauarbeiter, die chinesische Mittelklasse bleibt bewusst blass.

Tourismus: Die Chinesen kommen

Laozi, Laozi, deine Welt sind die Berge

Mao hat es getan, zahllose Kaiser vor ihm, und natürlich Kongzi höchstpersönlich. Alle haben sie den Tai-Berg (*Taishan*), den östlichsten der fünf heiligen Berge des Daoismus, erklommen oder, wenn ihnen das zu anstrengend war, sich zum Gipfel hinauftragen lassen. Heute bringt einen die Seilbahn immerhin auf halbe Höhe, der Rest bleibt Fußarbeit. Besteigen lässt sich der Taishan recht komfortabel: Auf 6600 in den Fels geschlagenen Stufen arbeitet man sich Schritt für Schritt dem Gipfel entgegen. Trotz der Felsentreppen empfiehlt sich robustes Schuhwerk und nicht etwa Plateau-Sohlen-Beschuhung, wie sie von der modebewussten weiblichen Jugend auch am Taishan getragen wird. Wer warme Kleidung vergessen oder wegen des schweißtreibenden Aufstiegs auf sie verzichtet hat, kann sich für wenig Geld auf dem Gipfel einen dick wattierten Armeemantel mieten. Auch am Taishan beweist sich die Serviceorientiertheit der chinesischen Wirtschaft. Während des gesamten Aufstiegs gibt es kaum einen Moment, wo nicht Waren oder Dienstleistungen in greifbarer Nähe sind: Obst, Getränke, warme Mahlzeiten, Taschenlampen, Träger – für Geld gibt's alles. Das Preissystem bleibt dabei überschaubar: Je höher, desto teurer.

Dem Sonnen-aufgang ent-gegen

Oben angekommen, wartet, neben dem Mantel-Vermietpersonal, ein spirituelles Naturerlebnis. Entscheidend für die chinesischen Besucher ist der Sonnenaufgang auf dem Taishan. Jetzt, mit den ersten Sonnenstrahlen, gebrochen von Nebelschwaden, die im warmen Sonnenlicht schnell zerreißen, wird man für die Mühen des Aufstiegs belohnt. Hier, so spürt man, beginnt der Himmel. Die Literaten unter den Treppensteigern zücken Papier und Pinsel und dichten ein Taishan-Morgengedicht für ihr Poesiealbum. Alle anderen greifen zur *shagua ji*, der »Deppen-Maschine«, dem simplen Ritsch-ratsch-klick-Fotoapparat, und knipsen fürs Fotoalbum. Mit Filmen, die *Lucky* heißen, noch öfter aber *Keda* (Kodak) oder Fuji.

Ferntouris-mus

Längst haben chinesische Touristen die Grenzen ihres Heimatlandes überschritten und sich auf den Weg nach Singapur oder Bangkok gemacht. Auch Europa steht auf dem Programm. Deutschland trägt mittlerweile sogar das chinesische Prädikat »Approved Destination Status«, geprüftes Reiseziel für Gruppenreisen. Ein enormer Vorteil, denn eine offizielle Einladung aus Deutschland ist für Gruppenreisende nicht mehr nötig, den Reisepass stellen die chinesischen Behörden ohne Murren aus. Die Chinesen haben inzwischen sogar die Japaner abgehängt, wenn es um die absolute Zahl von Touristen in Deutschland geht. Auf der Beliebtheitsskala der Deutschen rangieren die Chinesen weit oben, denn noch gelten sie als »pflegeleicht«, so eine

Ein Stückchen künstliche Natur, mitten in der Stadt. Beihai Park, Beijing

Münchner Wirtin. Auf gute Umsätze dürfen sich diejenigen Reiseveranstalter freuen, denen es gelingt, die Touristen aus China bei Laune zu halten. Am ehesten dürfte das durch einen Mix von Natur (Bootsfahrt auf dem Königssee, Zugspitzfahrt), Technik (Werksbesichtigung bei Opel, VW oder BMW) und Kultur gelingen, wobei Kultur nicht nur Kirchen und Schlösser bedeutet, sondern auch Schweinshaxen, Maßkrüge und Blasmusik: Erfolgreiche Reiseveranstalter leben davon, dass sie auch unausgesprochene Erwartungen an das Gastland perfekt erfüllen.

Elektrische Schatten: Kino in China

Hongkong versus Hollywood

Fast kommt ein Festlandchinese leichter nach Deutschland als nach Hongkong. »Ein Land, zwei Systeme« lautet die griffige Formel unter der Hongkong seinen Sonderstatus nach der Wiedervereinigung mit dem Mutterland aufrecht erhalten darf. In Hongkong ist alles größer, heller, besser. Die chinesische Jugend bezieht aus der in der Ferne glitzernden Metropole ihre Helden, ihre Popstars, ihre Lieblingsfilme. Zu einem ganz erheblichen Teil sorgt Hongkong (aber auch das taiwanesische Taibei) für die Unterhaltung des gesamten Landes. Hongkong ist Hollywood, nicht umsonst lebt Gong Li da. Zu der vom Festland stammenden Schauspielerin bekomme ich, kaum wird das Thema Film angerissen, immer wieder dieselbe Frage gestellt: »Findest du, dass sie wirklich so toll aussieht?« Die Antwort wird gleich mitgeliefert: »Für uns Chinesen sieht sie ganz normal aus, nichts besonderes, keine richtige Schönheit.« Ich weiß nicht, warum sich ausgerechnet bei Gong Li die Chinesen zu dieser Frage hingerissen fühlen, nehme jedoch zur Kenntnis, dass Gong Li, gemessen am chinesischen Schönheitsideal, nur Durchschnitt ist, gebe zugleich aber zu verstehen, dass ich sie nicht aus dem Haus schubsen würde, wenn sie des Nachts bei mir anklopfte und um Einlass und Bettstatt bäte.

Verbotene Filme

Der Regisseur Feng Xiaogang zählt die britische Komödie »A Fish Called Wanda« zu seinen Lieblingsfilmen. Wie könnten Pommes frites in den Nasenlöchern eines stotternden Michael Palin auch nicht komisch sein, da hat er ganz Recht. Auch sein Blick auf das moderne China hat etwas für sich: »Ich finde, China steckt in einer komischen Phase«, meint er und wischt sich über den Bürstenhaarschnitt. »Was die Wissenschaftler bei uns für problematisch oder gar dramatisch ernst halten, finde ich einfach nur komisch.«

Das muss er wahrscheinlich auch, denn einige verbotene Filme haben er und sein Drehbuchautor Wang Shuo schon hinter sich. Wer immer nur ernste Filme dreht, die sofort verboten werden, hat bald kein Geld mehr. Wang und Feng warfen sich mit Wucht aufs Komische und hatten damit auf Anhieb Erfolg. Auch »Big Shot's Funeral – Das Begräbnis des Angebers« war ein Erfolg. In China. Doch Feng hatte mit Da Wan'r weit stärker auf das Ausland gesetzt. Schließlich hatte er Donald Sutherland und Paul Mazursky engagiert, um für ein westliches Publikum interessant zu werden. Dem chinesischen Humor traut er es zu, auch im Westen anzukommen: »Die Chinesen haben einen großartigen Sinn für Humor, und wenn sich das rüberbringen ließe, wäre das noch wichtiger als der Erfolg eines Action-Films.« Schade nur, dass übersetzter Humor meist keiner mehr ist, so eng klebt er – gerade in China – am Wort und an der Kultur, die ihn umgibt.

Exportschlager

So bleibt es dabei, dass die Exportschlager der chinesischen Filmindustrie meist *Gongfu*-Action-Stücke sind oder aber historische Kostümdramen. Auch nicht-chinesische Regisseure beackern lieber die Historie als das moderne China. Bertoluccis »Der letzte Kaiser« zeigt ein China, wie es pittoresker nicht sein könnte. Fast erspart der Film den Besuch in der Verbotenen Stadt.

Wer den Film noch frisch in Erinnerung hat, sollte von einem Besuch im Palastmuseum (*gugong*) absehen: Die touristische Wirklichkeit kann mit der ausufernden Pracht der Filmbilder nur schwer mithalten.

China der Tuschezeichner

Für den Fremdenverkehr weit förderlicher ist der US-Hongkonger Streifen »Iron and Silk«, der ein Stück aus der Autobiographie des Amerikaners Mark Salzman nachzeichnet. Als Englischlehrer an der Zhejiang-Universität in Hangzhou durchlebt er die gesamte Bandbreite interkultureller Missverständnisse, gefilmt vor der Kulisse eines hochgradig malerischen Hangzhou: Die *Suti*-Brücke im *Xihu*-See, über die gemächlich die Fahrräder rollen, die Parks am Seeufer, in denen sich, beschützt von Trauerweiden, die Liebespaare tummeln. Hier, am Westsee, wird das China der Tuschezeichnungen zur Realität und eine alte chinesische Redensart zur Gewissheit: »Im Himmel gibt es das Paradies, auf Erden Suzhou und Hangzhou.«

Raubkopien

»Gerade habe ich mir unten auf der Straße ein paar Filme gekauft«, e-mailt mir eine Freundin aus Shanghai, »die sind garantiert *sowas* von verboten!« Anders als die Filme, deren Raubkopien von chinesischen Originalen gezogen werden (und die Chinesisch untertitelt sind, damit der jeweils gesprochene Dialekt von allen Chinesen verstanden wird), sind diese verbotenen Filme übers Ausland nach China gelangt. Versehen mit englischen Untertiteln, waren sie auf internationalen Filmfestivals unter viel Beifall vorgeführt worden. Doch bewegen werden sie nichts, denn im eigenen Land dürfen sie nicht laufen.

Fiese Filmaufsicht

Witzig ist, wie viele dieser verbotenen Filme im Land gedreht werden – wie etwa »Lan Yu« des Hongkonger Regisseurs Stanley Kwan –, ohne dass die trägen Behörden das so richtig mitbekommen. Bis die Zensoren Wind von der Sache erhalten, haben die Filmteams längst schon den Drehort gewechselt. Die Geschichte von Lan Yu, einem jungen Architekturstudenten, ist nichts weiter als ein schöner Liebesfilm (wenn auch mit einem etwas aufgesetzten Schluss), der nach Meinung der Zensurbehörden nur zwei Schönheitsfehler hat: Zum einen irritieren die Verweise auf das Tiananmen-Massaker, dann aber stört, und zwar ganz gewaltig, dass Lan Yu sich in den erfolgreichen Geschäftsmannn Chen Handong verliebt: Eine homosexuelle Liebesgeschichte unter Bürgern der VR China – nicht eben das, was die chinesische Filmaufsicht besonders leicht tolerieren könnte. Der Film kam umgehend auf den Index und verdiente sein Geld in den Kunst-Kinos der USA. Oder, seitdem als Raubkopie für rund einen Dollar, in den Grabbeltüten der fliegenden Händler.

Alles vom Feinsten. Plaza 66, Shanghai

Shopping mit Volksgeld

Handys für alle

Märkte gibt es in China für alles: Für Gemüse und Obst sowieso, aber auch für gestohlene Fahrräder. Selbst Computer, Software und Unterhaltungselektronik kauft man über die Theke einer Marktbude. Märkte für Elektronik finden allerdings nicht unter freiem Himmel statt. Dazu gibt es Markthallen. Von außen sieht der *Hongqiao*-Markt (»Rote-Brücke-Markt«) am Ostrand des Beijinger Himmelstempel-Parks aus wie ein ganz banales Kaufhaus. Innen wird man schnell eines Besseren belehrt. Stand reiht sich an Stand, hinter den Tresen stehen private Händler oder deren Angestellte. Mal gibt's nur Kameras, mal nur tragbare Abspielgeräte (MP3, DVD, MPEG), dann wieder nur Taschencomputer oder Uhren. Und natürlich alles, was mit Chinas liebstem Spielzeug zu tun hat: Handyzubehör in rauen Mengen. Wer, wie ich, sein Taschentelefon gerade nicht dabei hat und es ohnehin nur optisch identifizieren kann, bekommt blitzschnell ein paar laminierte Seiten über die Theke geschoben, auf der alle gängigen Modelle abgebildet sind – auch die in Russland verbreiteten, denn hier hat man viel osteuropäische Kundschaft. Die übliche Sprache ist Pidgin-Englisch: »What you want? Cover?« Gemeint sind Handy-Oberschalen. »Which model? Old or new?« Die Preisverhandlungen gestalten sich überaus einfach: Wo die Sprachkenntnisse versagen, helfen Taschenrechner mit überdimensionierten Displays weiter, auf denen so lange wechselseitig der Wunschpreis eingegeben wird, bis man sich geeinigt hat. Da auf dem Hongqiao-Markt nahezu nichts mit Preisschild versehen ist (und wenn, dann mit künstlich inflationierten), sollten Kaufinteressenten schon vorab ausgiebige Preisrecherchen angestellt haben.

Mobiltelefone

Lexikon

Alles wird billiger, nur das Essen nicht. Ein Mobiltelefon, einst als *dageda* (»Großer Bruder groß«) bekannt, weil es sich nur die Hongkonger Gangsterbosse, die *dageda,* leisten konnten, war Luxus: 5700 Dollar waren fällig, um ohne Wartezeit sofort ins Netz zu kommen. Heute sind Sie mit 50 Yuan dabei. Dank der niedrigen Preise sagt nun auch kein Mensch mehr *dageda.* Heute heißt das Handy »Handmaschine«, *shouji.*

»Wei!?« Telefonieren

Tipps & Know-how

Sind es noch die Nachwehen der Kulturrevolution, die freundlich geführte Telefonate in der Volksrepublik zu einem Vorgang mit Seltenheitswert werden lassen? Kaum einer, der am Ende brav »Zaijian!« (Tschüs) sagt. »Wo guale« heißt es stattdessen: »Ich lege auf.« Na prima.

Manchmal erwische ich die falsche Nummer – »Wo da cuole«, ich habe mich verwählt –, doch bis ich das merke, habe ich die halbe Telefonkarte leer telefoniert, denn auf mein landesübliches »Wei, wei?« (He, hallo!?) oder »Ni shi na wei?« (Wer bist du?) erklingt von der anderen Seite ebenfalls nur ein »Wei?!«. Das geht dann minutenlang so weiter, bis eine Seite entnervt aufgibt. Wenn Sie das für eine Übertreibung halten, probieren Sie's selbst einmal aus: Einfach blind irgendwo anrufen und immer wieder »Wei?« brüllen. Durchschnittlich bleiben die Angerufenen drei Minuten an der Strippe, machen anfänglich sehr gut mit beim *Wei-Sagen,* bis es auch ihnen schließlich zu dumm wird und sie aufhängen. »Wo guale.« Klick.

Faszinierend ist das Audio-Feedback, das zu allen chinesischen Ferngesprächen gehört wie das Bier zur Beijing-Ente. Um zu signalisieren, dass man noch am Apparat ist, wird viel gegrunzt. »Errrng«, »arrrng« oder »mmmrh!«, brummeln vor allem die Nordchinesen ins Mikrofon, das heißt dann »Hab's gehört«, »ja«, »vielleicht« – oder eben »mmmrh!«.

Alles falsch

In der zweiten Etage gibt's gute Levi's-Imitate, spottbillige North-Face-Jacken (einige vielleicht sogar echt) und gelb-schwarze Helly-Hansen-Klamotten, in der dritten Etage deckt sich halb Moskau mit preiswerten Perlen ein. Rechts vom Hongqiao-Haupteingang, ein bisschen nach hinten versetzt, liegt der grün gestrichene Eingang zum Spielzeug-Markt: Billige Lego-Kopien, ferngesteuerte Autos, Modellflugzeuge mit Batterieantrieb, jede Menge Puppen und Plüschtiere. Am Wochenende schiebt man sich durch schmale Gassen an frechen Händlern vorbei. Wieder gilt es, um jeden Yuan zu feilschen. Viele Kunden sind selbst kleine Geschäftsleute, die sich für ihren Kramladen mit billigem Spielzeug eindecken. Die vermeintliche Russin neben mir ist gar keine, sondern Deutsche. Ich werde neugierig und spreche sie an. Ja, antwortet die nette Rothaarige, sie und ihr Mann lebten nun schon seit zwei Jahren in Changchun. Da nicke ich wissend: »Ihr seid VWler, stimmt's?« Volkswagen produziert in der Hauptstadt der Provinz Jilin, rund elf Bahnstunden nördlich von Beijing, den Jetta. Zum Einkaufen sei sie, so meine Gesprächspartnerin weiter, mit ein paar Freundinnen nach Beijing gekommen. Die Kinder bräuchten Nachschub für ihre Playstations und Gameboys. Und tatsächlich, jetzt wo sie's erwähnt, sehe ich's auch: Viele Stände bieten Cartridges und CDs für Spielkonsolen an, meisterhaft raubkopiert, für ein Zehntel des Originalpreises. Gut, dass wir verglichen haben.

Wer schlau ist, spart

Mit Wonne haben sich die Chinesen in den Kommerz gestürzt und beherrschen nun, ganz wie wir, die feine Kunst des Lebens in einer Konsumgesellschaft. *Xiaofei*, Konsum, beherrscht das Freizeitverhalten. Dennoch sind die Chinesen noch meilenweit davon entfernt, eine Konsumgesellschaft westlichen Zuschnitts auszurufen. Davor bewahrt sie ihre traditionelle Sparsamkeit. Die chinesische Sparquote ist die höchste der Welt. Kredite? Lieber nicht! Man sieht's an den Autos, von denen gerade einmal 15% auf Pump gekauft sind. Krasser könnte der Unterschied zu den USA nicht ausfallen, wo

Verspielte Verkäuferinnen

Sie sind jung und gelangweilt: Verkäuferinnen in den großen und kleinen Kaufhäusern Chinas. Begeistert bin ich von ihrer grenzenlosen Unbefangenheit. Sie schminken sich hinter ihrer Theke, drücken ihre Mitesser aus, knacken mit den Zähnen Kürbis- oder Sonnenblumenkerne und betten das Haupt zwischen die gekreuzten Arme, um ein wenig zu schlummern. Unbeschwert albern sie mit den Kolleginnen herum, halten Händchen mit ihnen und spielen zu dritt auf einem Handy Tetris, was nicht ohne gegenseitige Umschlingungen abgeht. Auch in Modefragen verblüffen sie, besonders im Winter, wenn alle Verkäuferinnen unter ihren weißen Uniformblusen einen dicken schwarzen Rollkragenpullover zu tragen scheinen. Oder unter den Nylons lange Unterhosen durchblitzen. Die brauchen sie aber auch, denn vor Arbeitsbeginn stehen, trotz eisiger Kälte, alle Mitarbeiter in Reih und Glied auf dem Gehweg vor dem Kaufhaus und machen, unter Aufsicht des Abteilungsleiters, ihre Morgenübungen.

Geld und die Notwendigkeit des Feilschens

▮ Die Währung der Volksrepublik China heißt »Volksgeld«, *renminbi* (RMB). Doch niemand sagt: »Das macht dann drei *renminbi.*« Als Währungseinheit genannt wird der *yuan,* den man umgangssprachlich auch als *kuai* (»Batzen, Brocken«) bezeichnet. Wenn Sie nach dem Preis fragen (»Duoshao qian?«) können Sie, bei ein und demselben Preis, die unterschiedlichsten Antworten bekommen: Bei einem Artikel, der zwei Yuan kostet, sind drei Antworten möglich: »Liang yuan«, »liang kuai« oder »liang kuai qian« (»zwei Yuan an Geld«). Der größte Schein ist noch immer der 100-Yuan-Schein. Den 1000-RMB-Schein hat man sicher längst bereitliegen, aber da seine Ausgabe unerwünschte Inflationsängste wecken würde, lässt man sich mit der Ausgabe noch ein wenig Zeit. So werden Großeinkäufe zum logistischen Problem: Wohin mit den vielen Scheinen?

▮ Gerne schmücken freie Händler ihre Waren mit ebenso frei erfundenen Preisschildern. Eine Mütze mit Gap-Logo, die ich mir an einem Wintertag kaufen möchte, ist mit »$68« ausgezeichnet. Auch dem Anbieter ist durchaus klar, dass eine Mütze, selbst wenn man sie in den USA bei »The Gap« kauft, keine 68 Dollar kosten kann. Am Ende zahle ich bescheidene zwei Dollar.

Nie unterschätze man den Wert einer witzigen Verkaufsverhandlung. Wer seinem Händler Freude bereitet, etwa durch ein paar Brocken lustig ausgesprochenes Chinesisch, spart gleich noch mal 10%. Mein bester Spruch bei überzogenen Preisforderungen ist »Bie doule!« (Mach keine Witze!), doch das verstehen nur die Beijinger, unterwegs tut's auch »Kai wanxiao!«, Sie machen wohl Witze! Aber auch ein schlichtes »Tai guile!« (Zu teuer!) verfehlt seinen Zweck nur selten. Solange Sie den Humor nicht verlieren, wird man Ihnen beim Preis willig entgegenkommen.

15% aller Fahrzeuge *nicht* finanziert sind. Den chinesischen Banken gefällt das wenig, sie würden den lukrativen Kreditmarkt gerne in Richtung westlicher »Man-gönnt-sich-ja-sonst-nichts«-Mentalität entwickeln. Leider haben sie da die Rechnung ohne die schlauen Chinesen gemacht: Erst sparen, dann kaufen. Ihr schönes Geld haben die Chinesen auf ihrem Sparkonto, und das finden sie gut so.

Im Reich der Räder

Deutschlands Schatzpferd

Vor dem Schaufenster eines hell erleuchteten Ladens in einem noblen Einkaufszentrum stehen zwei Kids, die sich, aller Coolness zum Trotz, eines leichten Staunens nicht erwehren können: Das Mountainbike im Schaufenster soll 107 923 RMB kosten. Das ist nicht wenig. Aber gerechtfertigt, meinen die beiden, denn erstens sei es »piaoliang« (schön) und zweitens vom Qualitätshersteller *Deguo Baoma* (»Deutschland Schatzpferd«, BMW). Das Schaufenster gehört zu einer gähnend leeren BMW-Boutique, deren Tage gezählt scheinen, falls nicht bald ein Wunder geschieht und ein freundlich-finanzkräftiger Chinese ein paar Tausender über die Theke schiebt. Da auch ich gerade keine 13 490,37 Dollar bei mir habe, bleibt das hübsche BMW-Rad einstweilen im Laden.

Billige Drahtesel

Keine fünf Blöcke weiter, in sicherer Entfernung von Beijings nobelster Mall, der Oriental Plaza, ist die Fahrradwelt wieder in Ordnung. Die Preise beginnen hier bei 15 US-Dollar für ein nagelneues Fahrrad ohne Gangschaltung. Diese Preisspanne ist symptomatisch: China, einst das egalitärste Land der Welt, ist heute das Land mit der größten Kluft zwischen Reich und Arm, zwischen denen, die auf 15-Dollar-Drahteseln fahren und denen, die ihre Freizeit auf einem BMW-Bike für 13 490,37 Dollar verbringen können.

Im dritten Fahrradladen scheint mir und meinem Mittelklassegeldbeutel das Paradies ausgebrochen: Der Laden verkauft ausschließlich Räder der taiwanesischen Marke *Jieante* (Giant), durchweg in guter Qualität und zu Prei-

Längst kein Vergnügen mehr: Radfahren in Beijing

Radfahren im Gleichstrom

Tipps & Know-how

Immer schön mitschwimmen, *go with the flow.* Nirgendwo auf der Welt gilt das mehr als beim Fahrradfahren auf chinesischen Radwegen. Unterdrücken Sie, mit aller Gewalt, eventuell vorhandene sportliche Ambitionen. Es ist keine Kunst, die Beijinger oder Shanghaier abzuhängen, das Tempo ist sehr gemächlich. Langsam, aber gleichmäßig nähern sich die Radler ihrem Ziel. Wer meint, einen Slalom um die langsamen Chinesen fahren zu müssen, bringt die Balance des Systems – und damit auch sich selbst – in Gefahr.

Eine Ausnahme bilden die Elektroräder, die vereinzelt durch die Städte surren. In Beijing dürfen mittlerweile keine neuen E-Bikes mehr verkauft werden, so empfindlich hatten sie den gemächlichen Fluss des Radverkehrs gestört. Doch was bereits auf den Straßen rollt, darf weiterrollen. In vielen Innenstädten, etwa in Guangzhou und Shanghai, sind Räder in vielen Stadtbezirken nur auf einigen wenigen Routen zugelassen. Nicht eben ideale Voraussetzungen für einen Velo-Urlaub.

So viele Fahrradfahrer es in China auch gibt, viele fahren auf Rädern, bei denen nicht einmal der Sattel oder der Lenker auf die richtige Höhe eingestellt wurde. Berüchtigt ist das abrupte Absteigeverhalten: Man lässt das Rad etwas langsamer werden, springt aber ab, bevor das Fahrrad richtig zum Stehen gekommen ist. Der Verkehrssicherheit kommt das nicht zugute, den Absätzen Fahrrad fahrender Chinesinnen ebenfalls nicht.

sen, die einen alten Fahrradfreund erschauern lassen: Ein Alurad, das bei mir schon mehrmals Kaufgelüste geweckt hatte, kostet gerade mal ein Fünftel vom deutschen Neupreis. Schade, dass Räder so schlecht ins Handgepäck passen.

Das klassische Chinarad

Noch ist meine Fahrrad-Expedition nicht zu Ende. Es fehlt das klassisch schwarze China-Rad, wie es noch heute nach den alten britischen Konstruktionsplänen aus den 1930ern gebaut wird. Besonders angetan hat es mir das *Feige* aus Tianjin. Mit Obst hat der *Feige*-Roadster nichts zu tun, das macht die wunderbar anachronistische Chromfigur auf dem vorderen Schutzblech deutlich: Eine stilisierte, stromlinienförmige Taube thront hier, so wie die polierte Kühlerfigur auf einem Rolls Royce. Doch die *Flying Pigeon,* so der englische Name auf dem Rahmen, scheint heute ausgeflogen: In der Innenstadt kann ich keinen Fahrradladen auftreiben, der noch *Feige*-Fahrräder führt. Nach einer kurzen Recherche im Internet-Café habe ich immerhin eine Spur, die in den Vorort Chaoyang weist. Sollte das Wiedersehen mit der Taube dort stattfinden, oder würde ich mich mit den nicht weniger antik wirkenden Konkurrenzprodukten von *Phoenix* oder *Forever* zufrieden geben müssen?

KalaOK: Kann Singen Sünde sein?

Karaoke-Kultur

»KTV«, Karaoke-TV, ist eine häufig anzutreffende Leuchtreklame in Chinas Großstädten. Karaoke-Bars rangieren von billig bis sündhaft teuer, von »moralisch über alle Zweifel erhaben« bis »getarntes Bordell«. In beiden Fällen ist es die *fuwuyuan* (»Bedienstete«, hier: Hostess), die über Preis und Moralität entscheidet. Lehnt man bei der Begrüßung eine *fuwuyuan* dankend ab, sind weder Geldbeutel noch Moral in ernster Gefahr. Heuert man aber für den Abend eine oder mehrere Hostessen an, wird es auf jeden Fall teuer, vor allem wenn später einige der Gäste mit den Damen in dunklen Gemächern verschwinden.

Mit den Wölfen heulen

Gute Vorbereitungsseminare für Führungskräfte erkennt man daran, dass den Teilnehmern nahe gelegt wird, neben Chinesisch- auch Gesangsunterricht zu nehmen: Teilnahme am Karaoke-Singen ist Pflicht in China, will man nicht als Spielverderber dastehen. Wer sich verweigert, kann seine ehrgeizigen Expansionspläne oder die erhoffte Unterschrift unter den Lizenzvertrag sofort in den Wind schreiben. Allerdings sind die chinesischen Gastgeber fair: Sie erwarten von ihren ausländischen Geschäftspartnern nicht, dass sie nach chinesischen Schriftzeichen singen. Auf einen Fingerzeig hin bringt die *fuwuyuan* eine Liste englischer Lieder, die, so scheint es, in ganz Asien zum Standardrepertoire der Karaoke-Bars gehören: *Jingle Bells, Country Roads, My Way, Moon River, The Heart Will go on, Right Here Waiting for You* und *Yellow Submarine* sind immer dabei, *Sometimes When We Touch, You Were Always on My Mind* und *Sha-la-la-la-la* fast immer.

Volkslieder

Karaoke wird auch privat betrieben. Jeder bessere Videorekorder oder DVD-Spieler hat in China eine Karaoke-Funktion. Wer länger in China bleibt, wird ums Singen nicht herumkommen. Nicht immer aber muss zu Musik von der Tonkonserve gesungen werden. Wer ohne Begleitung ein Volkslied oder eine ausrangierte Nationalhymne vortragen kann – mir sind in China schon sehr schöne Versionen von »Auferstanden aus Ruinen« zu Ohren gekommen –, erfüllt damit alle Erwartungen.

Applaus für alle

Dennoch droht die weitaus größere Gefahr in der *kalaoukei baojian*, den professionellen Karaoke-Buden. Schon die Innengestaltung der Karaoke-Bars mit ihrer gewagten Mischung aus Glaspalast und italienischer Eisdiele lässt die Herzen sensibler Menschen ängstlich zusammenfahren. Hinzu kommen die Gesangsstimmen der Karaokeaner: Selbst die erbärmlichste Sangesleistung wird mit tosendem Applaus bedacht, vor allem dann, wenn der *laoban*, der Chef, ins Mikrofon gekräht hat. Auch Ausländer bejubelt man gnadenlos, schließlich will man ihnen Gesicht geben.

Sanges- und andere Lust

Erträglicher wird ein Karaoke-Abend, wenn man versucht, die Videos, zu denen so schräg gesungen wird, von ihrer komischen Seite zu betrachten. Da fällt dann auf, dass in den Karaoke-Videos ausschließlich langhaarige Models zu sehen sind, die ausnahmslos unter Trauerweiden spazieren gehen, allerdings nur dann, wenn diese auch an einem Seeufer stehen. Oder dass junge Männer grundsätzlich ihr 300-Dollar-Handy in den Pool werfen, wenn die

Billard unter freiem Himmel. Datong, Shanxi

Freundin mit einem anderen Typen durchgebrannt ist – und nicht etwa das ebenfalls bereitstehende, deutlich weniger kostspielige Whiskyglas.

I love you, you love me

Zur Erholung nach so viel geballter Action zeigt die Hostess dann wieder etwas betulichere Clips, meist solche, bei denen die Kamera genüsslich jeden Quadratzentimeter Haut eines Bikini-Girls abtastet. Wenn jetzt die Hostess in ihrem hautengen Leder-Mini und ihren schwarzen Nylons, die oben an Strapsen befestigt sind und unten in hochhackigen Lederstiefeln stecken, mit einem zarten Lispeln näher an einen heranrückt, einem sanft übers Bein streicht und etwas zuflüstert, was sich wie »Wo ai ni« (Ich liebe dich) anhört, ist es höchste Zeit, an eine kalte Dusche zu denken. Oder bei der Firmenzentrale eine Erhöhung des Spesenkontos zu beantragen.

Blass is beautiful: Büroangestellte auf dem Weg in die Mittagspause. Yanjiao, Hebei

Chinesische Kleiderordnung

Lange Unterhosen

Auch wenn draußen schon frühlingshafte Temperaturen herrschen, die lange Unterhose bleibt so lange an, bis auch laut Kalender der Frühling endlich Einzug gehalten hat. Plötzliche Wärmeeinbrüche ignoriert man und stopft sich weiter in die Unaussprechlichen, egal wie hoch das Quecksilber steigt. Selbst die modebewusste Jugend schließt sich da nicht aus: Roz Hiatt, die seit Jahren in Beijing Englisch unterrichtet, entdeckt jeden Winter aufs Neue, wie die Sockenbündchen ihre liebe Not mit den dicken Unterhosen haben. Vor allem die selbst gestrickten Buxen wollen sich nicht in die Socken stopfen lassen. Dünnere Baumwollvarianten hingegen werden von den Frauen auch unter den Nylons getragen – was das Problem mit den überforderten Socken auf einen Schlag löst, aber optisch nicht ganz befriedigen kann.

Kinderpflege leicht gemacht

Vor allem die Kinder werden während der kalten Jahreszeit warm vermummt. Doch ganz gleich, wie dick die wattierten Hosen auch sind, für die ganz Kleinen bleibt immer ein Schlitz am Po frei, denn gewickelt werden Kleinkinder nicht. Dass sie allerdings mitten im Kaufhaus ungeniert in die Hocke gehen, um auf dem Marmorboden ihr Geschäftchen zu verrichten, ist zunehmend seltener zu sehen und wird überdies von offizieller Seite energisch bekämpft. Dennoch passiert es immer wieder. Manchmal ist das der Mutter unangenehm und sie hält das Kleine über eine Mülltonne, damit sie später nicht zum Wischen herangezogen wird. Wegwerfwindeln sind teuer und gelten als unappetitlicher als der traditionelle Schlitz in der Hose. Was yuppieske Eltern natürlich nicht davon abhält, ihren Nachwuchs trotzdem in statusfördernde Pampers zu stecken. Die große Mehrheit der Babys schläft jedoch ohne Wegwerfwindeln. Mindestens einmal pro Nacht werden die Kleinen geweckt, von den Eltern zum *niaoniao* (Pipi) aufs Töpfchen gesetzt und mit kurzen Pfiffen zum Strullern gebracht.

Chinesischer Chic

Im Sommer machen sich besonders bei den chinesischen Männern Bekleidungstrends bemerkbar, die allein durch die erbarmungslose Hitze und Schwüle zu erklären sind: Hemden werden bis unten aufgeknöpft oder gleich ganz ausgezogen. Oft läuft man im Unterhemd herum, so gut wie nie aber in kurzen Hosen. Was nicht heißt, dass man an seine Beine keine Luft ließe: Lange Hosenbeine werden zur Kühlung einfach nach oben gerollt, schon lässt es sich aushalten. Die dicken Socken, auch das ein typisches Phänomen, hatte man pünktlich zum Sommerbeginn gegen hauchdünne Nylonsöckchen eingetauscht. Männer in schwarzen Nylonsöckchen, vor allem wenn diese zu Männerschuhen mit hohen Absätzen getragen werden, mögen auf Westeuropäer einen befremdlichen Eindruck machen, in China aber gehören sie ebenso sehr zur männlichen Standardgarderobe wie die goldglänzenden Gürtelschnallen, die stets mit einer gravierten rechteckigen Metallplatte verziert sind, auf der mindestens ein bekannter Hongkonger Markenname wie »Goldlion« zu lesen sein muss.

Jackettzwang

An kühleren Tagen trägt der Mann von Welt natürlich Jackett, das er auch auf der Baustelle nicht ablegt. An Großbaustellen buddeln Hunderte von Männern in Anzugkombinationen. Unter der Jacke trägt man stolz einen von Muttern gestrickten Wollpullover. An den Füßen haben einfache Leute schwarze Stoffschuhe mit dunkelroten Plastiksohlen, die bei uns als Giftgaslager deklariert werden müssten. Die Ausdünstungen dieser Sohlen sind von solch toxischer Qualität, dass es mir in China nicht gelingen will, mich länger als dreieinhalb Minuten in einem Schuhladen aufzuhalten. Alles kann man in China kaufen, nicht aber Schuhe.

Der Bart ist ab

Während ich chinesischen Frauen, egal wie sie gekleidet oder frisiert sind, völlig kritiklos gegenüberstehe, fällt mir an Männern mehr auf als mir lieb sein könnte. Beispielsweise der Umstand, dass sie meist bartlos bleiben. Bärte waren traditionell den Großvätern reserviert: Wer einen Enkelsohn hatte – weibliche Nachfahren ließ man unbeachtet –, durfte das Gesicht mit einem Bart schmücken. Dieser Brauch, der allenfalls auf dem Land noch seine Anhänger findet, scheint in den Großstädten unbekannt. Wer durch Beijing, Shanghai oder Chongqing spaziert, blickt in bartlos offene Gesichter. Da in China die Gesichtsbehaarung ohnehin weit weniger kräftig sprießt als bei uns, ist diese Bartlosigkeit völlig folgerichtig, denn die wenigen Stoppeln sind schnell rasiert. Halt machen die Rasierbemühungen einzig vor Haaren, die aus Leberflecken oder anderen Hautunregelmäßigkeiten wuchern: Hier endet die Macht des Rasiermessers. Solche Einzelhaare lässt man wachsen, bis sie eine beeindruckende Länge erreichen. Bei einem Bauern würde das nicht weiter Wunder nehmen (der Aberglaube schützt solche »Hexenhaare«), doch wenn man bei einem Yuppie im edlen Zwirn ein solches Haar entdeckt und sieht, wie es sich um Hals und Kinn windet, hebt sich ganz unwillkürlich die linke Braue.

Opa, Opa!

Kinder, die auch in China ohne Rücksicht auf Konventionen schnell auf den Punkt kommen, formulieren die chinesische Sicht, was Bärte angeht, am besten: Mit »Opa, Opa!« umtanzen sie westliche Vollbartträger, auch wenn diese gerade erst letzte Woche ihren 28. Geburtstag gefeiert haben. Früh Ergraute erleiden dasselbe Schicksal: »Hallo Opa!« Vielleicht ist das der wahre Grund dafür, dass viele ältere Herren in China ihre Haare färben lassen. So scheint die gesamte Führungselite Chinas denselben Friseur zu haben, denn bei allen erscheint das Haupthaar deutlich nachgedunkelt. Ein Makel ist das nicht und auch nicht ehrenrührig. Wer über einen deutschen Kanzler schreibt, dass dieser seine Haare färbe, muss damit rechnen, vor den Kadi gezerrt zu werden, wer einem chinesischen Politiker dasselbe vorhält, bekommt ein »Dui!« (Stimmt!) oder »Shide!« (Ja, das ist so!) zurück. Selbst 80-Jährige mit tiefschwarzem Haupthaar sind keine Seltenheit.

Glücksbringer

Auch eine Warze am Kinn kann keinen schrecken: Auf jedem Mao-Bildnis, selbst auf den kleinen Gips- und Messing-Statuetten, die auf den Märkten angeboten werden, ist die liebevoll nachgebildete Kinnwarze des Großen Vorsitzenden zu sehen. Offensichtlich spielt auch hier der Aberglaube mit: Warzen gelten als Glücksbringer. Wer neben der Warze mit Hexenhaar nun noch besonders lange Ohrläppchen besitzt, darf sich als außerordentlich gesegnet betrachten: Lange Ohrläppchen, wie sie an jeder Buddha-Figur zu erkennen sind, stehen für ein langes, glückliches Leben.

Furioses Comeback

Lange Fingernägel an chinesischen Männern erregen bei westlichen Besuchern mindestens ebenso viel Aufmerksamkeit wie Nylonsöckchen oder ultralange Barthaare. Der lange Fingernagel, fast immer der des kleinen Fingers, verwies in feudalen Zeiten auf das sorglose, von körperlicher Arbeit unbelastete Leben seines Besitzers: Aristokraten und Intellektuelle konnten sich mit je einem langen Nagel pro Hand schmücken, der arbeitende Bauer im Reisfeld nicht. Nach der Revolution galten lange Fingernägel als bourgeois, erlebten aber Ende der 1970er ein furioses Comeback. Autos, damals noch eines der größten Privilegien überhaupt, waren rar, auch Taxis gab es nur wenige. Wer das Glück hatte, den Führerschein machen zu dürfen, um dann als Fahrer zu arbeiten, hatte es geschafft: Er war ganz weit oben. Das brachte den Fingernagel des kleinen Fingers wieder zum Wachsen. Die Taxifahrer der Großstädte waren mit die Ersten, die den alten Feine-Herren-Finger wieder zum Leben erweckten.

Tipps & Know-how

Im Rauch der Mitte

Rauchen? Nie gelernt! Wer nicht raucht, muss lernen, die in China immer sehr freigiebig verteilten Zigaretten auf eine Art zurückzuweisen, die nicht sofort als Stoß vor den Kopf verstanden wird. »Xiexie, bu yao!« (Danke, ich mag nicht!) wäre hier eindeutig zu knapp. Der Satz, der immer wieder fällt, wenn Tabak höflich abgelehnt wird, packt das Nicht-rauchen-Wollen in eine Redewendung, die, wörtlich übersetzt, vom Nicht-rauchen-Können spricht: »Bu hui xiyan.« Es geht auch kürzer: »Bu hui«, ich kann es nicht. Wie alle Redewendungen verträgt es auch diese nicht, Silbe für Silbe, Wort für Wort übersetzt zu werden. »Bu hui xiyan« heißt einfach nur »Ich rauche nicht«. Kein nikotinverweigernder Chinese denkt auch nur im Entferntesten daran, nicht rauchen zu »können«.

Rauchende Frauen Frauen, die rauchen, wirken auf viele Chinesen und Chinesinnen wenig sympathisch: In China gilt es auf dem Land noch oft als unmoralisch, wenn junge Frauen rauchen; in der Stadt wirkt es verrufen, und junge Leute, die gerne provozieren möchten und zugleich einer verqueren Vorstellung von Modernität anhängen, rauchen demonstrativ: »Wir sind Schlote, uns gefällt das, wir sind *kubile* (cool).« Cool sind auch die Marken, etwa »555«, »Luotuo« (Camel) oder »Rote Pagode«. Oder die Lieblingsmarke Deng Xiaopings, »Panda«, die Packung zu 100 Dollar.

In manchen Schulen rauchen nahezu 60% der Jungen und über 20% der Mädchen, ein Wert, der auch die Behörden alarmiert hat. Auch die ein oder andere Greisin wird man rauchen sehen, dann allerdings eher auf dem Land und dann nur selten Zigarette, sondern Pfeife: ein Altersprivileg.

Aus Tabakgeldern finanziert Die Warnungen auf den Zigarettenschachteln nimmt keiner ernst, am wenigsten die, die sie erlassen haben: Es ist ein offenes Geheimnis, dass Beijing das Geld aus dem Tabak gut gebrauchen kann. Wenig staatliche Firmen sind so profitabel wie die Zigarettenfabriken: Ein Drittel aller Raucher weltweit lebt in China. Ohne den blauen Dunst wäre Yunnan, die malerische Provinz im Südwesten, längst pleite: Mehr als zwei Drittel ihrer Einkünfte stammen aus dem Tabakgeschäft.

Götter, Geister und Genossen

Und der Buddha lacht dazu

Drei Religionen

Buddha, Kongzi und Laozi, kaum ein Autor kommt um sie und die *sanjiao* (drei Religionen) herum. Es ist aber auch zu verlockend, alles in China auf seine buddhistischen, konfuzianischen und daoistischen Wurzeln abzuklopfen. Als intellektueller Zeitvertreib mag das angehen, für den Alltag ist es oft verschwendete Liebesmüh. Schließlich besinnen auch wir uns nur selten auf Platon oder Aristoteles. Was wir in China aus unserer Außenperspektive heraus als konfuzianisch geprägt wahrnehmen – etwa Teile des Verwaltungs- und Bildungssystems oder die neuerliche Berufung auf eine »geistige Zivilisation« –, sehen die Chinesen unter ganz pragmatischen Gesichtspunkten. Es interessiert sie nicht im Geringsten, dass die Hochschulaufnahmeprüfung an die alten Beamten-Examinationen erinnert, wohl aber, wie man möglichst viele Punkte sammelt und am Ende mit einem der knappen Studienplätze bedacht wird. Hinzu kommt, dass sich China heute viel stärker und viel hemmungsloser (oder zumindest sorgloser) beim Westen bedient als etwa Japan oder Südkorea. Der Schriftsteller Xu Xing sieht die Revolution von 1949 als Wegbereiter dieser Entwicklung: »China«, so Xu Xing, »hat den Kommunismus und die Diktatur des Proletariats vom Westen übernommen. Daoismus, Konfuzianismus und Buddhismus wurden verworfen. Die chinesische Philosophie ist eine ausgestorbene Wissenschaft.«

> *»Die chinesische Philosophie ist eine ausgestorbene Wissenschaft.«*
>
> Xu Xing

Böse Geister und Dämonen

Das stimmt, zumindest in dieser überspitzten Form, nicht ganz. Gerade auf dem Land kann man buddhistische oder konfuzianische Rituale beobachten, die zu maoistischer Zeit streng verboten waren und nun eine Renaissance erleben. Jeder Neubau wird mit Feuerwerk und Böllern von bösen Geistern und Dämonen befreit, auf jeder Hochzeit kracht es so gewaltig, dass Geister wie Gäste einen Schreck fürs Leben davontragen. Und jedes Neujahrsfest steckt voller Symbole, deren Wurzeln tief in der chinesischen Tradition liegen. Im eigentlichen Sinne philosophisch sind diese volkstümlichen Ausprägungen der *sanjiao* nicht, und doch sind ihre Wurzeln eng mit Chinas drei Religionen verwoben, ebenso oft aber auch mit Formen von Aberglauben.

China-Horoskop

Beim chinesischen Horoskop, das immer wieder auch bei uns reüssiert, vergessen westliche Quellen oft, dass die Tierkreiszeichen nicht einfach nur Kalenderjahren zugeordnet werden können. Dreist heißt es da: »Die Geburtsjahre 1991, 2003, 2015 sind der Ziege zugeordnet«. Mag schon sein. Nur: Es handelt sich nicht um westliche Kalenderjahre, sondern um Mondjahre. Gerade wer im Januar geboren ist, hat gute Chancen, *nicht* zu dem angeführten Tierkreiszeichen zu gehören.

◄ Longmen-Grotten in Luoyang, Henan

Chinesisches Neujahr

Familienfest

Gao Yinan und Wang Wei haben ihren festen Rhythmus, wenn es um das chinesische Neujahrsfest geht: An geraden Jahren fahren sie nach Shanghai, zu Weis Eltern, an ungeraden zu Yinans. Im ersten Jahr ihrer noch jungen Ehe waren sie getrennt verreist, sie zu ihren, er zu seinen Eltern. An die Folgen hatten sie leichtsinnigerweise nicht gedacht. »Wie kannst du nur ohne deine Frau kommen!«, schimpfte Weis Mutter, während seine Schwiegermutter mit Yinan haderte: »Wie konntet ihr das nur machen? Ohne deinen Mann zum Neujahrsfest, was für ein Familienfest soll denn das sein?« Dabei hatten es die beiden nur gut gemeint: Da weder die Zeit (fürs Neujahr gibt es eine Woche arbeitsfrei) noch die beiden Junglehrergehälter für zwei gemeinsame Reisen in 3000 Kilometer voneinander entfernte Gebiete reichten, hatte man sich entschlossen, getrennt zu fahren, denn keine Familie sollte während des wichtigsten Festes des Jahres auf den Nachwuchs völlig verzichten. Das Resultat war niederschmetternd: Nun war niemand zufrieden.

Eislaternenfestival

Im Jahr darauf ging es zu zweit zu Yinans Eltern, schließlich sieht der Brauch es vor, dass es die Töchter sind, die zum Neujahr ins Haus der Eltern zurückkehren. Yinan und Wei packten ihre Koffer und fuhren mit dem Zug nach Harbin, der eisigen Hauptstadt der Provinz Heilongjiang, wo ein jeden Winter stattfindendes Eislaternenfestival Tausende von Besuchern anlockt, allerdings nur stundenweise, denn lange hält es im chinesischen Sibirien niemand aus. Frostbebeult wankt der Tourist zurück ins vergleichsweise tropische Beijing. Yinan und Wei ficht die Kälte nicht an, im Haus ist es warm, und beim gemeinsamen Kochen gerät man ohnehin ins Schwitzen.

Frühlingsfest

Guonian (Neujahrsfest) oder *chunjie* (Frühlingsfest) nennt sich Chinas wichtigstes Familienfest. Wer zum *guonian* nicht bei seiner Familie weilt, ist ein armer Wicht. Da das chinesische Neujahr nach dem Mondkalender (*nong li*) berechnet wird – ein Mondjahr hat 354 Tage, alle dreißig Monate gibt's einen vollen Schaltmonat –, erscheint es uns als beweglicher Festtag, dabei fällt es stets auf den ersten Tag des ersten Mond-Monats. Nach dem westlichen Kalender ist das irgendwann zwischen dem 21. Januar und dem 20. Februar. Eine großzügige Ferienregelung macht es möglich, dass auch fern der Heimat Lebende nach Hause reisen können. Selbst die Baustellen leeren sich, denn auch die Wanderarbeiter zieht es nach Hause. Die Unis machen ohnehin Ferien, sodass auf dem Campus eine gespenstische Leere entsteht. Wer dennoch bleibt, etwa weil ihm die Bahnfahrt in die Heimat zu langwierig oder kostspielig scheint, wird offen bemitleidet. Ich wiederum bemitleide die Armen, die in voll gestopften Zügen und Fernreisebussen in die Heimat unterwegs sind. 24 Stunden Fahrt gelten fast schon als kurz, und wer nicht gerade in der 1. Schlafwagenklasse liegt (*soft sleeper* lautet der in China übliche englische Ausdruck, *ruanwoche* der chinesische), verbringt eine garantiert grässliche Nacht.

Feuerwerk

Während auf dem Land zum Neujahrsfest überall Feuerwerkskörper explodieren und so dem bösen, Bauern fressenden Monster *Nian* ordentlich einheizen, bleibt in vielen Großstädten das private Abbrennen von Böllern und Raketen verboten. Es wird zwar trotzdem geböllert, allerdings in weit be-

Umzug zum Frühlingsfest. Baotou, Innere Mongolei

scheidenerem Umfang als früher. Den Ärzten, die an Silvester Nachtdienst haben, ist das sehr recht, denn zu Zeiten des ungehemmten Großstadtfeuerwerks waren die Unfallstationen spätestens eine Stunde nach Mitternacht hoffnungslos überfüllt. Wer einmal beobachtet hat, wie nonchalant viele Chinesen ihr Feuerwerk mit der Zigarettenkippe anzünden und erst in allerletzter Sekunde wieder loslassen, wird sich darüber nicht weiter wundern.

Teigtaschen statt Böller

Viele stört das Feuerwerksverbot nicht weiter, denn wichtiger als alle Knallkörper sind üppig gedeckte Tische, auf denen eines nicht fehlen darf: *jiaozi*. Dabei handelt es sich um gefüllte Teigtaschen, die in heißem Wasser gekocht werden. Dreimal muss dabei das Wasser zum Kochen gebracht werden, und erst wenn die letzte Teigtasche oben schwimmt, werden die *jiaozi* mit einem Sieb aus dem Wasser geschöpft. Selbst ein großer gehäufter Teller *jiaozi* hält bei chinesischen Familienfesten nicht lange vor, auch wenn die Verzehrgeschwindigkeit durch die Soße, in die jede *jiaozi* zuvor noch getunkt werden muss, etwas gebremst wird. Die Soße erfordert – im Gegensatz zur *jiaozi* selbst – keine größeren Vorbereitungen: Sojasoße, Duftessig (vorzugsweise aus Shanxi), ein wenig Chiliöl und eventuell noch kleingehackte Knoblauchzehen und Frühlingszwiebeln, das war's. Die *jiaozi* selbst ist arbeitsaufwendig. Erst gilt es, den Teig zu machen, ihn zu kleinen dünnen Fladen auszurollen (mit einem einfachen Rundholz, das sich an den Seiten verjüngt), um diese dann mit Fleisch und Gemüse zu füllen: Getreide, Fleisch und Gemüse werden in der *jiaozi* symbolisch vereint, in der Hoffnung, dass es im nächsten Jahr an keiner der drei Zutaten fehlen wird.

Kollektives Kochen

Bei der Zubereitung dürfen alle helfen. Uns Ausländern wird gezeigt, wie man *jiaozi* zubereitet, auch wenn wir meist keine große Hilfe sind. Allein das kunstvolle Verschließen der Teigränder dauert – besonders wenn ich helfe – eine kleine Ewigkeit. Feinmotorisch Begabtere schaffen das natürlich in Sekunden. Abgelegt werden die fertigen Teigtaschen auf einem runden Teller aus kleinen Bambusstäben, der schlicht, aber schön ist, so schön, dass man ihn sich gern als Souvenir mit nach Hause nimmt.

Frühlingsrollen

Den Südchinesen sind die *jiaozi* gleichgültig: Ein neues Jahr ist im Norden ohne *jiaozi* nicht einmal denkbar, im Süden sind die Teigtaschen allenfalls ein exotischer Touch. Hier sorgen Frühlingsrollen (*chunjuan*) und Bällchen aus Klebereis (*tangyuan*) für das authentische Neujahrsgefühl.

Gekonnter Umgang mit dem Papierdrachen. Straßenfest in Beijing

Unterwegs mit dem Zug

Tipps & Know-how

Man kann Deutschland im Zug von Nord nach Süd durchqueren, ohne auch nur mit einem Mitreisenden gesprochen zu haben. Für einen Chinesen wäre ein solches Dauerschweigen eine Qual. Die kleine Abteilgemeinschaft, die das Schicksal und der Buchungscomputer der Staatsbahn (Slogan: »Das chinesische Volk liebt die Staatsbahn, die Staatsbahn liebt das chinesische Volk!«) für einige Stunden oder auch Tage zusammengeführt haben, muss miteinander reden. Seine Nase in einem Buch zu verbergen oder sich weltabgewandt vom Walkman beschallen zu lassen, gilt als höchst unhöflich. Für die Beschallung ist ohnehin die Staatsbahn zuständig, deren China-Muzak immer einen Tick zu laut ins Abteil strömt. Hier können allein Ohrstöpsel helfen oder ein Ticket im »Weichlieger«, dem Wagen der ersten Klasse, denn dort – und nur dort – lassen sich die Lautsprecher ausschalten.

Da Sie aber ohnehin erst einmal ausgefragt werden – in der ersten Klasse steigen die Chancen, dass jemand Englisch spricht dramatisch –, dürfte der Lautsprecher nicht weiter stören. Wenn Sie ein paar Fotos Ihrer Familie, Ihres Zuhauses und Ihres Heimatortes in der Tasche haben, brauchen Sie nicht einmal mehr Fremdsprachenkenntnisse, um mitzuteilen, wer Sie sind und woher Sie kommen. Obwohl ein »Deguo/aodili/ruishi laide« (Ich komme aus Deutschland/Österreich/der Schweiz) natürlich auch nichts schadet.

Kampfessen

Das *jiaozi*-Essen artet oft zum Wettbewerb aus. Kampfessen ist angesagt, vor allem unter den Kindern: Wer kann die meisten *jiaozi* verdrücken? Geladene Ausländer werden schon vorab gefragt: »Herr Kreisel, wie viele *jiaozi* können Sie essen?« – als ob das etwas wäre, was bei der Einreise in den Pass gestempelt würde. Offensichtlich weiß jeder Chinese, der etwas auf sich hält, ganz genau, wo seine Grenzen liegen, wenn es um den Verzehr der gefüllten Teigtaschen geht. Um meine Gastgeber mit einem ihnen lieb und teuer gewordenen Klischee zu erfreuen, antworte ich auf diese Frage, dass ich zwar nicht wisse, wie viele *jiaozi* ich essen könne, aber bei Bier könne ich ihnen weiterhelfen: Acht Flaschen, spielend! Die Chinesen sind glücklich, denn schließlich kennen sie sich aus mit uns Langnasen: »Deguoren hen xihuan he pijiu!«, die Deutschen trinken gern Bier.

Überraschung!

Viel Spaß hat man an der Überraschungs*jiaozi*. Eine Teigtasche wird eigens mit einer sauberen Münze oder einer kleinen Süßigkeit präpariert. Wer sie bekommt, dem steht ein besonders viel versprechendes Jahr ins Haus. Doch bevor die Überraschungsteigtasche tatsächlich gefunden wird, gibt es immer einen Witzbold, der jammernd vortäuscht, diese *jiaozi* mitsamt ihrer Münze gerade verschluckt zu haben.

Neben *jiaozi* steht vor allem Fisch hoch im Kurs. *Yu*, das chinesische Wort für Fisch, klingt wie das Wort für Überfluss, und damit darf der Fisch nicht fehlen. Ein letzter Bissen bleibt stets auf dem Teller, damit sich der Überfluss fürs kommende Jahr erhalte. Ganz nebenbei schmeckt so ein *cuipi yu* (Fisch in Knusperhaut) gar nicht schlecht, auch wenn er aus einer Fischfarm stammt: China ist führend in der Fischzucht.

Sonstige Freuden

Nach dem großen Schmaus schaltet man den Fernseher an. Einige seilen sich ab, klappen den grün bezogenen *majiang*-Tisch auf, den ich anfänglich für einen Pingpong-Tisch gehalten hatte, und legen ihre Steine ab, um sich in ein Spiel zu vertiefen, das jahrelang verboten war – und an den Hochschulen für Studenten noch immer verboten ist. Die Fernsehgucker erfreuen sich währenddessen an Chinas meistgesehener Unterhaltungssendung, der Neujahrssendung »Chunjie Lianhuan Wanhui« auf CCTV, *Chinese Central Television*. Für uns Außenstehende trägt diese Show leicht surreale Züge: Die Volkslieder, vorgetragen von einer bunt betressten Mischung diverser ethnischer Gruppen, gehen gerade noch, doch spätestens bei den Sketchen vermag kein Ausländer mehr zu folgen. Etwas Erholung bieten die Popstars, viele von ihnen aus Taiwan und Hongkong eingeflogen, und die dekorativen Ausländer, die man gern in die Sendung holt, um sich von ihnen alle Klischees bestätigen zu lassen, die in China über die *laowai* kursieren: Oh ja, es sei schwer mit Stäbchen zu essen, Chinesisch sei eine schwere Sprache, und scharf essen könne man sowieso nicht: »Waiguoren bu hui chi lade«, Ausländer können nicht scharf essen.

Tipps & Know-how

Fastfood-jiaozi

Anders als bei uns, wo Frühlingsrollen als Inbegriff chinesischen Fastfoods *(kuaican)* gelten, haben in China die *jiaozi* den Markt für Tiefkühlkost fest im Griff. Zum Teil in Tüten, zum Teil lose, bieten die größeren Supermärkte zehn, zwanzig *jiaozi*-Sorten an. Und das nicht nur, wenn Saison ist, sondern das ganze Jahr über. Für viele Chinesen sind die mit Hackfleisch und Gemüse gefüllten Teigtaschen längst ein gewöhnliches Abendessen. Doch die gekauften *jiaozi*, so wird mir immer wieder versichert, seien längst nicht so gut wie die an Silvester selbst gemachten. Mag sein, doch mein von Chilischoten ausgebrannter Gaumen vermag den Unterschied kaum zu schmecken. Selbst die *jiaozi* in den Restaurants der Kette *Daniang Jiaoziguan* – englischer Untertitel auf dem roten Firmenschild: »Daniang Dumpling« – munden mir vortrefflich. Verkauft werden sie in Portionen von sechs. Mir genügen zwölf von der einfachsten Sorte, gefüllt mit Schweinefleisch und Chinakohl. Mehr als »Shi'erge. Baicaide.« muss man beim Bestellen nicht sagen: »Zwölfe. Chinakohlige.« Schon bekommt man zwei Quittungen in die Hand gedrückt, eine davon für die Bedienung. Man setzt sich, ein Gedeck wird aufgelegt, auch die typische *jiaozi*-Soße erscheint, verbunden mit der Frage, ob man Wert auf Chiliöl lege. Ich mag es scharf und bejahe die Frage stets mit einem sehr emphatischen »Yao!« Will ich! Wenig später kommen dann die *jiaozi*, die erst einmal mit den Stäbchen in die Soße getunkt werden wollen, was ich denn auch tue. *Hao chi!* Schmeckt gut und ist enorm preiswert: Ein Dutzend solcher Fastfood-*jiaozi* kostet umgerechnet keine zwei Dollar.

Rote Papierbänder

Rot ist die Farbe des Neujahrsfestes. Ob man durch enge Gassen streift oder im Wohnsilo die Treppe nimmt, immer sieht man rechts und links der Türen rote Papierbänder, die *duilian*, deren Schriftzeichen von Glück, Langlebigkeit und Überfluss künden. Sie treten immer paarweise auf, oft findet sich noch ein zusätzlicher Spruch in der Mitte des Torbogens. Andere Bilder, in der Küche oder im Wohnzimmer, zeigen den Gott des Wohlstands (*cai shen ye*). Freunde oder Verwandte bringen diese Bilder oder Scherenschnitte vorbei, eine Geste, die man mit ein paar Yuan erwidert. Dabei geht es nicht um das Geld, sondern um den symbolischen Wert: Hier wird Wohlstand verschenkt. Klar, dass niemand solch einen Yuan-Schein zurückweist.

Das Glück kommt

Nicht, dass es uns ungebildeten Ausländern überhaupt auffallen würde: Aber zur Neujahrszeit schmücken viele Familien ihre Wände mit auf den Kopf gestellten Schriftzeichen: *fu* (Glück) und *chun* (Frühling) fehlen in keiner Wohnung. Hinter dieser Sitte steckt die chinesische Lust am Wortspiel. Auf Chinesisch heißt »verkehrt herum« *dao*, was genau so klingt wie das *dao* für »ankommen«. Ein auf den Kopf gestelltes *fu* lässt sich so als *fu dao* lesen: Das Glück kommt.

Kleine Kaiser im Kaufrausch

So wie bei uns zu Weihnachten die Kinder mit Geschenken überhäuft werden, rollt auf die chinesischen Kinder an Neujahr eine Woge von roten Umschlägen (*hongbao*) zu. Drinnen steckt das begehrte *yasuiqian* (»Jugendverlängerungsgeld«), das in den letzten Jahren immer reichlicher geflossen ist und die Tendenz, »kleine Kaiser« (*xiao huangdi*) heranzuzüchten, deutlich verstärkt hat. Wer's nicht glaubt, besuche am zweiten Tag des neuen Jahres die Spielzeuggeschäfte, vorzugsweise den »Store for New China Children« auf der Beijinger Einkaufsstraße Wangfujing und bewundere die Konsumwut (und Kaufkraft) der lieben Kleinen.

Werte im Wandel

Für die Erwachsenen stehen eher die kulinarischen Exzesse im Vordergrund. Während der schweren Jahre (die in Teilen Chinas noch immer andauern, was bei allem urbanen Wohlstand nie vergessen werden sollte) drehte sich zum Neujahrsfest alles um das Nachholen des versäumten Fleischkonsums. Wer das ganze Jahr nur Reis und Gemüse gegessen hatte, dem stand der Sinn nach *ji ya yu rou* – Huhn, Ente, Fisch und Schweinefleisch. Heute, da vielerorts der Wohlstand ausgebrochen ist, denkt man eher an Gold, Schnaps und neue Möbel.

Alles neu an Neujahr

Das neue Jahr steht auch in China für den Neuanfang: »Ci jiu ying xin« – »Chu jiu huan xin«, raus mit dem Alten, rein mit dem Neuen. Das macht auch vor den Möbeln nicht Halt. Wer nicht in die Wohnung investiert, macht wenigstens Hausputz: Ein großer Kehraus muss sein, der Müll muss raus, und alle Betten müssen frisch bezogen werden.

Straßenfeste

Nicht nur zum Einkaufen zieht es die Menschen am Neujahrstag in Scharen nach draußen. In den Parks der Städte finden *miaohui* (Tempelfeste) statt, Neujahrsmessen, die an einen Rummelplatz erinnern. Man erfreut sich an Kampfkunst-Darbietungen, Tänzen und vor allem an den vielen kleinen Leckereien, die in großer Auswahl zu haben sind. Zur Feier des Tages lässt man sich mit dem alten *shouxing laotouzi* fotografieren: Eine gigantische Schwellkopf-Maske aus Pappmaché macht aus einem ganz normalen Chinesen den »Alten vom Lebensstern«, ein klassisch-daoistisches Langlebigkeitssymbol.

Aberglaube

Zwei Wochen nach Neujahr kehrt die Normalität wieder ein. Zuvor hatten sich die abergläubischeren Seelen an solche Regeln gehalten wie »Am 7. Tag keine Reise antreten«, »Am 8. Tag nach Hause zurückkehren« oder »Am zwölften Tag die Tochter nicht zum zukünftigen Ehemann schicken«. In einem letzten Aufflackern der Festtagsstimmung bietet das Laternenfest im Park beeindruckende Eislaternen, die abends bunt beleuchtet werden. Gegessen werden am 15. Tag des neuen Jahres Klebereisbällchen mit süßer Lotus- oder Bohnenfüllung. Auch hier spielt ein Gleichklang mit: *Tangyuan*, so heißen die süßen Bällchen, klingt wie »Harmonie«, ein gutes Omen für das neue Jahr.

Lexikon

Prost Neujahr!

Drei Sätze sollten Sie während der Neujahrszeit stets parat haben: Mit »Xin nian kuaile!« wünscht man sich ein frohes neues Jahr (egal ob nach dem Mond- oder gregorianischen Kalender), mit »Chunjie kuaile!« ein frohes Frühlingsfest. Sehr beliebt ist auch der Wunsch »Gongxi facai!«, möge Reichtum entstehen.

Symbole

Im Schnelldurchlauf ein paar der gängigsten Symbole aus der weitverzweigten chinesischen Mythologie.

Apfel:	Frieden (Gleichklang *ping*, Frieden, und *pingguo*, Apfel)
Granatapfel:	Fruchtbarkeit
Lotus:	Sommer und Reinheit (Buddha sitzt auf einem Lotusthron)
Magnolie:	Frühling
Pfingstrose:	Sommer
Pfirsich:	Langlebigkeit
Affe:	Klugheit
Kranich:	Unsterblichkeit
Löwe:	Macht
Storch:	Todesvogel. Bei Nachwuchs keine Karten mit »Klapperstorch« verschicken!
Drache:	Yang, männliche Urkraft, Osten, Glück und Kaiser
Phönix:	Kaiserin

Yin-und-Yang: Ursprünglich zwei Fischblasen in einem Kreis, veranschaulicht dieses schwarz-weiße Kreismuster die daoistische Grundvorstellung der dialektischen Oppositionen: Kein Licht ohne Schatten, keine Freude ohne Trauer. Letztlich: kein Leben ohne Tod.

Ein kleiner Kaiser in Beijing

Zwischen Mondfest und Weihnachten

Mondfest

Feste gibt es viele in China, doch neben dem Neujahrsfest verblassen alle anderen Feste und Festivitäten. Das Mondfest übersieht man allein deswegen nicht, weil plötzlich halb China seine Begeisterung für romantische Spaziergänge bei Mondenschein entdeckt (am 15. Tag des achten Mondmonats, zur Erntezeit also, erscheint der Vollmond besonders groß) und in allen Kaufhäusern so genannte *yuebing* (Mondkuchen) ausliegen. Um es vorwegzunehmen: Von einem Mondkuchen, der etwa so groß ist wie eine Männerfaust, lässt es sich gut drei Wochen lang leben. Voll gestopft mit Nüssen oder marzipanähnlichen Pasten, die auf rote Bohnen als Zutat leider nicht verzichten können, bietet ein Mondkuchen Tausenden von Kalorien bequem Platz. Berüchtigt ist die Füllung aus Lotuspaste und gesalzenem Eidotter, eine Füllung, die ausgerechnet mir immer wieder angedreht wird. Das Schönste an den Mondkuchen ist ihre repräsentative Verpackung: Als Geschenk machen Mondkuchen etwas her, als Gaumenfreude weniger.

Importfeste

Chinesische Feste und Feiertage, da denkt man an Drachenbootrennen, das Mondfest, das Laternenfest und vor allem an das chinesische Neujahrsfest. Aber es gibt auch Importfeste, die sich in kürzester Zeit einen Platz im chinesischen Leben erobert haben. Gute Geschäftsleute wissen, dass Weihnachten dank *shengdan laoren* (Weihnachtsmann), neonblinkenden Tannen und Kunstschnee Kinder und Erwachsene gleichermaßen fasziniert. Ob bei *maidanglao* (McDonald's) oder im Landao-Kaufhaus: Weihnachten ist ab Ende November allgegenwärtig. Nicht, dass die Chinesen zu Hause in breiten Massen Weihnachten zelebrieren würden (das tun nur einige wenige Christen unter ihnen), aber als Spaßfest für den Dezember wird Weihnachten wohlwollend wahrgenommen.

Kitsch made in China

Den ganzen Weihnachtskitsch hat man ohnehin schon im Land: China produziert für den amerikanischen Markt vom Plastik-Christbaum bis zum batteriebetriebenen Santa Claus alles, was ein knatschbuntes Weihnachtsfest braucht. Auch europäische Weihnachtsbräuche kennt man, denn einige ihrer wichtigsten Gerätschaften werden in China hergestellt: Längst kommen Räuchermännchen und Weihnachtspyramiden nicht mehr nur aus dem Erzgebirge, sondern auch aus Hubei oder Henan.

Invasion der Weihnachtsmänner

Zur Weihnachtszeit gibt es in den großen Städten mehr Weihnachtsmänner als gläubige Kommunisten. Die Angestellten von McDonald's und Pizza Hut tragen während der Arbeitszeit rot-weiße Weihnachtsmann-Mützen. Was am 1. Advent noch neu und komisch wirkt, hat sich nach ein paar Tagen fest im Kopf etabliert: McDonald's ohne frittierende Weihnachtsmänner kann man sich kaum noch vorstellen. Aus den Lautsprechern dringen westliche Weihnachtsklänge an das noch immer ungläubige Ohr: »I'm Dreaming of a White Christmas« und »Jingle Bells« ebenso wie das sonst nur in den USA bekannte »All I Want for Christmas (Is My Two Front Teeth)«.

In einem Einkaufszentrum beobachte ich eine Angestellte, die am Ladeneingang gelangweilt eine überlebensgroße Weihnachtsmannpuppe bewacht. Ohne erkennbare Gefühlsregung steht sie da und passt auf, während der Riesenweihnachtsmann neben ihr einen elektronisch gesteuerten Hüftschwung nach dem anderen vorführt. Was könnte gemütvoller sein als Weihnachten in China?

Daoismus in Dosen: Supermarkt

Potenzfördernde Pülverchen

Wer beim Einkaufen eine Schnapsflasche in Gestalt eines Pfirsich tragenden Greises entdeckt, hat nicht nur eine Möglichkeit gefunden, sich originell zu betrinken, sondern auch ein populäres daoistisches Symbol für das *shou*, das lange Leben. Die Suche nach dem langen, am besten ewigen Leben (bei voller Erhaltung der Manneskraft, versteht sich) treibt in China Blüten, die an mittelalterliches Alchemistentum erinnern. Allerhand Getier wie Eidechsen, Schildkröten, Skorpione oder Seepferdchen wird getrocknet, klein gehackt und zerrieben, um, als Pille oder Pülverchen eingenommen, das Leben zu verlängern oder wenigstens die Potenz zu fördern. Der Bedarf an Hirschgeweihen – die Assoziationskette »lang, hart, kräftig« nennt so ziemliches alles, worauf es der männlichen Kundschaft ankommt – ist so groß, dass er aus Inlandsquellen nicht mehr gedeckt werden kann. Amerikanische *deer farmers* verdienen dicke Dollars an all den Chinesen, die glauben, statt Viagra lieber geriebenes Hirschhorn schlucken zu müssen.

Langlebigkeitsnudeln

Deutlich angenehmer als der Verzehr von Hirschpulver ist der Blick auf *shou*-Kalligraphien. *Shou* (Langlebigkeit), ein Zeichen, das auf jeder Kalligraphieausstellung mindestens fünfmal zu sehen ist, hängt auch in vielen Wohnzimmern. Besonders wichtig wird die *shou*-Symbolik, wenn es gilt, einen Geburtstag zu feiern. Nudeln müssen dann für ein langes Leben herhalten, natürlich solche, die auch ganz besonders lang sind: *shoumian* (Langlebigkeitsnudeln) werden serviert. Die schmecken gut, sind bekömmlich und sorgen, auch ohne Hirschpulver und Ginseng, für ein langes Leben.

Geburtstag

Sterben die *shoumian* aus? Bei meinem ersten in China gefeierten Geburtstag bekam ich noch eine große Schüssel Langlebigkeitsnudeln serviert. Inzwischen gibt es zum persönlichen Festtag immer öfter einen verwegen aussehenden *dangao* (Kuchen, Torte), hinter einer Glasscheibe im Supermarkt von jungen Bäckern kunstvoll dekoriert. Die Vergleiche mit amerikanischen Kreationen müssen sich die chinesischen Backwaren gefallen lassen: Zu grell die Farben, zu kitschig die Buttercreme-Aufbauten. Nur: Beim Geschmackstest stellen sich die chinesischen Geburtstagstorten als deutlich überlegen heraus. In China mag man's nicht so süß, und das macht die knallbunten *dangaos* erträglich.

Der Brauch, seinen Geburtstag alljährlich zu feiern, hat sich erst in den letzten Jahrzehnten durchgesetzt. Früher wurden Geburtstage vor dem 40. Lebensjahr schlichtweg ignoriert. Heute freuen sich die Chinesen, wenn die Routine am Arbeitsplatz durch ein gemeinsames Kuchenessen aufgelockert wird.

Nichtstun als Ideal

Verzicht auf Handeln

Mickrige 5000 Schriftzeichen umfasst das Hauptwerk des Daoismus, das *daodejing*. Diese Bescheidenheit ist bezeichnend: Dem Daoismus geht es nicht um eine zielstrebige Umgestaltung der Welt, sondern um das genaue Gegenteil, die Absage an Einmischung, das passive Dahingleiten in einer Welt, die sich besser durch Sanftheit ertragen lässt als durch aktive Beherrschung. Handeln, so der Daoismus, provoziere immer auch ein Handeln auf der Gegenseite. Alles Gute erschaffe so, ohne es eigentlich zu wollen, das Böse. Die letzte Konsequenz aus diesem Automatismus der Gegensätze ist der Verzicht auf alles Handeln, gefasst im Begriff des *wuwei*. Das Nichthandeln, das dem Wasser gleiche Dahinfließen entlang dem *dao* (Weg), kennzeichnet den Weisen, der sich damit über die Wirrnisse der Welt erhebt. Das Wasser erreicht, trotz seiner Weichheit, immer sein Ziel und erweist sich, über die Jahre hinweg, als das eigentlich Beständige und Starke.

Mensch und Natur

In der Kunst erschafft der Daoismus symbolistische Landschaftsbilder, die auf eigentümliche Weise an die romantischen Gemälde Caspar David Friedrichs erinnern: Der Mensch reduziert zum fast nicht mehr wahrnehmbaren Einzelpunkt, ein verlorenes Ich, umschlossen von einer allmächtigen Natur.

Denken in Gegensätzen

Das Denken in Gegensätzen kennzeichnet den Daoismus: Dass nichts ist, es sei denn es hat auch ein Gegenstück, dass der Kontrast erst die Wahrnehmung ermöglicht, dass es kein »warm« gibt, wenn man nicht weiß, was »kalt« bedeutet. Und mehr noch: Erst wenn ich »warm« benenne, erschaffe ich daraus »kalt«. Derartige Gedanken finden sich auch in der westlichen Literatur und Philosophie, doch unser praktisches Leben wird davon bestenfalls am Rande berührt. Auch im modernen China spürt man eher wenig von Laozi und dem klassischen Daoismus. Dennoch begegnet man auf Schritt und Tritt Elementen, die ihre daoistische Abstammung nicht verleugnen können. Vor allem in der Kunst, auch der Volkskunst, hat der Daoismus seine Spuren hinterlassen und eine schier endlose Reihe von Langlebigkeitssymbolen hervorgebracht: Der Kranich, die Schildkröte, die Kiefer, der Bambus. Auch in der Heil- und Arzneimittelkunde hält sich eine im Grunde daoistische Tradition. Wenn es ums Essen und die Gesundheit geht, ist man Daoist, wenn es um den Staat geht, Konfuzianer, und geht's ums Geld, ist man Kapitalist – »mit chinesischen Vorzeichen«, würde die Partei noch schnell hinzufügen.

Essen mit Yin und Yang

Was den Daoismus betrifft, dürfen Sie getrost davon ausgehen, dass Chinesen beim Mittagessen nicht von der Dialektik der Oppositionen oder vom daoistischen Ideal des *wuwei*, des Nicht-Handelns reden. Gleichwohl basiert die Wahl der Speisen auf Gegensätzen, die sich einander die Waage halten sollen. Im ideal zusammengestellten Menü bilden *yin* und *yang* ein harmonisches Ganzes. Dabei hilft die Fünf-Elemente-Lehre: Im Sommer dominieren scharf, sauer und salzig; süß und bitter spielen eine eher untergeordnete Rolle. Aber auch hier tritt das Philosophische oft hinter ganz banale Alltagsanforderungen zurück: Wenn ich mit Professor Wang essen gehe, ist ihm wichtiger als alles Ge*yine* und Ge*yange*, dass wir nur mild Gewürztes bestellen, damit ihn nach dem Essen kein böses Magendrücken befällt.

Symbolik

Symbolwelten

Symbole finden sich in China in Hülle und Fülle. Gespeist aus vielen Quellen (Daoismus, Buddhismus, Kommunismus) müsste man stets ein ikonographisches Fachbuch dabei haben, um die jeweiligen Piktogramme zu entschlüsseln. Selbst den Chinesen ist zuweilen nicht ganz geheuer vor ihren vielen Symbolen. Dennoch: So ziemlich jeder Chinese, gleich welche Bildung und Ausbildung er genossen hat, kennt die wichtigsten Symbole. Viele leiten sich aus Gleichklängen ab und sind allein schon deswegen tief im Bewusstsein verankert: *fu* bedeutet Glück, aber auch Fledermaus. Klar, dass die Fledermaus zum Glückssymbol prädestiniert ist. Ähnlich geht's dem Fisch, *yu*, dessen Klang Überfluss und Wohlstand vermittelt.

Zahlenspiele

Neben der Pflanzen- und Tiersymbolik gibt es eine lebendige Zahlensymbolik. In Vancouver freute sich ein Immobilienmakler, dass ein Bürogebäude in einer der teuersten Innenstadtlagen innerhalb weniger Tage einen Käufer gefunden hatte. Ohne viel herunterzuhandeln, hatte eine chinesische Firma das Gebäude mit der hübschen Hausnummer 888 übernommen. Die Lage macht's, dachte sich unser Immobilienmann und erwarb, nur wenige Blocks südlich, ein ähnliches Bürogebäude, das gerade freistand: Nummer 444. Doch diesmal meldete sich monatelang niemand auf sein Angebot. Es gab einige, wenige Interessenten, doch Chinesen waren keine darunter. Was der Makler nicht wusste: Während *bababa* (888) eine Glückszahl ist, steht die 4 wegen ihres Gleichklangs mit *si* (Tod) für Unglück. Kein chinesischer Geschäftsmann möchte gegen derartige Kräfte antreten müssen, wenn er sein

Symbolträchtige Tierfiguren. Vor den Longmen-Grotten in Luoyang, Henan

Büro eröffnet. Aus dem gleichen Grund legen chinesische Besucher, die man im Hotel unterbringen muss, meist keinen gesteigerten Wert auf das Zimmer 4 im vierten Stock. Und wer das Plakat für den chinesischen Actionfilm »Bus 44« betrachtet, der weiß, dass diesen Bus keine harmonische Ausflugsfahrt zur Großen Mauer erwartet, sondern ein Sturz von den Klippen des Emeishan (Emei-Berg).

Nummernschilder

Weiß man von *yu* und 888, wundert es wenig, dass ein Chinese im Ausland ohne Murren ein paar Dollar oder Euro mehr bezahlt, um das Wunschkennzeichen »B-YU 888« an seinem Fahrzeug befestigen zu dürfen. In China gab es im Sommer 2002 ebenfalls Kennzeichen zur freien Auswahl, beschränkt zwar auf Beijing, Tianjin, Hangzhou und Shenzhen, dafür aber zum Schnäppchenpreis von 114 Yuan. Keine 24 Stunden nach Beginn der Aktion konnte sich ein witziger Hangzhouer Geschäftsmann das Nummernschild »IAM-007« an seinen Passat schrauben. Harmlose James-Bond-Scherze am Volkswagen hätte das Verkehrsverwaltungsbüro gerade noch ertragen können, nicht aber die Statements, die flippigere Autobesitzer auf ihre Schilder geprägt haben wollten – und auch bekamen, denn den Sachbearbeitern war nur wichtig, dass die Antragsteller brav ihre Gebühren bezahlten: »USA-911« fuhr auf einem Buick durch die Gegend, ein neuer Audi aus chinesischer Lizenzproduktion vermeldete »SEX-001«. Derartiges sehe nicht gut aus, vor allem nicht in den Augen ausländischer Besucher, meinte die Verwaltung, und so wurde das Experiment »Freie Nummernschildauswahl« nach nur zehn Tagen abgebrochen. »Technische Schwierigkeiten« lautete die offizielle Begründung der Behörde.

Telefonnummern

Noch ausleben können sich die 888-Fans bei den elfstelligen Mobiltelefonnummern. In den Läden der chinesischen Mobilnetzbetreiber, vor allem aber in den vielen kleinen Shops der Weiterverkäufer, hängen lange Listen mit verfügbaren Nummern an den Wänden, die »glücklichen« Nummern zu Preisen, die jenseits von Gut und Böse liegen. Wer ein paar Vierer in Kauf nehmen kann, spart viel Geld. Andererseits: Wer richtig angeben möchte, kauft die vielen Achter. Das Glück spielt dabei eine eher untergeordnete Rolle, man will einfach nur zeigen, was man hat.

Beijing, Shanghai und der Rest

Wang Junyi besitzt einen Laptop-Computer mit allen Schikanen, finanziert von seinem Arbeitgeber, dem Staat. Nur bedienen kann er ihn nicht. Er beherrscht weder das Betriebssystem noch eine chinesische Textverarbeitung. Texte schreibt er von Hand und lässt sie von seiner Sekretärin abtippen.

Vorurteile untereinander

Wang Junyi weiß natürlich um die Absurdität seines ungenutzten Rechners. Aber er ist zu sehr Beijinger, um auf etwas zu verzichten, was ihm Dank seiner Stellung in der behördlichen Hierarchie zusteht. Was seine Kollegen haben, muss auch er haben. Hätte er auf das Laptop verzichtet oder wäre es ihm gar versagt worden, wäre das einem Gesichtsverlust gleichgekommen.

Wenn Nicht-Beijinger an die Hauptstadtbewohner denken, stellt sich wie von selbst eine ganze Reihe fest gefügter Vorteile ein. Umgekehrt sehen sich gerade die Hauptstädter massiven Vorurteilen gegenüber, die man zwar nicht übermäßig ernst nehmen sollte, die aber dennoch ein gutes Stück chinesischer Denkungsart widerspiegeln.

Schlau, aber faul

Beijinger, das wissen alle Nicht-Beijinger, sind schlau, aber faul. Sie schwingen gern das große Wort, ratschen und tratschen, entwerfen großartige Gedankengebäude, doch bei der Umsetzung versagen sie auf der ganzen Linie. Sie gehen großzügig mit ihrem Geld um (wenn sie welches haben), gelten aber als nicht sonderlich geschäftstüchtig. Jeder Beijinger hält sich für einen großen Kenner der Polit-Szene, achtet auf Statussymbole (und damit auch auf »Gesicht«) und beherrscht die Kunst, Beziehungen (*guanxi*) aufzubauen, aus dem Effeff. Schon an ihrem Körperbau kann man sie erkennen: Sie sind groß, kräftig und breit. Ihre Lippen sind dauernd aufgeplatzt, denn es ist immer trocken und staubig in Beijing, und Lippenbalsam gilt ihnen als verweichlicht.

Die Reise in den Westen

Mag sein, dass kein Chinese der jüngeren Generation das Buch je in die Hand genommen hat, kennen tun sie ihn jedoch alle: Den Affenkönig Sun Wukong, der überall seine Späße treibt. In Zeichentrickfilmen, Bilderbüchern, Comics, Holzfiguren und Puzzles ist er tausendfach kindgerecht aufbereitet. Erwachsene lieben seine Auftritte in der Beijing-Oper. Seinen ersten und wichtigsten Auftritt hat er in einem der schönsten Romane der klassischen chinesischen Literatur, »Die Reise in den Westen«. Während der Tang-Dynastie reist ein junger Buddhist im Auftrag des Kaisers nach Indien, um dort Sutren zu sammeln. Begleitet wird er von seinem Pferd, einem Schwein und dem Affenkönig Sun Wukong. Gemeinsam erleben die Vier eine Reihe von phantastischen Abenteuern, die noch heute von vielen Chinesen außerordentlich geschätzt werden.

Wenn es Nacht wird in China ... Karaokebar, Beijing

Niemand kann besser mit Geld umgehen als die Shanghaier. Politik ist ihnen gleichgültig, das Materielle nicht. Im Vergleich zu den Beijingern sind sie geizig. Bei der Arbeit bescheinigt man ihnen einen guten Sinn für Details und eine hohe Arbeitsmoral. Ein Kapitel für sich seien die Frauen: Schön, stets perfekt gekleidet und immer schlank. Ihren Gürtel, so sagt man, könnten sie sich zweimal um die Hüfte wickeln. Was Guan Yuqian über die Shanghaierinnen und den Rest der chinesischen Damenwelt schreibt, würden Millionen von Chinesen nickend bestätigen: »Dass die Shanghaier Mädchen die hübschesten von ganz China sind, stand für mich fest. Sie sind nicht so kräftig und breit gebaut wie die Nordchinesinnen, aber auch nicht so winzig wie die Südchinesinnen. Ihre Haut ist nicht so dunkel wie die der Mädchen in den westlichen Provinzen.«

Hübsche Mädchen

Die Guangdonger gelten vielen Chinesen als die perfekten Geschäftsleute. Sie sind flink, clever, aber auch eiskalt berechnend. Sie halten untereinander zusammen wie Pech und Schwefel. Trotz ihres Fleißes verstehen sie das Leben zu genießen und ganz besonders die Guangdonger Küche mit ihren

Clevere Köche

raffinierten Dim Sums, die, so die Guangdonger, das Knoblauch-und-Chili-Gekoche ihrer nördlichen und westlichen Nachbarn als barbarisch entlarve. Guangdonger, kontern die so Gescholtenen, äßen dafür auch alles was laufe, schwimme, fliege oder kröche – was man kaum als sonderlich verfeinert bezeichnen könne. Zudem gelten bei den Nordlichtern der dunkle Teint der Südchinesen und ihre breiteren Nasen und Lippen als wenig attraktiv.

Landeier

Die Dongbeier (Dongbei umfasst die nordöstlichen Provinzen) gelten als dumpfe Landeier. Einen großen Appetit unterstellt man ihnen, einen noch größeren Durst, aber auch Treue, Mut und kräftige Fäuste. Ihre Frauen gelten als attraktiv – solange sie den Mund halten.

Schnelldenker

Wer aus Sichuan stammt, spricht schnell und denkt noch schneller. Er ist klein wie ein Affe (siehe Deng Xiaoping), liebt scharfes Essen über alles. Die *chuan mei*, die Sichuaner Provinzschönheiten, brauchen sich vor den Shanghaierinnen nicht zu verstecken, allenfalls die Damen aus den Städten Suzhou und Hangzhou können ihnen das Wasser reichen.

Schlechter Scherz

Die bunte Welt regionaler Vorurteile wird oft mit Witzen illustriert. Dong Cunrui, Held im revolutionären Befreiungskampf, legt mit einem Offizier aus Henan eine Sprengladung an eine feindliche Stellung. Dummerweise kommt die Ladung immer wieder ins Rutschen. »Bleib du hier und halte den Sprengstoff fest«, sagt der Henaner zu Dong, »ich hole schnell etwas zum Festmachen.« Er läuft davon, doch bevor er zurückkommen kann, schneidet ihm der Feind den Weg ab, sodass er kurz entschlossen daran geht, die von Dong gehaltene Ladung fernzuzünden. Dongs letzte Worte: »Genossen! Traut niemals einem Henaner!«

Heitere Gelöstheit

Tipps & Know-how

Eine »heiter gelöste fernöstliche Mentalität« konstatiert ein chinesischer Autor seinen Landsleuten. Komischerweise habe ich nie etwas von dieser Mentalität verspürt. In meiner Sammlung von Konfliktsituationen findet sich ein grell leuchtendes Gegenbeispiel: Der Hochschullehrer Liu Yonggang, stets um hohe akademische Standards bemüht, bekommt am Abend Besuch von einem Studenten. Ob er, Liu, ihn, den Studenten, nicht doch noch mit einem »Bestanden« bewerten könne? Zwar seien seine Leistungen wirklich schlecht, doch wie sähe es denn aus, wenn er ohne bestandene Abschlussprüfung nach Hause käme? Liu erläutert ein weiteres Mal die Gründe für seine Entscheidung. Chancen habe der Student genug gehabt, nun aber sei es zu spät. Aber er müsse doch bestehen, greint der Student. Falls nicht, werde er sich, hier und jetzt, eigenhändig einen Finger abschneiden. Sprach's, holt ein Hackmesser aus der Tasche und bringt es direkt über dem kleinen Finger der linken Hand in Position. Heute, rund 15 Jahre später, läuft ein erfolgreicher Hangzhouer Geschäftsmann ohne Hochschulabschluss und ohne das erste Glied seines linken kleinen Fingers durch die Gegend. Lehrer Liu ist mittlerweile pensioniert, lebt in Los Angeles und hatte es am Ende seiner Karriere bis zum akademischen Vizepräsidenten einer Beijinger Hochschule gebracht.

Stadt, Land, Fluss: Kontraste

Touristische Träume am Lijiang

Spektakuläre Hügel

Ist das wirklich die meistfotografierte Landschaft der Welt? Die Touristen, die auf den Ausflugsbooten den Lijiang (Li-Fluss) hinabfahren, tun ihr Möglichstes und schießen Foto um Foto. Ein Besuch am Li-Fluss, der durch eine spektakuläre Hügellandschaft fließt, in der die Hügel so unvermittelt aufragen, dass es fast schon unwirklich erscheint, gehört zum Schönsten, was China zu bieten hat. Wer ohne Gruppe reist, kann sich die Zeit nehmen und einige der wie grüne Zuckerhüte in die Ebene gestellten Karsthügel beklettern, um sich dann darüber zu wundern, dass oben am Gipfel fünf Chinesen im Schatten ihrer gewaltigen Boombox Picknick machen. Vielleicht hätte man den Mondhügel doch lieber aus sicherer Entfernung bewundern sollen, vom Boot aus, so wie alle anderen auch. Dann wäre einem auch das chinesische Mütterchen erspart geblieben, das oben auf dem Mondhügel mit einer vollständigen Kollektion von Dosengetränken auf durstige Touristen wartet. Die erhaben schöne Natur trifft so unvermittelt auf eine dumpfe touristische Infrastruktur, dass der verwirrte Reisende nicht weiß, ob er nun lachen oder weinen soll.

> *»Zu Hause darfst du arm, auf Reisen musst du reich sein.«*
>
> Chinesische Redensart

Kormoranfischerei

Die Traumlandschaft am Lijiang ist nur für die Touristen und die, die sich auf sie eingestellt haben, ein Traum. In Yangshuo, rund zwei Stunden flussabwärts von Guilin, ist eine kleine touristische Boomtown entstanden, mit Müsli, *pancakes* und Internet. Auf der von den Einheimischen *Laowai Jie* (»Ausländer-Straße«) getauften Hauptstraße dreht sich alles um das Wohlbefinden der Rucksacktouristen. Doch wer der Backpacker-Straße den Rücken kehrt und ans Flussufer läuft, verfällt sogleich wieder der Faszination der Landschaft. Zumindest bis ihn das Knattern der Bootsmotoren aus seinen Betrachtungen reißt. Selbst die Kormoranfischerei, die auf kaum einem Lijiang-Gemälde fehlt, wirkt weit weniger romantisch, wenn nicht mit Bambus gestakt wird, sondern nagelnde Dieselmotoren die Bambusflöße antreiben. Die Kormorane scheint das nicht zu stören, sie fangen auch weiterhin Fische, die sie sich dann von ihren Herren aus dem abgebundenen Schlund ziehen lassen.

Landflucht

Aus dieser trotz allem nur leicht beschädigten Idylle laufen die Menschen in Scharen weg. Landwirtschaft im Flusstal, nahezu vollständig ohne Maschinen betrieben, ist ein hartes Los, auch wenn die angebauten Pomelos, eine Pfirsich-Pampelmusen-Kreuzung, von den chinesischen Touristen gern gekauft werden. Kein Chinese, der am Flughafen nicht mit mindestens drei dieser Früchte ins Flugzeug nach Shanghai oder Beijing stiege. Und doch verlassen Jahr für Jahr mehr Dorfbewohner ihre Heimat am Fluss und beginnen in den Städten ein neues Leben. Ein Leben, das in vieler Hinsicht eher noch härter sein wird als in der Heimat. Geld aber, da ist man sich sicher, wird man in Hülle und Fülle haben.

◄ Ländliches Idyll am Li-Fluss

Erntekarren bei Linxia, Gansu

Zwischen Stadt und Land: Wanderarbeiter

Für Hungerlöhne

In jeder Großstadt sitzen sie auf der Straße, vor sich ein »Suche Arbeit!«-Schild. Mauern, Tapezieren, Fußboden oder Rohre verlegen, alles können sie, die Wanderarbeiter (*waidi mingong*), die sich in der Stadt das große Geld erhoffen. Facharbeiter sind sie nicht, aber sie wissen sich zu helfen. Ein Klempner von der Straße, der in meiner Küche einen tropfenden Abfluss direkt unter der Spüle reparierte, behalf sich in Ermangelung eines passenden Anschlussstücks mit einem Fahrradschlauch. Wunder über Wunder: Der Abfluss blieb dicht.

Auf den Baustellen buddeln die Wanderarbeiter im Sakko, was seltsam aussieht, die Hochhäuser aber nicht davon abhält, weiterhin in den Himmel zu wachsen. Im Süden rekrutieren die großen Fabriken für ihre Sweatshops junge Frauen, die lange Schichten für wenig Geld arbeiten, aber trotzdem froh sind, einen Job zu haben, der sie davor bewahrt, mit krummen Rücken auf den Feldern zu schuften.

Xiao Tong, die nur unter dieser Anrede (»Kleine Tong«) bekannt ist, stammt aus Anhui. Sie ist Mitte 20, lebt seit fünf Jahren am östlichen Stadtrand von Beijing. Ihr Geld verdient sie mit Putzen, Waschen, Kochen für gut verdienende – nicht reiche – Beijinger. Wenn ich in Beijing bin, bügelt sie meine Wäsche, putzt mein Apartment und geht für mich einkaufen. Ein geruhsames Wochenende kennt sie nicht, sie arbeitet jeden Tag. So kommen gut zwei Drittel eines Lehrergehaltes zusammen, Geld, das sie zum größten Teil an ihre Eltern und Verwandten in Anhui schickt. Dass sie aus Anhui kommt, ist typisch. Alle Hausmädchen in Beijing scheinen aus Anhui zu stammen. Die *Anhui*isierung des Dienstmädchengewerbes funktioniert nach genau den Prinzipien, die Xiao Tong uns vorgeführt hat: Vor fünf Jahren hatte sie es gewagt, allein in die große Stadt zu kommen. Mit der Zeit ist ihr Kundenstamm so sehr gewachsen, dass sie, trotz Sieben-Tage-Woche, kaum noch alles allein bewältigen kann. An diesem Punkt kommt die Familie ins Spiel: Ob die 23-jährige Schwester nicht nachkommen wolle, es gebe genügend Arbeit auch für sie. Und tatsächlich, ein paar Tage später steht die kleine Schwester vor der Tür, mit schwarzer Reisetasche, auf der, schlecht gedruckt, ein weltläufiges »China Tourism« zu lesen ist. Wirtschaftstourismus, denke ich mir, wie überall in China, wo millionenfach billige Arbeitskräfte in die Zentren strömen.

Ein Heer von Dienstmädchen

Während Xiao Tong das ganze Jahr über in Beijing bleibt – einzig zum Neujahrsfest reist sie, wie Millionen andere auch, in hoffnungslos überfüllten Zügen nach Hause –, ist Zheng Ren nur während der warmen Jahreszeit vor Ort. Zheng ist eigentlich Bauer, doch in Beijing baut er ein Hochhaus nach dem anderen. Zurzeit eines auf dem Campus der Fernsehhochschule. Mit Akademia hat das nichts zu tun: Die Hochschule will es scheibchenweise verkaufen und mit dem Gewinn die Hochschulfinanzen sanieren.

Bauern am Bau

Daheim, in Sichuan, schafft es Zhengs Frau nur mit Mühe und viel Hilfe von Familie und Sippe, die Parzelle zu bestellen. Doch sie weiß: Zur Erntezeit im Herbst, wenn die letzte Reisernte ansteht, kommt Zheng, wie viele seiner Kollegen, wieder nach Hause und packt mit an. Erst im späten Frühjahr geht es dann wieder zurück zu Backstein und Beton.

Eine qualifizierte Bürokraft in einem der vielen Joint Ventures in der Großstadt verdient im Vergleich zu einem Landarbeiter spielend das Dreißigfache. Mit diesem Gefälle in Einkommen und Lebensstandard hat China einen ebenso einzigartigen wie zweifelhaften Erfolg zu verzeichnen: Nirgendwo ist die Kluft zwischen Arm und Reich tiefer als hier. Belegt wird die gewaltige Schieflage der chinesischen Gesellschaft durch die zahllosen Wanderarbeiter, die in jeder Großstadt die Drecksarbeiten verrichten. Die Dienstmagd aus Anhui, der Bauarbeiter aus Sichuan, der Müllmann aus Gansu: Die bitterarmen Provinzen des Landes hängen finanziell am Tropf eines gewaltigen Heeres von Wanderarbeitern. Ohne die regelmäßigen Überweisungen dieser einheimischen Gastarbeiter droht der Heimat die völlige Verelendung.

Soziale Kluften

Und doch ist man davon überzeugt, auf dem rechten Weg zu sein. »Schau«, sagt der Bauer, der sich in Beijing genug Geld verdient hat, um in der Heimat bauen zu können, »ich bin ein angesehener Mann in meinem Dorf. Meine Familie hat ein großes Haus. Wir leben und essen gut.« Einerseits plündern die reichen Städte den einzigen Reichtum der Dörfer – ihre Arbeitskräfte –, andererseits fließt immerhin so viel Geld zurück, dass die arme Landbevölkerung über die Runden kommt, auch wenn, wie so oft in China, wieder einmal eine Missernte ins Haus stehen sollte.

Ausgleich für Missernten

Stadtmenschen: BoBos und Yuppies

Trends

Kaum eine Welle, die es nicht nach China schafft, kaum ein Lifestyle-Bestseller – vorzugsweise aus den USA –, der nicht in chinesischer Übersetzung zu bekommen ist. Nach den Yuppies und den *DINKS* (*double income, no kids*), waren es die *BoBos* (*Bohemian Bourgeois*), in denen sich die Besserverdiener wiedererkannten.

In den Städten werden Stress und *Burnout Syndrome* ebenso oft diagnostiziert wie bei uns: Gerade bei den berufstätigen Frauen, die auf dem Weg nach oben schneller an gesellschaftliche Barrieren stoßen, steigt die Zahl der ernsthaft Frustrierten. Immerhin sind 42% aller Manager in China Frauen, doch nur knapp 17% schaffen den Weg ins mittlere oder obere Management, trotz guter Ausbildung, hoher Motivation und unermüdlichem Einsatz. Die Presse greift solche Karrierebarrieren gerne auf, und man hat das Gefühl, die Journalisten freuen sich klammheimlich darüber, dass China nun auch beim *Burnout Syndrome* internationales Niveau erreicht hat.

Arbeitsplatz Börse, Hongkong

Digitale Kommunikation und kleine Schwestern

Freunde eines flinken Daumens werden sich freuen, wie Chinesen mit dem Mobiltelefon *(shouji)* umgehen. Lassen Sie sich mal zeigen, wie man Textnachrichten *(duanxin)* auf Chinesisch eingibt. Das ist hübsch anzusehen und funktioniert nach dem gleichen Prinzip wie das Schreiben am Computer. Schade, dass mein altes Ericsson über keinen chinesischen Zeichensatz verfügt und immer nur kleine schwarze Kästchen erscheinen, wenn mir jemand eine chinesische Text-Message zubeamt.

Bei E-Mails auf dem Computer habe ich keine Kompatibilitätsprobleme. Mein Rechner zeigt auch chinesische *dianzi youjian* (elektronische Post) korrekt an. *Dianzi youjian* ist übrigens ein sehr uncooles Wort, viel lieber benutzt man das englische *email.* Noch cooler ist allerdings *yi mei'er,* was wie E-Mail klingt und auch E-Mail bedeutet, wörtlich übersetzt aber »eine kleine Schwester« heißt.

Handy- und Computerwahn

Zwar sind Yuppies in Shanghai, Beijing und Guangzhou bei weitem nicht die größte Gruppe der Bevölkerung, aber bei einem Gang durch die Stadt begegnet man ihnen dennoch auf Schritt und Tritt. Ihre Kleidung unterscheidet sich nur in Nuancen von der ihrer westlichen Vorbilder, so wie auch ihre Markenfixiertheit, ihre Freizeitgewohnheiten (Disco, Karaoke, Kino) oder ihre Vorliebe für Fastfood vollständig einem Lebensverständnis entsprechen, das in New York nicht anders ist als in Berlin. Nur in einem sind sie anders: Ihre Handys klingeln lauter und haben Displays, die chinesische Zeichen darstellen können. Dass sie alle computerliterat sind, versteht sich von selbst: 90% benutzen ihr »elektrisches Gehirn« (so die wörtliche Übersetzung von *diannao,* Computer) jeden Tag.

Hohe Selbstmordrate

Wie prekär es trotz aller materiellen Fortschritte um das seelische Gleichgewicht junger Chinesen bestellt ist, belegt die erschreckend hohe Selbstmordrate in China. Knapp 300 000 Chinesen suchen alljährlich den Freitod, in der Altersgruppe der 15- bis 34-jährigen sind knapp 20% aller Todesfälle Selbstmorde. Damit belegt China im internationalen Vergleich einen traurigen Spitzenplatz.

Landwirtschaft mit der chemischen Keule

Pestizide tonnenweise

Bei einem Besuch in den Teeanbaugebieten Zhejiangs kann ich mich mit eigenen Augen überzeugen, was man dort unter moderner Landwirtschaft versteht. Die Druckbehälter auf den Rücken geschnallt, laufen die Landarbeiter durch die Teeplantagen und benebeln alles mit einem feinen Pestizid-Tau. Am meisten Leid tun mir die Lungen der Arbeiter: Atemschutzmasken hält offensichtlich keiner für nötig. Als ein Freund bei Fresenius eine Schadstoffanalyse eines Grüntees machen lässt, den er aus China mitgebracht hat, unterstützen die Ergebnisse das, was ich wenige Kilometer von Hangzhou beobachtet hatte. »Den Tee«, frotzelt der Fresenius-Mann, »musst du als Sondermüll entsorgen.«

Lasche Kontrolle

Auf dem Müll landet auch manche Lieferung chinesischen Honigs, besonders, wenn ihn deutsche Behörden untersuchen. Typisch ist die hohe Belastung mit Chloramphenicol, einem Antibiotikum, das auch in chinesischen Shrimps gefunden wurde. Noch ungesünder sind die diversen in China zum Einsatz kommenden Schädlingsvertilgungsmittel. Zwar gibt es von chinesischer Regierungsseite eindeutige Richtlinien, die den Einsatz veralteter, hochgiftiger Pestizide untersagen, doch mit der Überprüfung und Kontrolle tut man sich schwer. Deshalb werden wohl auch weiterhin jedes Jahr über eine Million Tonnen Pestizide auf Chinas Tomaten, Teeblättern und Kohlköpfen landen.

Tipps & Know-how

Tödliche Tomaten

- Chinesische Tomaten werden bis zu 30-mal mit Giften besprüht, bei Obst ist es nicht viel besser. Erlaubt ist, was Ertrag bringt. Wer länger in China lebt, sollte – so wie wir das jahrelang getan haben – seine Tomaten kurz in heißes Wasser werfen und dann schälen. Auch Obst immer schälen. Geringere Schadstoffmengen nimmt zu sich, wer nur das isst, was sich schälen lässt oder was von Natur aus gut geschützt in Schoten wächst, etwa Erbsen oder Bohnen.
- Kein Gift, dennoch bei vielen Westlern gefürchtet, ist Glutamat *(weijing)*, das in vielen chinesischen Rezepten auftaucht. Wer den Geschmacksverstärker nicht mag, bestellt ihn kurz und knapp ab: »Bu yao weijing!«, ich will kein Glutamat.

Landwirtschaft ohne Maschinen in Fuli, Guangxi

Die schwimmenden Gärten von Beijing

Moderne Agrartechnologie im Speckgürtel

Wo die Bauern in den armen Provinzen sich nur mit Mühe eine halbwegs menschenwürdige Existenz schaffen, gelingt es den Agrarbetrieben im Umland der Großstädte mit Leichtigkeit. Der Bauch von Beijing will gefüttert sein. Moderne Agrartechnologie hilft, das älteste aller chinesischen Handicaps zu überwinden: Pro Kopf hat China die kleinste Ackerfläche der Welt. Ein Fünftel der Weltbevölkerung muss mit 7% der Weltackerfläche auskommen. Da wundert es nicht, dass der Blick in die Niederlande fiel. Inzwischen schwimmen, nicht weit von der Beijinger Stadtautobahn, Tausende von Gemüsepflänzchen auf Nährlösung durch computerkontrollierte Gewächshäuser. Voller Stolz präsentieren die Agronomen, in Kalifornien und Holland ausgebildet, wie ein kleines Pflänzlein, das am Beckenanfang auf einem floßähnlichen Träger in die Nährlösung gesetzt wird, vollautomatisch bis ans Ende des Gewächshauses schwimmt, um dann dort, inzwischen zu beachtlicher Größe angewachsen, geerntet zu werden. *Wutu zaipei*, »ohne Erde anpflanzen«, nennt sich das. Als ideal hat sich dieses Verfahren für grünes Gemüse wie *youcai* (Bok-Choy) erwiesen.

Kunstprodukt Goldkopfpilz

In der Nähe von Shanghai wachsen die Goldkopfpilze längst nicht mehr in modrigen Kellergewölben oder dusteren Höhlen. Das Innere der Räume erinnert eher an einen High-Tech-Atomschutzbunker. Wer weiß, vielleicht ist eine Doppelnutzung durchaus vorgesehen. An den Wänden des Kontrollraums zeigen Digitaldisplays alle Umweltparameter an: Luftfeuchtigkeit, Temperatur, Nährstoffzufuhr. In ihrem Substrat gedeihen die Pilze, die wie Würmer mit Hut aussehen, noch schneller als in ihrem angestammten Habitat. Auch hier also industrielle Produktion von Lebensmitteln auf hohem technischen Niveau.

Das Ende der Idylle

Der Kontrast zwischen diesen Betrieben und den Bauernhöfen im Landesinneren könnte größer nicht sein. Doch auch in der tiefsten Provinz finden sich inzwischen Hühnerfarmen und Entenmastbetriebe, in denen Fleisch industriell produziert wird. Das immer wieder gern fotografierte Idyll am Enten- und Gänseweiher dürfte bald nur noch auf historischen Aufnahmen zu sehen sein.

Kein Umweltbewusstsein

Ironischerweise war der Entenweiher nie ein Idyll. Nur durch die Kunst des Weglassens erschien er uns als solches. Wer in China auf Flüsse, Bäche und Weiher stößt, stolpert zwangsläufig über gewaltige Mengen Wohlstandsmüll. Ohne viel darüber nachzudenken, füllt die Dorfbevölkerung jede Senke, jede Böschung, jedes Flussufer mit Abfällen aller Art. Bei biologisch abbaubarem Dreck würde mich das nur aus ästhetischen Gründen stören, dass aber im Dorfweiher grün glänzende Sprite-Flaschen neben Plastiktüten und Styroporkisten schwimmen, wurmt mich sehr. Wenn genügend Geld da ist, die Repräsentanten der Konsumgesellschaft ins Haus zu lassen, sollte auch genug Geld für deren Entsorgung bereit stehen. Doch es ist nicht das fehlende Geld, das zur Vermüllung der Natur führt, in den Dörfern ist es der Mangel an Bildung und Umweltbewusstsein, der Teiche und Weiher zu Müllkippen werden lässt.

Umweltschutz: Frischluft per Verordnung

Grüne Busse für Olympia

Die grünen Busse, die in Beijing für die Olympischen Spiele angeschafft werden, machen aus Beijing noch lange keine grüne Stadt. Millionen andere Autos, deren Emissionswerte auf dem Stand der 1970er verharren, sorgen für eine gleichmäßig hohe Luftbelastung. Das Wort »Katalysator« verstehen die meisten Chinesen nicht einmal in ihrer Muttersprache. Dass sich auch Dieselmotoren mit Partikelfiltern ausstatten lassen, ist erst recht niemandem bekannt. In den Medien wiederum wird verhältnismäßig viel Rummel um eine saubere Umwelt gemacht, doch von den paar sauberen Wasserstoffbussen oder den wenigen Taxis mit Gasantrieb, die im Fernsehen als Retter der Frischluft angepriesen werden, merkt der chinesische Städter nichts: die Luft ist und bleibt schlecht.

Einführung moderner Technologien

Dabei unternimmt China gerade beim Umweltschutz enorme Anstrengungen – auch wenn diese durch die ungleich größeren Anstrengungen beim industriellen Aufbau gleich wieder untergraben werden. Man ist da ähnlich gespalten wie bei uns: Natürlich hätte man es gerne sauber, aber wenn das zu teuer wird, dann geht's auch schmutzig. Geht es allerdings ums Prestige, etwa mit Blick auf Olympia, treten marktwirtschaftliche Überlegungen vorübergehend in den Hintergrund. So wie beim neuen Beijinger Kraftwerk Ost. Das alte Backsteingemäuer, in dem sich bis 1997 noch die Turbinen drehten, wurde ersetzt durch ein modernes Kraftwerksgebäude mit

Umweltschutzgesetze hat China genug. Doch viele Firmen zahlen lieber die Strafen. Stahlwerk in Baotou, Innere Mongolei

Heizen für Olympia

Im Spätherbst 2002 halbieren die Beijinger Versorgungsbetriebe den Strompreis. Nicht auf Dauer, sondern nur für die winterliche Heizperiode von Anfang November bis Ende März. Für eine Kilowattstunde Nachtstrom sind umgerechnet gerade einmal 0,025 Cent zu zahlen. Ein günstiger Preis, auch für China. Die Beijinger, vor allem diejenigen, die aus Kostengründen noch Kohle verfeuern, sollen umsteigen auf den sauberen Strom. Für die kleine Hochschule des Ministeriums für Bürgerangelegenheiten heißt das erst einmal: Kesseltemperatur drosseln. Die zentrale Campus-Heizanlage, mit Kohle betrieben, fährt die Heizleistung so weit nach unten, dass die Heizkörper nur noch lauwarm sind. Dennoch friert keiner, denn in vielen Klassenzimmern (und in allen Büros) stehen Klimageräte – mannshohe Geräte, so groß wie ein amerikanischer Kühlschrank –, die jetzt warme Luft auspusten. Wer, wie die Sekretärin Gu Peng, zu Hause bislang auf ein solches Kombigerät verzichtet hatte, macht sich auf einen kalten Winter gefasst. Für ihr Zimmer im Single-Wohnheim der Hochschule kauft sie ein kleines elektrisches Heizgerät, in dem sich zwei Keramikelemente rot glühend erhitzen, stellt es auf den Wohnzimmertisch und lässt sich von den Wärmewellen bombardieren. So ließe es sich gerade noch aushalten, meint sie. Außerdem stehe ja das Frühlingsfest vor der Tür: »Und dann fahre ich eine Woche zu meinen Eltern nach Shandong, ans Meer.« Wenn der Plan der Beijinger Verwaltung aufgeht, wird so der Kohleverbrauch während der nächsten Jahre um nahezu die Hälfte reduziert werden können. Dabei hilft auch das Erdgas, das schon vor Jahren einen ersten Boom erlebt hatte. Zwar schleppen noch immer viele Beijinger Propangasflaschen in ihre Wohnungen, doch die meisten kochen mittlerweile bequem mit Erdgas aus der hauseigenen Gasleitung.

neuster Filtertechnologie. Wo einst tiefschwarze Rußfahnen aus den Schornsteinen stiegen, erhebt sich nun ein weißes Dampfgebilde, aus dem ich zwar noch immer nicht meine Atemluft beziehen möchte, das aber keinen Deut giftiger ist als das, was aus unseren Kraftwerken quillt.

Luftkurort Beijing

In den letzten Jahren liefen nahezu alle einschneidenden Umweltmaßnahmen unter dem Stichwort »Olympische Spiele 2008«. Schon während der ersten Bewerbung um die olympischen Spiele hatte die Führung der Stadt gezeigt, wie man sich im besten Licht und frischster Luft darstellt: Als die Delegation des Internationalen Olympischen Komitees zur Besichtigung nach Beijing kam, mussten sämtliche großen Dreckschleudern vorübergehend ihre Produktion herunterfahren. Das Verbrennen von Kohle wurde untersagt, und nur Autos mit geraden Kennziffern wurden auf den Straßen geduldet. Für ein paar Tage war Beijing zum Luftkurort geworden. Kaum waren die IOC-Mitglieder verschwunden, schmauchte der alte Drachen Beijing weiter, in altgewohnter Schwärze.

Zu arm, bekommt man zu hören, sei China, um kostspielige Umweltschutzmaßnahmen zu treffen, erst käme der Aufbau des Landes, dann sein Schutz. Seltsamerweise klappt es mit dem Umweltschutz immer dann ganz gut, wenn man vor der Weltöffentlichkeit gut dastehen möchte. Der ambitionierte Beijinger Fünfjahresplan, der vor den Olympischen Spielen die krassesten Fehlentwicklungen ausbügeln sollte, hatte genügend Geld im Topf, um den Nahverkehr auszubauen, die Abhängigkeit von der Kohle zu beenden und die stinkigsten Industriebetriebe zu sanieren, oder, wie im Fall des Stahlwerkes Shoudu, einfach zu schließen. Einzig an die Automobile hatte man sich nur zaghaft herangewagt. Dabei befindet sich die Automobilindustrie dank Joint-Venture-Vorschriften überwiegend in chinesischer Kontrolle: Hier hätte ein Machtwort genügt, und schon würden sämtliche Dieselfahrzeuge mit Rußpartikelfilter über die Highways rollen.

Eine Frage des Geldes

Drei-Schluchten-Damm

Die chinesische Führung – und darin ist sie zum einen sehr chinesisch, zum anderen sehr totalitär – liebt teure Prestigeprojekte, die »ein Symbol für die Überlegenheit des sozialistischen Systems« abgeben. Annemarie Teller, die 2002 mit einem Touristenboot die Schönheiten der Drei Schluchten *(sanxia)* des Changjiang durchfuhr, gehörte zu den letzten Menschen, die das unverwässerte Original bewundern konnten. Inzwischen können sich nur noch Fische an den Kliffen und Felsen erfreuen. Die erste Staustufe des gewaltigen Damms staut seit 2003 die trüben Fluten um 135 Meter an, die Endstufe beträgt volle 175 Meter. Die chinesische Regierung wird den Verlust an touristischen Einnahmen verschmerzen können: Das Wasserkraftwerk mit seinen 28 Turbinen produziert so viel Energie wie 18 Atommeiler.

Wer eine 200 Meter hohe Staumauer baut, die noch dazu 2000 Meter lang ist und einen 500 Kilometer langen See aufstaut, für den sind Umsiedlungen, Menschenrechte und Umweltschutzbedenken nur noch eine lästige Nebensache. Die Verheißungen des Großprojektes – neben der Schiffbarkeit des Changjiang von Chongqing bis Shanghai vor allem sauberer Strom – lassen die Führung großzügig über die Anliegen von zwei Millionen Menschen aus 140 überfluteten Ortschaften hinwegsehen. Mag ja sein, argumentiert Beijing, dass nicht alle gerecht entschädigt worden seien, dass korrupte Kader in die eigene Tasche gewirtschaftet hätten und dass die Polizei bei einigen Zwangsräumungen ein bisschen zu kräftig geprügelt habe, doch insgesamt würden diese Probleme vor dem großen Ziel verblassen, schließlich gehe es um die Zukunft Chinas: Die Bevölkerung des Flusstals, Heimat von einem Drittel der chinesischen Bevölkerung, gehe einer ruhmreichen Zukunft entgegen.

Kritische Wissenschaftler haben da ihre Zweifel, glauben, dass es auf lange Sicht zu problematischen Umweltveränderungen kommen wird. Die Wasserverschmutzung werde zunehmen, ebenso die Verschlickung, Verschlammung und Versandung, selbst Erdbeben könnten durch den enormen Druck des Wassers auf die tektonischen Platten ausgelöst werden.

Zeichen, Silben, Töne: Hanyu für Anfänger

Do you speak Hanyu?

Die Sprache der Han

Die Chinesen nennen sich selbst *Han* (Han-Chinesen), wenn sie ihre Abstammung bezeichnen, *zhongguoren* (Chinesen), wenn es um die Staatsangehörigkeit geht. Chinesisch wird deshalb sowohl als *hanyu* als auch als *zhongguohua* bezeichnet – gemeint ist dasselbe. Ebenfalls üblich ist der Ausdruck *putonghua* (»allgemeine Sprache«, Hochchinesisch). Auch der bei uns gelegentlich noch zu hörende Ausdruck »Mandarin« bezeichnet nichts anderes als das auf dem Beijinger Dialekt beruhende *putonghua*. Wer kein Chinesisch kann, sagt »Wo bu hui shuo hanyu«, ich spreche kein Chinesisch. Oder noch kürzer: »Ting bu dong«, ich verstehe nicht.

»Unterrichtsstunden bis zum Erreichen eines Levels, das einfache Gespräche ermöglicht: 1320.«

Defense Language Institute

Doch selbst diese kurzen Sätze wollen am Anfang nicht hängen bleiben. Das Chinesische ist uns dermaßen fremd, dass selbst einfachste Brocken wie »Xiexie!« (Danke) nicht im Kopf bleiben wollen. Daran trägt sicherlich auch die Pinyin-Transkription mit dem verwirrenden X ein wenig Schuld. Jahrelang wurden wir durch die Abendnachrichten mit einem falsch ausgesprochenen Deng »Ksiao« Ping in die Irre geführt. Jetzt, wo wir wissen, dass ein X im Pinyin irgendwo zwischen einem englischen »sh« und einem deutschen »ch« liegt, ist es fast schon zu spät. Wer dann noch weiß, dass ein Q wie das »tch« in »Lottchen« klingt, liest schon besser Chinesisch als die meisten Fernsehsprecher. Grundsätzlich gilt: Das Pinyin ist stark vom Englischen inspiriert. Wenn Sie *j, r, w* und *y* englisch aussprechen, ist das zwar noch immer nicht perfekt, kommt den Originalklängen aber doch schon sehr nahe.

Pinyin

Die Aussprache wird uns weiter erschwert durch die vier Tonakzente (eigentlich fünf, wenn man den neutralen Ton mitzählt). Die Silbe *zhu* kann Schwein bedeuten, aber auch den Gott der Christen bezeichnen (*zhu*, Herr), je nachdem, ob es im ersten, gleichbleibend hohen Ton gesprochen wurde oder im modulierten dritten: Stimme senken, dann wieder heben. Ein *ma* im vierten, abfallenden Ton bedeutet »schimpfen«, ein *ma* im zweiten, steigenden Ton, »Hanf«. Mir ist es tatsächlich schon passiert, dass ich ein Süppchen (*tang*) bestellt und stattdessen ein Päckchen Zucker (ebenfalls *tang*) erhalten habe; Robert hat es geschafft, Zigaretten zu bekommen, nachdem er um Salz gebeten hatte: Allein der Ton macht den Unterschied.

Tückische Tonakzente

Die Grammatik hingegen erfreut durch den weitgehenden Verzicht auf Endungen. Die Verben bleiben in allen Personen gleich: »Ich liebe, du liebst, wir lieben« heißt »Wo ai, ni ai, women ai«. Fragen lassen sich durch die angehängte Fragepartikel *ma* bilden, sozusagen ein mitgesprochenes Fragezeichen. Das chinesische »Wie geht's?« benutzt genau dieses *ma*: »Ni hao ma?«, wörtlich: »Du gut (Fragepartikel)?«

Verzicht auf Endungen

Ähnlich werden die Zeitformen ausgedrückt: Unregelmäßige Verben, die man mühsam auswendig lernen müsste, gibt es nicht. Mit einem angefügten *le* verleiht man ganzen Sätzen einen Vergangenheitsaspekt: »Wo chifan le«, ich habe schon gegessen. Wörtlich: «Ich essen (Vergangenheitspartikel).«

◄ Spruchbänder in Baotou, Innere Mongolei

Nicht immer einsilbig

Anhand des *chifan* aus dem obigen Satz lässt sich ein weiteres Phänomen erklären: Die Wortbildung. Wörter bestehen nicht, wie oft fälschlicherweise angenommen, aus nur einer Silbe (die wiederum mit nur einem Schriftzeichen ausgedrückt wird). Die überwiegende Zahl der Wörter besteht aus zwei oder drei Silben. *Chifan* bedeutet »essen«, besteht aus den Silben/Zeichen *chi* und *fan*, die zwar auch isoliert etwas bedeuten (»essen« und »Speise«), aber im Alltagschinesisch so gut wie nie allein stehen. Erst die Kombination macht aus *chi* und *fan* ein unmissverständliches *chifan*, essen. Für die Befehlsform greift man dann aber doch wieder auf *chi* zurück und fügt die Partikel *ba* an: *Chiba!* Hau rein!

Lexikon

Chinesisch für Ausländer: »Happy Happy Speak Chinese«

Hao! Gut! Das Wörtchen *hao* (gut) ersetzt so manchen langen Satz, vorausgesetzt man beherrscht den Umgang mit den nachgestellten Partikeln *-de, -ba* und *-le.*

- *haode:* Kein Problem, geht in Ordnung, alles paletti.
- *haoba:* Gut, wenn's unbedingt sein muss.
- *haole:* Gut, aber jetzt Ende der Debatte. Kann unhöflich wirken.

Wer einfach nur *hao* sagt, umschifft die Problematik, klingt aber auch nicht besonders authentisch.

Dongxi, Dingsbums Das vielleicht praktischste Wort der chinesischen Sprache lautet *dongxi,* Ding. Immer wenn ich etwas möchte, aber das richtige Wort nicht kenne, muss *dongxi* aushelfen: »Wo yao zheige neige dongxi!« *Wo yao* ist schnell erklärt: »Ich will«. *Zheige* und *neige* bedeuten, umgangssprachlich, »dieses« und »jenes«. Wörtlich heißt der Satz also: »Ich will diese jene Sache.« Oder vernünftig übersetzt: »Ich hätte gern dieses Dingsbums da.«

Der weibliche Sohn *Nüer* ist das Wort für Tochter. Ein Blick auf das chinesische Schriftzeichen verrät mehr als die schlichte Übersetzung: *nü* ist das *nü* von *nüshi,* Frau, *er* ist das *er* von *erzi,* Sohn. Damit erweisen sich alle Töchter als »weibliche Söhne« und die Chinesen als ein Volk, in dem alle nur Söhne haben.

Kurz, kürzer, Chinesisch Kein Mensch nennt die *Beijing Daxue* (Universität Beijing) bei ihrem vollen Namen: *Beida* heißt sie, kurz und knapp. Ähnliche Kurzformen lassen sich zu allen Hochschulen und Einrichtungen bilden. Nur für völlige Outsider wird auf die Langform zurückgegriffen.

Pingping, an'an »Gaogao xingxing shang ban lai, pingping an'an hui jia qu.« Diesen erzieherischen Spruch scheinen nun wirklich alle Chinesen zu kennen. Wir Westler finden ihn drollig, weil er ein typisch chinesisches Phänomen so trefflich illustriert: das der Verdoppelungen. *Gaoxing* (froh) hätte durchaus genügt, doch mit *gaogao xingxing* klingt das Ganze gleich noch mal so froh und unbeschwert: »Fröhlich-froh geh zur Arbeit, super-sicher komm nach Haus.«

Schreiben lernen ohne ABC. Schulkinder in Shanghai

Hanzi: Schriftzeichen

Nachschlagen

Wer die Pinyin-Form eines chinesischen Wortes kennt, schlägt in seinem Pinyin-Wörterbuch bequem per ABC nach. Was aber ist zu tun, wenn man ein unbekanntes Schriftzeichen nachschlagen möchte? Da hilft nur ein Wörterbuch, das seine Einträge über das *bushou jianzibiao*, das Radikal-Verzeichnis listet. Radikale sind Grundstriche, Grundbestandteile chinesischer Schriftzeichen, ihre Wurzeln. Ein Radikal wird durch weitere Strichfolgen ergänzt, um zusätzliche Bedeutungen auszudrücken. Nehmen wir einmal »Wasser«. Dafür gibt es natürlich ein eigenständiges Schriftzeichen. Aber »Wasser« (*shui*) existiert auch in einer zweiten, nicht selbstständigen Form, die lediglich aus drei punktartigen Strichen besteht, die Tropfen symbolisieren – das Wasser-Radikal. Schaut man sich nun die Schriftzeichen für Alkohol (*jiu*), See (*hu*) oder Fluss (*he*) an, wird man diese drei Tropfen des Wasser-Radikals sofort wiedererkennen. Dem Lernenden hilft das ungemein, denn sobald er das Wasser-Radikal sieht, weiß er sofort, dass er es mit einem Zeichen zu tun hat, das aus dem Wortfeld »Flüssigkeit« stammt.

Fundamentale Radikale

Stoßen wir nun auf ein unbekanntes Zeichen, das mit dem Wasser-Radikal beginnt, haben wir den entscheidenden Anhaltspunkt zum Nachschlagen: Im Wörterbuch werden die Radikale – die man, wie unser ABC, einfach kennen muss – nach der Zahl ihrer Striche aufgelistet. Im Falle unseres Wasser-Radikals sind das drei. Wir suchen also in der entsprechenden Tabelle unter »Drei Striche«, bis wir das Wasser-Radikal gefunden haben. Tatsächlich, hier ist es, versehen mit der Radikal-Nummer 40 (von insgesamt 214). Wir blättern weiter, diesmal zur Tabelle 40, die sämtliche Schriftzeichen mit dem Wasser-Radikal aufführt. Um das Nachschlagen zu beschleunigen, zählen wir die Striche im Rest unseres unbekannten Zeichens: Wir kommen auf sechs und springen an die entsprechende Stelle (»Sechs weitere Striche«), wo wir tatsächlich unser Zeichen finden, versehen mit einer Seitenzahl. Jetzt endlich können wir die Bedeutung und die Aussprache nachschlagen: »*yan*, überschwemmen«.

Sprachreform

Die Schriftzeichen in der VR China machen es uns etwas leichter als die in Taiwan und Hongkong verwendeten. Während außerhalb der Volksrepublik mit traditionellen Schriftzeichen geschrieben wird (den Langzeichen), hatte auf dem Festland ein »Komitee zur Reform der chinesischen Sprache« bereits 1954 damit begonnen, Tausende der gebräuchlichsten Schriftzeichen zu vereinfachen und als Kurzzeichen für den allgemeinen Gebrauch verbindlich zu machen. Zehn Jahre später erschien eine Liste von 2238 reformierten Schriftzeichen, die auf rund 30% der alten Striche verzichteten.

Langzeichen

In der Werbung, auf Firmenschildern und Visitenkarten erleben die Langzeichen auf dem Festland mittlerweile eine Renaissance. Sie gelten als edel und dekorativ und helfen überdies bei den Geschäftsbeziehungen mit Überseechinesen auf der ganzen Welt.

Das Chinesische kennt mehr als 55 000 Schriftzeichen. Doch zum Lesen einer Tageszeitung sind nicht mehr als zwei- bis dreitausend nötig. Gebildete Chinesen beherrschen zwischen sechs- und achttausend Zeichen.

Tipps & Know-how

Digitale Wörterbücher

Universal-Wörterbücher haben den Nachteil, dass sie nicht sehr transportabel sind. Also verlegt man sich auf handliche Taschenwörterbücher. Seit bestimmt schon 20 Jahren gibt es den »Pocket Interpreter«, ein volksrepublikanisches Produkt, das mir in vielen Situationen weitergeholfen hat: Nicht nur Wörter listet es auf, sondern auch Sätze für das Alltagsgespräch. Eine deutsche Version ist in China zu haben und in den einschlägigen Fremdsprachenbuchläden so gut wie immer vorrätig.

Elektronische Wörterbücher sind der Renner in China. Kaum ein chinesischer Student, der noch im Buch nachschlägt. Das *Oxford Dictionary Chinese-English*, so groß wie ein Taschenrechner, kann sogar sprechen. Die Sprachausgabe ist für Muttersprachler verständlich, für Lernende aber hart an der Grenze des Zumutbaren. Ebenfalls schwer für Lernende: Die Bedienung, denn das Handbuch ist nur auf Chinesisch verfügbar.

Auch für Pocket PCs und Palm-Taschencomputer gibt es Chinesisch-Wörterbücher. Für den Palm, den ich in China gern benutze, gibt es das kostenlose *KDic*. Um allerdings auch chinesische Schriftzeichen auf das Display zu zaubern, benötigt man eine Erweiterung, wie sie Walter Lau aus Hongkong anbietet: *Chinese OS for Palm* nennt sich sein Programm, und es funktioniert hervorragend.

Lexikon

Kraftausdrücke und Slang

Voll geil Mein liebster chinesischer Kraftausdruck wird nur im derben Nordchina verstanden. Außerhalb der Hauptstadt verstehen meine chinesischen Gesprächspartner leider nur Bahnhof, oder besser: »Rindermuschi«. Das nämlich wäre die wörtliche Übersetzung von *niubi*. Tatsächlich aber bedeutet *niubi* »cool, toll, super, geil« und ist ein großes (wenn auch äußerst vulgäres) Lob: »Wu Wei, ni zhen niubi!«, Uwe, du bist wirklich klasse!

Der nationale Fluch Bei Taxifahrern und Fußballfans hoch im Kurs steht der Fluch »shabi«, in Insiderkreisen auch als »nationaler Fluch« *(guoma)* oder zumindest »hauptstädtischer Fluch« *(jingma)* bekannt. *Shabi* ist sehr praktisch, wenn man anderen Verkehrsteilnehmern zu verstehen geben will, dass man sie für hoffnungslose Idioten hält, oder wenn im Fußballstadion sowohl Mittelstürmer als auch Schiedsrichter zu beleidigen sind. Trotz seiner weiten Verbreitung ist *shabi* mit das Vulgärste, was man sagen kann. Wörtlich heißt es – schauen Sie jetzt bitte zwei Wörter lang weg, wenn Sie empfindlich sind – »dumme Möse«, kann aber problemlos auf beide Geschlechter angewendet werden. So richtig gut ist es natürlich nur für Männer.

Mist! Ein Fluch, der sich wie unser »Mist!« in Situationen höchster Frustration den zusammengekniffenen Lippen entringt, lautet »Tamade!«, was sehr kryptisch und entsprechend rätselhaft zu übersetzen ist: »Seiner/ihrer Mutter ihr/e ...!« In Funktion und Vulgarität entspricht »Tamade!« weitgehend dem englischen »Fuck!«.

Pipi Statt »Wo dei saniao!« (Ich muss pinkeln!) sagt man besser: »Wo yao shang cesuo«, ich muss mal auf die Toilette. Nicht schlecht ist auch das gebräuchliche »Wo qu fangbian yixia«, ich gehe mich mal erleichtern. Ebenfalls akzeptabel: »Wo yao xiaobian«, ich muss mal ein kleines Geschäft erledigen.

Slang Wer Slang hört, der denkt meist an lockere amerikanische Umgangssprache. Doch das Chinesische steht dem Amerikanischen in nichts nach, wenn es um fetzige Ausdrücke geht.

Chi cu. »Essig essen«. Eifersüchtig sein.

Chi doufu. »Tofu essen«. Flirten. Wer beim Essen »Wo hen xihuan chi doufu« (ich esse sehr gern Tofu) sagt, zaubert ein süffisantes Grinsen auf die Gesichter seiner chinesischen Gastgeber.

Chi xiangjiao. »Bananen essen«. Oralverkehr haben. Was glauben Sie, wie sich die Chinesen freuen, wenn Sie »Wo hen xihuan chi xiangjiao« von sich geben!

Erbaiwu. »250«. Die Zahl 250, gebildet aus *er* (zwei), *bai* (hundert) und *wu* (fünf), bedeutet im Slang »Trottel, Depp, Spinner«.

Jiba. Pimmel. Verknüpfung von *ji* (Maschine) mit der Partikel *ba.*

Kubile. Harmlos, leicht zu merken und trotzdem hip, ist *kubile,* cool. Wörtlich heißt es »tod-cool«, was schon sehr, sehr cool ist.

Lümaozi. »Grüne Mütze«. Betrogener, gehörnter Ehemann. Tipp: In China lieber eine andere Hutfarbe wählen.

Shisandian. »13 Uhr«. »Trottel, Spinner, Idiot«.

Taoyan! »Du nervst!«

Weder Schall noch Rauch: Namen

Ruining Computer Company

Namensgebung ist schwierig, besonders für westliche Firmen, die den chinesischen Markt erobern wollen. Doch auch chinesische Firmen, die Ambitionen auf ausländische Marktanteile haben, sollten ein Auge auf linguistische Inkompatibilitäten werfen: Was, zum Beispiel, soll man von der Herren-Oberhemden-Marke »Busen« halten? Oder von der »Ruining Computer Company«, der »ruinierenden Computerfirma«? Nein, da lässt man sich das Netzwerk doch lieber von der Konkurrenz installieren.

Kaulquappen aus Wachs

Dass *Coca Cola Corporations* erster Versuch einer chinesischen Namensgebung kläglich gescheitert ist, gehört wohl ins Reich der urbanen Mythen. Tatsache scheint zu sein, dass 1928, als *Coca Cola* offiziell auf dem chinesischen Markt eingeführt werden sollte, bereits zahlreiche Transliterationen vorhanden waren: Geschäftstüchtige Händler hatten aus dem Ausland kästenweise *Coke* importiert und boten den Gesundheitstrunk mit selbst gemalten Schildern feil, auf denen abstruse Übertragungen wie *Kedou kela* zu lesen waren, was sich, je nach Ton- und Dialektlage, zu einem »Beiß die wächserne Kaulquappe« oder »Mit Wachs gestopfte Stute« konstruieren ließ. Mittlerweile –

Illustrierte Speisekarte. Xian, Shaanxi

Lexikon

Importschlager

Anders als das Japanische, das sich dank seiner diversen Schreibsysteme leicht am ausländischen Wortschatz bedienen kann, fällt es dem Chinesischen relativ schwer, klanglich passende Silben für fremdsprachige Ausdrücke zu finden. Etabliert sind die folgenden Lehnwörter:

- *baibai* *Bye-bye,* tschüss
- *bisabing* Pizza
- *diseke* Disco
- *DVDji* DVD-Spieler. Westliche Buchstaben werden immer englisch ausgesprochen, also nicht *deh-vau-deh,* sondern *die-vie-die.*
- *kalaOK* Karaoke
- *kaobei* kopieren
- *sanmingzhi* Sandwich
- *weishiji jiu* Whisky

und nach einer revolutionsbedingten Marktabwesenheit von 1949 bis 1978 – heißt das Säftchen *Kekou Koule,* das heißt »schmackhaft« und »erfreulich«: Schmeckt gut und macht froh. Freilich: An die wörtliche Bedeutung denkt keiner, wenn er seine Cola bestellt – so wie auch wir nicht an Kokain denken, wenn wir »Coca« Cola trinken.

Tücken ausländischer Namen

Chinesischer Spott ergießt sich über nicht-sinisierte Firmennamen, die, ohne es zu wollen, an chinesische Wörter anklingen. Für chinesische Reiseleiter ist der deutsche Reiseveranstalter *GeBeCo* einfach nur »jipigu«, der »Hühnerarsch«. Der Witz liegt nahe, denn englisch ausgesprochen klingt das dreisilbige Kürzel tatsächlich sehr nach *ji* (Huhn) und *pigu* (Po).

Chinesischer Playboy

Die deutsche Siemens AG hört auf den hübschen Namen *Ximenzi,* was mit «Westtormann» übersetzt werden könnte. Auch hier hat der neue Name alte Assoziationen beiseite gedrängt. Allerdings erinnern sich nicht nur belesene Chinesen an den jungen Wüstling (oder wie meine Freundin Xiaoyan gerne sagt, den »Playboy«) namens Ximen, der in einem großen klassischen Roman der chinesischen Literatur unermüdlich seine erotischen Eskapaden verfolgt. Das »Jin Ping Mei« (Pflaumenblüten in goldener Vase) liegt auf Deutsch leider nur in einer gewöhnungsbedürftigen Übersetzung vor, doch auch die ist lesenswert: »King Ping Meh oder die abenteuerliche Geschichte von Hsi Men (*Ximen*) und seinen sechs Frauen« heißt das anregende Werk. Nur gut für den deutschen Elektrokonzern, dass der Lustmolch Ximen, dessen Name exakt wie die chinesische Form von »Siemens« klingt, heute weniger bekannt ist als während der Song-Dynastie.

Schnell tot sein

Schwer täte sich die Automarke Chrysler, würde sie ihren Namen rein nach Lautgestalt ins Chinesische übertragen, denn *Kuaisile* heißt »Schnell tot sein«. Offensichtlich bedarf es hoch bezahlter Experten, um Namen, Image und Marketingstrategie in Einklang zu bringen.

Familienbande

Trautes Heim in Fernost

Möbel nachgezimmert

Bei Wang Wei und Gao Yinan fühlt man sich gleich heimisch. Die Büchersammlung der beiden jungen Universitätsdozenten – die von ihren Studenten einfach nur «Lehrer» genannt werden: *Gao laoshi* und *Wang laoshi* – steht in einer Reihe von Regalen, die verdächtig nach Ikeas *Billy* aussehen. Gao Yinan gibt das unumwunden zu, verneint aber, die Regale bei der Möbelkette gekauft zu haben. Bei Ikea sei alles viel zu teuer, weshalb sie einen Kollegen gefragt habe: »Wo lässt du denn deine Ikea-Möbel schreinern?« Der Kollege habe sie an einen Schreiner nicht weit vom Nordtor verwiesen, und der habe dann für wenig Geld einen Satz Billy-Nachbauten gezimmert.

> *»Was, du bist dreißig und noch ledig? Ich muss einen Mann für dich finden!«*
>
> Wang Xia

Auf »typisch Chinesisches« muss ich bei Wei und Yinan verzichten: Keine Kalligraphien an den Wänden, keine Landschaftsaquarelle, kein Schrein für die Ahnen, nicht einmal ein Vorhang mit Bambus- oder Panda-Muster. Lachen muss ich, als ich im Esszimmer ein Ölgemälde mit plätscherndem Bach, Alpenglühen und röhrendem Hirsch entdecke. Ein ironischer Verweis auf Wang Weis Job als Deutschlehrer? Oder meint er es etwa ernst und findet den Hirsch »einfach nur schön«? Immerhin gibt es solche Gemälde in jedem besseren Beijinger Kaufhaus, meist nicht weit weg von der Abteilung für Geschenkwaren, in der eine Kuckucksuhr neben der anderen hängt und Modelle von friesischen Fischkuttern gleich dutzendweise angeboten werden. Auch China liebt die Exotik.

Alpenidylle

Neben den gut gefüllten Buchregalen beeindruckt mich in der Wohnung von Wei und Yinan vor allem der Wasserspender. Das Trinkwasser in Beijing gilt als schlecht und ist es auch. Abkochen ist ohnehin ein Muss: In ganz China trinkt kein Mensch aus dem Wasserhahn, überall gibt es nur *kaishui*, abgekochtes beziehungsweise heißes Wasser. In den reichen Städten lässt man sich das Wasser liefern. In 20-Liter-Plastikballons wird es in die Wohnung gebracht, auf den Wasserautomaten gesetzt und angezapft. Das Wasser ist (angeblich) bereits abgekocht und mehrfach gefiltert, kann also auch kalt getrunken werden, wofür der blaue Hahn zuständig ist. Wer einen Tee möchte, drückt auf den roten Zapfhahn und schon sprudelt perfekt temperiertes Teewasser in die Kanne oder Tasse.

Wunderbarer Wasserspender

Wei und Yinan wohnen auf dem Campus, eigentlich ein sicherer, von Mauern umschlossener Ort, mit Wachmännern an jedem Tor. Und doch ist in ihrem Gebäude jede Wohnungstür noch einmal durch eine zusätzliche Gitter- oder Stahltür gesichert. Eine Tür im Erdgeschoss fehlt, sodass man sofort auf der Treppe steht. Günstig für Fahrradfahrer, die bei Regen ihr Fahrzeug direkt in den trockenen Eingangsbereich schieben können. Weniger günstig für die allgemeine Sicherheit.

Treppenhäuser und Käfigtüren

Die Stahltüren sollen letztere verbessern helfen. Da sie aber nicht zur Standardausstattung gehören, ist jeder Mieter oder Eigner selbst für die Anschaffung verantwortlich. Entsprechend bunt ist das Ergebnis: Jede Wohnung glänzt mit ihrer ganz individuellen Stahlbarriere. Zhang Meng, die seit

◄ Hochzeitsfoto, auf Tradition getrimmt

Tipps & Know-how

Schneider

Nicht nur Möbel, auch Kleidungsstücke werden gerne imitiert. Damit sind nicht nur die vielen professionellen Fälschungen aus der Fabrik gemeint, die von Hugo Boss bis Versace so ziemlich jedes Label abdecken, sondern auch Einzelstücke, die man sich beim Schneider im Hinterhof nähen lässt. Ein Katalogfoto reicht, dazu ein paar Maße, den Stoff muss man selbst mitbringen. Drei Tage später liegt der neue Anzug oder das neue Kostüm bereit.

Interessanterweise gilt solche Hinterhof-Maßanfertigung in China nicht als statusträchtig. Gefragt sind Sachen von der Stange, am besten solche, bei denen das *Peiluomen*-Etikett am Ärmel aufgenäht ist – oder wahlweise das einer anderen als hochwertig empfundenen Marke. Klar, dass dieses Etikett niemals abgetrennt und stolz zur Schau getragen wird.

knapp acht Jahren auf dem Campus wohnt, hat erst im letzten Jahr die, wie sie sagt, »Käfigtür« setzen lassen. Sie war die letzte in ihrem Treppenaufgang. »Das sah ja wie eine Einladung für Einbrecher aus«, meinte sie. »Ich als Einzige ohne eine zweite Tür.« Grund für die Abschottung ist die importierte Kriminalität aus den armen Provinzen: 50%, in manchen Stadtvierteln sogar 80% aller Delikte führt man auf Wanderarbeiter zurück. Erst mag ich das nicht glauben, doch als Vernon, der im selben Gebäude wohnt wie ich, eines Nachts ungebetenen Besuch erhält, ist es tatsächlich ein Wanderarbeiter.

Besuch im Wohnheim

Wer als Chinese in ein Wohnheim für Ausländer möchte, muss sich in eine Besucherliste eintragen, darüber wacht die *fuwuyuan* (Bedienstete). Chinesischer Besuch wird Punkt 22 Uhr per Anruf wieder nach unten gebeten: Besuchszeit beendet. Kompromisslos die Haltung gegenüber regelmäßigen Besuchern. Wer an der Rezeption vorbeiläuft, wird zurückgepfiffen:

Fuwuyuan: Eintragen!
Ausländer: Aber Xiao Man kommt doch jeden Tag hier her!
Fuwuyuan: Wir haben hier Regeln!
Ausländer: Warum muss sie sich denn jedes Mal eintragen?
Fuwuyuan: Aus Sicherheitsgründen.

Die Sicherheit wird auch dann zitiert, wenn es an überzeugenden Argumenten fehlt:

Ausländer: Warum müssen Ausländer einen höheren Eintrittspreis bezahlen?
Fuwuyuan: Aus Sicherheitsgründen!

Ganz in Weiß: Jeniffer's Wedding in Shanghai macht die passenden Fotos

Hochzeit in Rot und Weiß

Beengte Verhältnisse

Vor ihrer Heirat hatten Wang Wei und Gao Yinan, wie alle Junglehrer, im Wohnheim gelebt. Ein Zimmer für zwei Personen, wobei das zweite Bettgestell nicht etwa für den Partner war, sondern für einen Kollegen beziehungsweise eine Kollegin: Junglehrerwohnheime sind nach Geschlechtern getrennt. Auch nach der Heirat blieb die Wohnungsfrage erst einmal ungelöst. Immerhin erbarmte sich die Hochschulverwaltung und wies den beiden ein gemeinsames 12-Quadratmeter-Zimmerchen zu, was wegen des zu engen Aufeinanderhockens zu Spannungen und Streit führte. Erst 14 Monate nach der Heirat gab es die erste richtige Wohnung, wieder auf dem Campus, wenn auch im einzigen nicht-sanierten Gebäude der gesamten Hochschule.

Unkomplizierte Formsache

Die Hochzeit selbst hatte völlig unbelastet von Gedanken an irgendwelche Wohnprobleme stattgefunden. Da hatte man andere Sorgen. Nicht wegen der Heiratserlaubnis von der *danwei*, die war kein Problem. Auch der Gang zum Standesamt (oder besser: zum Bezirksamt, wo die Heirat registriert wird) war schnell erledigt. Terminschwierigkeiten entstehen in China nur dann, wenn ein Glück verheißendes Datum Millionen von Paaren in die Amtsstuben lockt. Schnell ausgebucht, auf Jahre voraus: Der 8. 8. 2008.

Fototermin

Gegeizt mag an vielem werden, nicht aber an der Hochzeitsfeier und nicht am Einfangen von Erinnerungen. Beileibe kein billiger Spaß: Das klassische Set Hochzeitsfotos kostet rund 500 Dollar. Für die Bilder in Weiß und Rot muss das Pärchen ins Hochzeitsstudio, ins teuerste, das man sich leisten kann. Als Gao Yinan sich zum Schminken in den Friseursessel setzt, ahnt sie noch nicht, welch langwieriger Prozedur sie hier unterworfen werden wird. Ein komplettes Make-over steht ihr bevor, nichts wird so bleiben, wie es war. Nicht Haut, nicht Haar. Auf den Fotos wird uns später eine geheimnisvoll lächelnde Fremde anschauen, die wir kaum wiedererkennen. Zu den ersten Aufnahmen gehört das Bild im westlichen Stil: sie in Weiß, er in Schwarz. Danach Kostüm- und Epochenwechsel: Wang Wei und Gao Yinan schlüpfen in chinesische Kostüme des vorletzten Jahrhunderts, sie in einen roten *qipao*, das traditionelle, hautenge Kleid mit Seitenschlitz, er in ein klassisches Gelehrtengewand. Der Rest des Vormittags vergeht mit noch mehr Kostümen, neuen Frisuren und vielen Blitzlichtern.

Höllenlärm

Wieder zu Hause schlüpft Wang Wei in seinen eigenen Anzug. Mit dem extra angemieteten Wagen lässt er sich zu Gao Yinans Wohnheim fahren. Dort warten bereits die ersten Freunde und Kollegen auf die Braut. Kaum erscheint sie, beginnt das Feuerwerk, in bescheidenem Umfang, denn eigentlich ist die Knallerei in der Stadt nicht mehr gestattet, doch an solch einem Tag drückt man beide Augen zu. Auf dem Land wird dieser Teil, das *kanrinao* (»beobachte heiße Verwirrung«), weit ausgelassener gefeiert. Ähnlich unserem Polterabend machen Gäste und Nachbarn einen Höllenlärm, der das junge Paar allein deshalb schon glücklich macht, weil er irgendwann einmal auch wieder aufhören muss.

Hochzeitsessen

Ihre Gäste sehen Wei und Yinan erst im Restaurant wieder. Wer sein Gesicht wahren will, muss seine Gäste üppig bewirten – auch und vor allem, was Getränke angeht. Ein Dutzend Tische sind belegt, jeweils acht bis zehn Gäste machen sich über je eine Ente und ein Hühnchen her, auch ein Fisch fehlt nicht. Dazu gibt es weitere acht kalte und acht warme Gerichte, eine Suppe zum Abschluss und Dessert. Unser Brautpaar macht an jedem Tisch Halt, verteilt dort kistenweise Zigaretten und erwidert den ausgebrachten Trinkspruch. Das erfordert Kraft und Trinkfestigkeit – oder einen vorgetäuschten Hustenanfall, bei dem Yinan so manchen Schluck Schnaps elegant in eine große weiße Serviette hustet.

Geldgeschenke

Wer die große Geldausgabe im Restaurant oder Hotel scheut, schaut sich nach günstigeren Alternativen um. Für viele Beijinger heißt die Antwort Tianjin. Die benachbarte Millionenstadt profitiert vom Heiratstourismus. Pauschalangebote für die Hochzeit kosten 30 bis 50% weniger als in der Hauptstadt, ohne dass dies der Qualität Abbruch täte. Aber auch wenn man in Beijing bleibt, halten sich die finanziellen Einbußen in Grenzen. Jeder Gast beschenkt das Brautpaar mit einem *hongbao*, einem roten Umschlag, in dem mindestens 102 Yuan stecken – glatte Beträge gelten als wenig Glück verheißend. So bezahlt jeder Gast letztlich für sein eigenes Essen, von einigen wenigen Schnorrern abgesehen. Bei teuren Restaurants steigt die Höhe der Geldgeschenke entsprechend an, ebenso bei engen Verwandten und Freunden. Als Ausländer bin ich mit 66 Dollar dabei: Das verheißt jede Menge Glück – und gibt mir, so hoffe ich, Gesicht.

Hochzeitsnacht

Nicht mehr ganz nüchtern verlässt die Hochzeitsgesellschaft das Restaurant, nur die engsten Freunde kommen noch mit zum Hotel. War früher das Hochzeitszimmer in einem Zimmer der (schwieger)elterlichen Wohnung eingerichtet worden – was in weniger wohlhabenden Familien auch heute noch üblich ist –, so zieht es die jungen Paare jetzt in ein eigens dekoriertes Hotelzimmer. Dort prangt das rote Doppelglück-Symbol (*shuangxi*), ein zweimal nebeneinander geschriebenes *xi*-Zeichen, das in keinem Hochzeitszimmer fehlen darf, Drache und Phönix (symbolisch für Kaiser und Kaiserin) hängen an der Wand, und auch ein Paar Mandarinenten, Sinnbild ehelicher Treue und Harmonie, schwimmt auf einem Aquarell vorbei.

Derbe Späße

Die nun anschließende Phase von Spielen und Streichen dürfte einst, da Braut und Bräutigam sich kaum kannten – Ehen waren arrangiert, Liebesheiraten eher die Ausnahme –, die Aufgabe gehabt haben, Hemmungen und Ängste abzubauen, heute geht es nur noch um den Spaß. Wer bislang meinte, Chinesen seien in sexuellen Dingen eher konservativ, dem treibt es nun die Schamröte ins Gesicht, wenn er beim »Spaß im Hochzeitszimmer« (*naoxinfang*) zuschauen darf. Das Vorspiel mit dem Apfel, der zwischen den Köpfen der beiden baumelt, dient weniger der Symbolik (Apfel gleich Frieden und Harmonie), sondern dem Küssen: Beide sollen gleichzeitig und ohne Zuhilfenahme der Hände in den Apfel beißen, aber, ach, haha, schon kleben die Lippen der beiden aneinander. Deutlich gewagter ist die Sache mit dem Ei, das dem Bräutigam am Schienbein unter die Hose gesteckt wird und das die Braut mit dem Mund bis zum gegenüberliegenden Hosenbein bewegen muss. Dass sie dabei auch den Schoß des Mannes überwinden muss, macht die Sache bei den Zuschauern zum Hit – beim Bräutigam selbst wohl auch.

Doch der bekommt oft nicht mehr viel mit von diesem doppelten Eiertanz, denn er ist noch vom *jiaobeijiu* benebelt, einem Trinkritual, das wie unser Brüderschaft-Trinken aussieht: Braut und Bräutigam heben die Gläser und haken ihre Arme dabei so unter, dass sie sich an der Innenseite der Ellenbogen berühren. Nur nichts verschütten! »Ganbei!« heißt es nun, »Prost!«

Roter Konsum

Für Wang Wei und Gao Yinan ist die Hochzeit vorbei, ohne dass sie auf einem gewaltigen Schuldenberg sitzen. Der *hongse xiaofei* (»roter Konsum«), die Hochzeitsausgaben, hielten sich noch im Rahmen. Sicher, die Feier im Restaurant und das Hotel waren nicht billig – was hätte man da sparen können, wäre man nach Tianjin gefahren! –, doch anders als viele junge Paare hatte man seine Kaufwünsche erst einmal zurückgestellt. Was nicht sonderlich schwer fiel, denn noch fehlte die gemeinsame Wohnung, und wer weiß, wann man die zugewiesen bekommen würde.

Familienplanung

Die Kein-Kind-Familie

Die Mutter als Kupplerin

Spätestens mit dreißig ist Schluss mit lustig. Schule, Hochschule, Auslandsstudium, Karriere als promovierte Rechtsanwältin in einer Shanghaier Kanzlei – alles schön und gut, aber jetzt, da die Tochter die dritte Lebensdekade antritt, werden die ansonsten sehr stolzen Eltern nervös, wenn sie an die Zukunft von Zhao Xin denken. Zhao Xin weiß, was nun kommt: Ein mütterliches Loblied der Ehe. Von ihren in Lanzhou gebliebenen Schulfreundinnen wird sie erfahren und deren ehelichem Glück. Vom alten Wang wird die Rede sein, und wie er mit 62 zum zweiten Mal geheiratet habe. Am Ende wird die Mutter einen »netten jungen Mann« hervorzaubern, der Zhao Xin gerne einmal zum Essen, Kino oder einfach nur zum Spaziergang einladen würde. Oder ihr wird eine Bekannte als Eheanbahnerin vorgeschlagen. Dass moderne Frauen auch ohne Mann und Kind glücklich sein können, scheint die Mutter noch nicht verstanden zu haben.

Geburtenschwache Jahrgänge

In der noch immer überwiegend traditionell ausgerichteten chinesischen Gesellschaft ist der Kindersegen dennoch keine Pflicht mehr. In den reichen Millionenstädten wie Tianjin (gut eine Bahnstunde von Beijing) bleiben 10% der Frauen kinderlos. Immer mehr Frauen lassen sich Zeit mit dem Kinderkriegen. War die Elterngeneration mit 20 bereits verheiratet, liegt das Heiratsalter bei den Städtern nun bei Ende 20, Anfang 30. Städte wie Tianjin erleben erstmals den Wohlstandsknick in der Geburtenkurve: »Wenn die Renten sicher sind und auch sonst genug Geld da ist«, weiß der Demograph Li Jianmin von der Tianjiner Nankai Universität, »fallen Kinder als einzige Altersversorgung weg.« Die Kindergärten spüren das als Erste. Von 4700 Kindergärten, die es 1995 in Tianjin gab, waren sechs Jahre später nur noch 2600 übrig.

Kind ohne Mann

Frauen, die sich ihrer Karriere widmen wollen, verzichten vorübergehend oder ganz auf Kinder. Wenn die biologische Uhr dann aber laut zu ticken beginnt, steigt der Sinn für Nachwuchs. Zur Not auch ohne Mann.

Als 2002 die an Nordkorea grenzende Provinz Jilin auch unverheirateten Frauen die künstliche Befruchtung gestattete – als einzige Provinz des Landes –, ging ein Aufschrei durch ganz China. Ein Kind brauche zwei Eltern, die juristischen Konsequenzen seien nicht abzusehen. Zudem, so die meist männlichen Experten, würde das Kind zwangsläufig in eine Sonderrolle gedrängt, die seiner weiteren Entwicklung kaum förderlich sei. Unverheiratete Frauen wie die Beijingerin Wu Ying sahen das anders. »Prima«, scherzte Wu, 35 und ledig, »dann muss ich mich einfach ein bisschen wärmer anziehen und nach Jilin umziehen, wenn ich ein Kind will.«

Ein-Kind-Politik

Eine deutliche Liberalisierung zeigt sich auch in Chinas berüchtigter Ein-Kind-Politik. Längst bekommen die Frauen auf dem Dorf nicht mehr automatisch nach der Geburt ihres ersten Kindes eine Spirale zur Empfängnisverhütung eingesetzt. Man setzt auf Einsicht und bietet Wahlmöglichkeiten an. Wang Liya, eine junge Mutter in einem Dorf der Provinz Jiangsu, wird von einer Ärztin beraten, die ihre Musterkollektion dabei hat: Kondome, die

Pille, die Pille light, die Pille danach. Vor- und Nachteile werden offen erklärt, Fragen beantwortet.

Die Zeiten, die mit Zwangssterilisationen und Zwangsabtreibungen bis ins dritte Schwangerschaftstrimester für viel menschliches Leid gesorgt hatten, scheinen endgültig vorbei zu sein. Von »Verwaltungsmaßnahmen« sprach damals das Dorfkomitee und ließ zur Strafe gleich das Haus der Familie abreißen, die es gewagt hatte, ein zweites Kind in die Welt zu setzen.

Die Zwei-Kind-Familie

Auf dem Land ein zweites Kind zu bekommen, ist kein Ding der Unmöglichkeit mehr. Entweder man holt zuvor eine Genehmigung ein (was besser funktioniert, wenn man gute Beziehungen hat und das erste Kind eine Tochter war) oder man zahlt eine Geldstrafe, etwa in Höhe eines Jahreseinkommens, die in vielen Fällen nicht einmal mehr vollständig eingetrieben wird: Für die zunehmend finanzstarken Bauern ist sie ohnehin immer seltener ein Problem. Wer kein Han-Chinese ist und folglich einer nationalen Minderheit angehört, unterliegt ohnehin keinerlei Beschränkungen. Neu ist auch die Regelung, dass ein Paar, bei dem beide Einzelkinder sind, zwei Kinder haben darf. Für eine ganze Generation von Einzelkindern wird damit, was bislang undenkbar schien, erstmals wieder möglich: Die Gründung einer klassischen Kernfamilie aus *mama, baba* und – je nach Konstellation – *jiejie, meimei, gege, didi*: große Schwester, kleine Schwester, großer Bruder, kleiner Bruder.

Im Doppel gegen die Ein-Kind-Familie: Zwillingsmädchen

Illegal, aber toleriert

Wer das Pech hat, in einem Dorf zu wohnen, in dem die liberalere Variante der Bevölkerungsplanung noch nicht umgesetzt ist, dem bleibt oft nur die Flucht. Ich komme mit der Wirtin eines kleinen Restaurants ins Gespräch, erst über das leckere Essen, dann über die zwei Kinder, die im Restaurant herumhüpfen. Ob das ihre seien? Ich erfahre, dass sie und ihr Mann zu Beginn der zweiten Schwangerschaft die Heimat verlassen hätten. Hier in Hebei sei man nicht so streng, die zwei Kinder würden toleriert, außerdem habe man hier, gerade einmal 40 Kilometer östlich von Beijing, einen höheren Lebensstandard als zu Hause. Nur mit der Schule gäbe es Probleme. Keiner habe eine Wohnerlaubnis (den so genannten *hukou*) für Hebei, deswegen könnten die Kinder nicht in die normale Schule, zumindest nicht ohne ein deutlich erhöhtes Schulgeld zu zahlen.

Unerwünschte Töchter

In den Großstädten besteht für Han-Chinesen nach wie vor kaum eine Chance auf ein zweites Kind. Tu Yuanyuan, deren Mann im Finanzministerium arbeitet, lacht, als ich vorschlage, noch ein Kind zu haben. »Dann wäre mein Mann sofort seinen Job los, und wir würden die Wohnung verlieren. Denn die gehört dem Ministerium.«

Nur gut, dass die Stadtbevölkerung nicht in dem Maße von dem Wahn gepackt ist, einen männlichen Stammhalter hervorbringen zu müssen, wie die einfachen Leute auf dem Land. Doch auch in den Krankenhäusern der Städte sind Ultraschalluntersuchungen zur Bestimmung des Geschlechtes nicht erlaubt. Man fürchtet eine Abtreibungswelle, wenn die Eltern schon vor der Geburt wüssten, ob da ein kleiner Chinese oder eine kleine Chinesin unterwegs ist. Dennoch kommt es immer wieder zu gezielten Abtreibungen weiblicher Föten, denn auch Ärzte sind bestechlich oder man hat das Geld, im Ausland (etwa in Thailand) nachschauen zu lassen. Auf dem Land kommt es immer wieder zu Fällen von Babymord, wenn das Kind ein Mädchen ist. Dies erklärt die Schieflage der Bevölkerungsstatistik: Im landesweiten Durchschnitt kommen 100 Frauen auf 117 Männer, in Gebieten, die zuvor eine unnachgiebige Umsetzung der Ein-Kind-Politik verfolgt haben, liegt das Verhältnis bei 100 zu 140 – Ursache für den grassierenden Mädchenhandel. Gerade bei der Landbevölkerung hat der Frauenmangel dazu geführt, dass das traditionelle Brautgeld irrwitzige Höhen erreicht hat. 4000, 5000 Dollar sind an die Familie der Braut zu zahlen. Da bedient sich der sparsame Bauer lieber beim Mädchenhändler, wo er für ein Viertel dieses Betrages fündig wird.

Im Jahr der Ziege

Wer ein Kind haben möchte, muss vorab keine offizielle Erlaubnis mehr einholen. Der Zeitpunkt, zu dem ein Paar ein Kind haben möchte, liegt bei ihm und ist nicht mehr an die Erteilung einer Genehmigung gekoppelt. Den Geburtshelfern ist das manchmal gar nicht recht: Vor dem 1. Februar 2003 (nach dem Mondkalender der erste Tag des Ziegenjahres) waren die Entbindungsstationen der Krankenhäuser so überfüllt, dass Ärzte und Schwestern Überstunden schieben mussten. Vorausblickende und rechenbegabte Paare hatten dafür gesorgt, dass ihr Kind noch im Jahr des Pferdes zur Welt kam. Eine Ziege, nein, die wolle man nicht zeugen, das sei kein gutes Tierkreiszeichen. In der Beijinger Uniklinik erblickten im Dezember 2002 über 300 Kinder als »Pferde« das Licht der Welt. Im Februar sank die Zahl auf unterdurchschnittliche 50 Babys – alle als »Zicklein« geboren. Die Geburtsziffern für den Rest des Landes wiesen ein ähnliches Verhältnis auf.

Einzelkinder erleben Gleichaltrige. Kindergarten in Taibei, Taiwan

Familien zwischen Harmonie und Krise

Enges Verwandtschaftsnetz

Chinabücher beeilen sich, auf die engen Familienbande hinzuweisen, die in China bestehen. Keine Frage, Verwandtschaftsbeziehungen und Clanzugehörigkeit spielen – gerade auf dem Land – eine wichtige Rolle. Die Sprache scheint das zu belegen: Nicht nur, dass es selbst für die Oma mütterlicherseits (*waizumu*) und die dritte angeheiratete Tante mütterlicherseits (*sanjiuma*) eigene Begriffe gibt, auch für den Schwippschwager väterlicherseits scheint es feststehende Ausdrücke zu geben. Tatsächlich belegt ein derart breites Verwandtschaftsvokabular rein gar nichts. Auch wir haben Ausdrücke, mit denen sich jede Form von Verwandtschaftsbeziehung bezeichnen lässt, auch wenn wir dazu mehrere Wörter heranziehen müssen. Dennoch beeindruckt das Chinesische, indem es von vornherein auf Details abhebt, die im Deutschen erst mühsam erfragt werden müssen: Ist das dein kleiner oder großer Bruder? Im Chinesischen weiß man das sofort, denn ein Wort, das einfach nur »Bruder« bedeutet, fehlt. Entweder spricht man vom *didi* (dem jüngeren Bruder) oder vom *gege* (dem älteren). Entsprechendes gilt für die kleine (*meimei*) und die große Schwester (*jiejie*).

Großeltern erziehen die Enkel

In vielen Familien übernehmen die Großeltern ohne Murren die Kinderversorgung, wenn beide Eltern berufstätig sind, vielleicht weil sie es als junge Eltern nicht anders gemacht und ihren Nachwuchs ohne Skrupel an die Großeltern abgegeben haben. So überspringt das Kindergroßziehen mit schöner Regelmäßigkeit eine Generation. Wer bislang meinte, die neue Ein-Kind-Generation sei egozentrischer, verwöhnter, weniger umgänglich als die früheren Generationen, sei auf diesen Umstand verwiesen: Damals wie heute werden die Kleinen von Großeltern oder Kindergärtnern großgezogen, mit einem Verwöhnfaktor, der heute nicht wesentlich höher liegt als vor vierzig Jahren.

Mit der Schwiegerfamilie in Taiwan

Wang Tong, der Sun Nan, seine taiwanesische Frau im Internet kennen lernte, in einer Newsgroup, auf die er von Kanada aus zugriff, lebt heute in Taibei, der taiwanesischen Hauptstadt. Als gebürtiger Beijinger, mit einem Dolmetscherstudium in Deutschland und einem kanadischen *Master of Business Administration* in der Tasche, war sein Aufstieg in der Taibeier Geschäftswelt einfacher als der Einstieg in die neue Familie mit Schwiegereltern, Schwägern und Schwägerinnen, Tanten und Onkeln. Eine schwierige Aufgabe, doch mittlerweile kennt er alle, auch die, die längst nur noch als Fotos in der Ahnenecke hängen. Doch die Distanz zur taiwanesischen Familie seiner Frau bleibt. Einige halten ihn gar für einen volksrepublikanischen Spitzel, und der Umstand, dass er nur Hochchinesisch spricht, bringt ihn der Familie auch nicht näher.

Familien in Auflösung

Wangs Familie ist ein klassisches Beispiel für eine zerrüttete Familie. Keine asiatische Harmonie, keine Familienfeste zum chinesischen Neujahr, keine Gelage am Geburtstag. Die Familie existiert nur noch dem Namen nach: Er lebt in Taiwan, seine Mutter war ihm von Beijing aus nach Kanada gefolgt, als er an der Torontoer York University an seinem *MBA*-Abschluss bastelte, und arbeitet seitdem in einem chinesischen Kindergarten. Sein Vater war in Beijing geblieben, ließ sich scheiden und hat vor einem Jahr wieder geheiratet, eine Frau, die sein Sohn Wang Tong nicht mit ihrem Namen anredet, sondern mit *erma*, was wörtlich »zweite Mutter« bedeutet, eigentlich aber »Nebenfrau« heißt und aus fernen polygamen Zeiten stammt, in der die erste Frau *dama* (»große Mutter«) hieß und die Nebenfrauen durchnummeriert wurden. Wang Tongs Bruder, mit dem er sich wegen einer gescheiterten Geldanlage überworfen hat, programmiert seit Jahren für eine Softwarefirma in den USA. Die Großeltern haben ihr Enkelkind, den 2003 geborenen Qing, noch nie gesehen. Auch das ein chinesisches Familienschicksal. Nichts zu spüren von der gepriesenen asiatischen Familienharmonie.

Zurück nach Mainland China

Wang ficht die verfahrene Familiensituation nicht weiter an. Viel wichtiger ist ihm, dass ihn seine Firma bald in die Volksrepublik versetzt. Weg von der Insel, rüber nach *Mainland China*, wo die Wirtschaft noch boomt. Allerdings ist er sich auch der Gefahr bewusst: Wer nach Südchina abkommandiert wird und drüben, auf dem Festland, mit taiwanesischem Geld neue Fabriken aufbaut, vernichtet Jobs auf der Insel. Im schlimmsten Fall sogar seinen eigenen. Was ein taiwanesischer Chinese macht, kann ein VR-Chinese meist auch. Vor allem billiger. Die Bildungsexplosion der letzten Jahre hat Fachkräfte hervorgebracht, die jedem ausländischen Experten das Wasser reichen können. Noch gibt es nicht genug von ihnen, um den Bedarf zu decken, doch es ist absehbar, dass dieser Zeitpunkt in nicht allzu ferner Zukunft erreicht sein wird.

Der Weg in eine strahlende Zukunft: Bildung

Pauken bis zum Umfallen

Ist es nun ein Relikt aus den Zeiten des Staatskonfuzianismus, in dem die Beamtenprüfung den Weg in höchste Ämter öffnete, oder einfach nur der Ausfluss eines elterlichen »Das Kind soll's mal besser haben als wir!« – Chinas Kinder lernen und pauken bis zum Umfallen. Immer wieder fällt der Vergleich mit der Mastente, *tian ya*, die »Ente stopfen«, was nicht überrascht, wenn man bedenkt, dass schulpflichtige Kinder Tausende von Schriftzeichen erlernen müssen. Entsprechend wenig Zeit bleibt fürs Kreative oder Analytische. Mit *ken gu* (»am Knochen nagen«, analysieren) wollen die meisten Lehrer nichts zu tun haben.

Eliteschulen

Kenny Zhou besucht eine Mittelschule unweit des Beijinger Botschaftsviertels Sanlitun. Er ist zwölf Jahre alt, Amerikaner chinesischer Abstammung und spricht fließend Chinesisch. Seine Schule, eine so genannte Schwerpunktschule, gehört zu den besten in Beijing. Sie gestattet ausländischen Kindern den Besuch – gegen Zahlung eines deutlich erhöhten Schulgeldsatzes – und integriert sie in den chinesischen Lehrbetrieb. Anfängliche Sorgen von Kennys Eltern erwiesen sich als unbegründet: Kenny lebte sich prächtig ein, und auch die Lehrinhalte waren propagandistisch nicht verzerrt – jedenfalls nicht stärker als in den USA. Europäische, amerikanische und chinesische Geschichte stehen nahezu gleichwertig nebeneinander, Englisch wird von britischen oder amerikanischen Fachkräften unterrichtet. Bei dem hohen Unterrichtsniveau der Schwerpunktschule verwundert es nicht, wenn chinesische Studenten, die zum Studium nach Deutschland kommen, bisweilen sagen: »Was die im ersten Semester machen, haben wir schon in der 10. Klasse durchgerechnet.«

Die Wahl der Schule ist gemeinhin nicht frei: Besucht wird die Schule des Wohnbezirks. Eltern, die meinen, dass die Schule im eigenen Stadtviertel der

Elternehrgeiz und Nachhilfe

Die Kinder in kleine Lernmaschinen zu verwandeln scheint häufig das alles überragende Ziel elterlicher Betreuung. Als sich Liu Fushengs Sohn Aijun, immerhin schon 15, einen Apfel schälen will, winken Vater und Mutter entsetzt ab: Er könne sich doch in den Finger schneiden, dann wäre es erst einmal vorbei mit dem Schreiben, und das hätte sicher schlimme Folgen für die Schule. Nein, den Apfel werde die Mutter ihm schälen. Aijun fügt sich in sein Schicksal, lässt sich bedienen, und macht sich wenig später wieder daran, seinen Berg von Hausaufgaben abzuarbeiten. Dass ihm dabei ein Nachhilfelehrer zur Seite steht, gehört für ihn zur Routine. Er und viele seiner Klassenkameraden bekommen jeden Tag Besuch von älteren Schülern oder Studenten, die sich so ein paar Yuan hinzuverdienen.

Das Internat nebenan

Entwicklung ihres Kindes nicht förderlich ist, bietet sich nur eine Möglichkeit, ihr Kind auf eine andere Schule zu schicken: das Internat. Nur wer sein Kind ins Internat schickt, kann die übliche Schulzuweisung umgehen. Absurd die Situation in Li Yonggangs Familie: Das von ihm besuchte Internat liegt gerade einmal drei Bushaltestellen von der Schule seines Wohnbezirks entfernt. Weil seine Eltern von den Lehrern des Internats mehr halten, schläft der Zehnjährige nun nur noch am Wochenende zu Hause. Werktags sieht er seine Eltern nicht. Die wiederum freuen sich, dass der Junge bessere Bildungschancen hat und ganztägig betreut wird, denn schließlich sind sie beide berufstätig.

Steigende Studentenzahlen

Schafft ein Schüler mit 17 oder 18 die Aufnahmeprüfung an die Hochschule, zählt er zu einer verschwindend kleinen Elite. Jahrzehntelang wurden gerade einmal zwei bis drei Prozent eines Altersjahrgangs aufgenommen. Heute, zu Zeiten gewaltiger Bildungsanstrengungen, steigen die Zahlen Jahr für Jahr deutlich an, sodass noch in dieser Dekade im ganzen Land, und nicht nur in den Großstädten, zweistellige Prozentzahlen zu sehen sein werden. Unfair bleibt die Bevorzugung der ohnehin besser ausgebildeten Städter: Wer an eine gute Hochschule will, muss eine vorgegebene Punktzahl erreichen. Nur: Die Latte hängt verschieden hoch, und ausgerechnet die in Bildungsfragen ohnehin privilegierten Beijinger und Shanghaier benötigen weniger Punkte, um einen der begehrten Studienplätze zu erhalten. Insgesamt studieren in China rund 5 Prozent eines Altersjahrgangs, bei uns sind es auch in schlechten Jahren deutlich mehr als 30 Prozent.

Nach vier Jahren Deutschstudium fehlt nur noch der passende Job. Fremdsprachenhochschule Nr. 2, Beijing

Schulsystem

Bereits 1985 hat sich das chinesische Ausbildungssystem einem international weit verbreiteten Schema angepasst. Auf sechs Jahre Grundschule *(xiaoxue)* folgen drei Jahre Untere Mittelschule *(chuzhong)*, dann drei Jahre Obere Mittelschule *(gaozhong)*. Wer studieren will, muss die Hochschul-Aufnahmeprüfung bestehen, was meist nur dann klappt, wenn zuvor noch wochenlang in Vorbereitungskursen gebüffelt wurde.

Die vier Jahre College – China folgt hier dem amerikanischen Bildungssystem – führen zu einem Abschluss, der dem amerikanischen *bachelor* entspricht. Wer nach höheren akademischen Weihen strebt, muss eine Aufnahmeprüfung für das Graduiertenstudium bestehen, bevor er sich für einen Magister- oder Promotionsstudiengang einschreiben kann.

Doch auch wer an der Aufnahmeprüfung scheitert, kann studieren. Nahezu alle Hochschulen haben Studienplätze für »Selbstzahler« eingerichtet: Gegen eine erhöhte Studiengebühr, können die Privatstudenten an allen Kursen teilnehmen, bekommen aber am Ende kein offizielles Abschlusszeugnis, sondern lediglich eine Art bessere Teilnahmebescheinigung.

Sechs-Bett-Zimmer

Die Eingewöhnung in den Hochschulalltag ist, was das Menschliche angeht, leicht, dafür sorgen feste Klassenverbände und Stundenpläne. Problematisch ist allenfalls die Trennung von den Eltern: Kommt ein umsorgtes Kind, das zu Hause nicht einmal mit einem Schälmesser hantieren durfte, mit 18 an eine Hochschule, hat man es tatsächlich noch mit einem Kind zu tun, nicht mit einem Jugendlichen. Glücklicherweise werden nach ein paar Monaten auch aus weltfremden Träumern halbwegs praktische Menschen – dafür sorgt das Leben im Sechs-Bett-Zimmer, die Notwendigkeit, seine Kleider selber zu waschen und mit der knappen monatlichen Stütze der Eltern über die Runden zu kommen.

Abkupfern ist legitim

Mit dem akademischen Niveau an chinesischen Hochschulen ist es nicht immer zum Besten bestellt. Ausländische Dozenten, die begeistert sind, mit welchem Fleiß und welcher Geschwindigkeit chinesische Studenten Fremdsprachen meistern, versinken in tiefste Depressionen, wenn sie die schriftlichen Arbeiten ihrer Schützlinge bewerten sollen: »Besser gut geklaut als schlecht erfunden«, lautet das unausgesprochene Motto der meisten Seminararbeiten. Gnadenloses Abkupfern gilt als völlig legitim: Was soll denn schlecht daran sein, die Werke einer ausgesprochenen Kapazität als Vorlage für die eigenen Seminararbeiten heranzuziehen? Wird die Wahrheit durch Abschreiben weniger wahr? Das Belegen von Zitaten und anderen Fundstücken erachtet man als überflüssig, und so mühen sich die ausländischen Professoren erst einmal damit ab, zu erklären, was ein Plagiat ist. So entspannt, wie die Chinesen mit dem internationalen Copyright umgehen, so entspannt gehen sie auch mit dem geistigen Eigentum in der Wissenschaft um.

Abwandern ins Ausland

Ändert sich das akademische Umfeld, haben chinesische Studenten keinerlei Schwierigkeiten, mit ihren westlichen Kommilitonen mitzuhalten. Das gilt auch für das Studium im Ausland, wo sich chinesische Studenten, sind die Sprachschwierigkeiten erst einmal ausgeräumt, überwiegend im oberen Drittel bewegen. Entsprechend hoch ist der *brain drain*, die endgültige Abwanderung der Begabten in westliche Länder. Besonders Einwanderungsländer wie Australien, Kanada oder die USA profitieren von der chinesischen Frischzellenkur. Zhang Mei, eine junge Deutschdozentin in Shanghai, berichtet, dass 14 ihrer Studienkollegen (etwa die Hälfte der Klasse) mittlerweile in Deutschland leben. Nicht alle werden auf Dauer dort bleiben, dennoch ist der Prozentsatz erstaunlich hoch.

Materialistisch und zielstrebig

Das Studium gilt den meisten Studenten in der Hauptsache als Garant für ein materiell besseres Leben, aber auch das Argument, man wolle sich entwickeln, wird häufig genannt, wenn man mit Studenten spricht. Dai Yuwen, so lesen wir im *China Daily*-Ableger *21st Century*, hängt keinen nebulösen Idealvorstellungen nach. Sie ist das einzige Kind ihrer Eltern, lebt in Shanghai, wo sie an der Jiaotong Universität Betriebswirtschaft studiert.

Nein, meint sie, über Ideale könne sie nicht sprechen, das sei ihr zu verschwommen. Klare Vorstellungen habe sie jedoch von den nächsten paar Jahren: »Ich will meinen Abschluss machen, in England Marketing studieren, dann zurückkommen und einen guten Job finden, vielleicht bei der Dachgesellschaft von Pizza Hut, so wie meine Mutter.

Mit meinem Geld möchte ich gerne reisen, aber ich muss mich auch um meine Eltern kümmern. Sie haben mir ein gutes Leben ermöglicht, und wenn sie in zehn Jahren in Rente gehen, werde ich für sie das Gleiche tun.

Irgendwann möchte ich Kinder haben, erst einen Jungen, dann ein Mädchen. Als Einzelkind kann ich ja zwei haben, wenn mein Mann auch aus meiner Generation stammt. Hobbys? Lesen. Ich lade mir Storys aus dem Internet runter, lese die *Elle* und andere Modemagazine. Na, und Shopping natürlich. – Politik? Da sollen die Männer sich drum kümmern.«

Studentenleben: Die Uni als moralische Anstalt

Campus-Rituale

Der abendliche Spaziergang mit Pamela über den Campus meiner kleinen Beijinger Universität gehörte in den ersten Jahren, die wir in China verbrachten, zu den unverzichtbaren Ritualen. Die Begegnungen waren in den seltensten Fällen Begegnungen mit Einzelpersonen, meist stolperten uns fünf, sechs Studentinnen oder fünf, sechs Studenten (durchweg mit nassen Haaren: in China duscht man abends) entgegen. »Guten Abend, Herr Kreisel! *Hi Pam!*« Ein kurzer Austausch über die neuesten Entwicklungen, Lehrer- und Studentenklatsch, ein paar Witze über den neusten Unsinn zur Hebung der studentischen Moral.

Die Gruppe – meist die komplette Besatzung eines Wohnheimzimmers, deswegen die säuberliche Trennung nach Geschlechtern – hatte gerade das abendliche Duschbad im Badehaus hinter sich gebracht und war nun auf dem Weg zurück ins Wohnheim. Zimmerkollegen, so lehrt es die Erfahrung eines vierjährigen Studiums, wachsen im ersten Jahr zu vermeintlich dicken Freunden zusammen, entwickeln aber in den Jahren zwei und drei ernste Konflikte, wenn Konkurrenz und Leistungsdruck die Atmosphäre vergiften. Mit Glück hat sich bis zum vierten Studienjahr alles wieder eingerenkt, doch aus den gemeinsam über den Campus laufenden Sechsergruppen sind bis dahin Zweier- oder Dreiergruppen geworden.

Schicksalsgemeinschaften

Nach dem Baden nimmt der Abend seinen ganz normalen Lauf: Man verschwindet in sein Zimmer, hört Musik, spielt Karten, sieht fern, vor allem aber wird gelernt. Gerade in den ersten beiden Studienjahren sitzen die Studenten noch spät abends in ihren Klassenzimmern und pauken, bis sie gegen 22 Uhr das Gebäude verlassen müssen. Auch die Lesesäle der Universitätsbibliothek sind gut besucht. Einzig an den Wochenenden wird es in den Unterrichtsgebäuden etwas leerer.

Lernen bis tief in die Nacht

Wer Fremdsprachen studiert, studiert in der Hauptsache nur diese eine Sprache. Nebenfächer nehmen einen kleinen Anteil am Stundenplan ein. Überhaupt ist das ganze Studium stark verschult, nur einige wenige Nebenfächer sind frei wählbar, das meiste wird vorgegeben. Pflicht ist die Beschäftigung mit dem wissenschaftlichen Sozialismus: Mao-Zedong-Ideen und Deng-Xiaoping-Theorie lassen die Studenten ohne große Begeisterung über sich ergehen, denn sie wissen, dass schlechte Noten in Politik Zukunftsaussichten verbauen können.

Sozialismus als Pflichtfach

Ziel der Erziehung, auch am College, ist die allseits entwickelte sozialistische Persönlichkeit, die neben den »fünf Lieben« (Liebe zu Volk, Arbeit, Vaterland, Wissenschaft und Sozialismus) noch die »fünf Tugenden« aufweist: Disziplin, Sittlichkeit, gutes Benehmen, Höflichkeit und Sauberkeit. So findet man es völlig in Ordnung, dass auch nicht-akademische Faktoren in die Endnote einfließen: Wer den Karaoke-Wettbewerb an der Hochschule gewinnt, bekommt Bonuspunkte, wer außerhalb des Unterrichts Volkstänze für die Feier zum Jahreswechsel einstudiert, ebenfalls. Einen Punktabzug gibt es hingegen für unaufgeräumte Zimmer. Was viele allerdings nicht fair finden, denn wie lässt sich ein winziges, mit sechs oder acht Personen belegtes Zimmerchen auch nur halbwegs in Ordnung halten? An der Shanghaier Fudan-Universität hatten die Studenten schnell eine Lösung gefunden, denn dort bringt die Reinlichkeit der Studentenbude auch finanzielle Vorteile: Mit vier Prozent fließt der Zimmer-Faktor in die Endnote zur Vergabe von Stipendien ein. Kluge Rechner unter den Studenten engagierten deshalb eine *ayi* (Haushälterin) und sicherten sich, trotz unsozialistisch verwahrloster College-Zimmer, ihre Punkte.

Sozialistische Persönlichkeit

Im Reich der Sitte

Sexuelle Revolution im Etagenbett

Kondomautomat auf dem Campus

Ob die noch gut sind? Die Studenten der *Beijing yuyan wenhua daxue,* der Beijinger Sprach- und Kulturhochschule, die am einzigen Kondomautomaten des Campus vorbeikommen, haben ernsthafte Zweifel an der empfängnisverhütenden Wirkung der dort gelagerten Kondome: Im Sommer knallt unbarmherzig die Sonne auf den Automaten, im Winter wird es so kalt, dass nicht nur die spermatozide Beschichtung, sondern auch das Kondom selbst zerbröselt. Wichtiger jedoch als die Frage nach dem Mindesthaltbarkeitsdatum der Kondome ist die Tatsache, dass es den Automaten überhaupt gibt. Seine bloße Existenz beweist, dass chinesische Studenten ein Sexualleben haben, auch wenn dieser Umstand von offizieller Seite gern unter den Tisch gekehrt wird. Halboffiziell freilich kommt man um die Realitäten nicht herum, was zur Aufstellung des besagten Automaten führte. Damit illustriert der unscheinbare Kondomautomat das chinesische Paradoxon der letzten drei Dekaden, die Kluft zwischen Theorie und Praxis, zwischen Anspruch und Wirklichkeit. Gepredigt wird ein sexfreies Studium, gelebt aber eine normale Sexualität. Nicht anders in der großen Politik: Beschworen werden die Segnungen des Sozialismus, praktiziert aber wird ein Kapitalismus reinsten Wassers.

> *»Nie ist mir ein Mensch begegnet, der die Tugend ebenso geliebt hätte wie den Sex.«*
>
> Kongzi

Weiße Kittel im Sexshop

Adam-und-Eva-Läden oder »Shops für Erwachsene« sind die chinesischen Varianten unserer Sexshops. Pornographie fehlt – die gibt's illegal auf der Straße zu kaufen –, doch das Angebot an *sex toys* ist erstaunlich groß. Über dem ganzen Laden weht das verhüllende Mäntelchen des Medizinischen: Angestellte tragen die gleichen weißen Kittel, in denen chinesische Mediziner ihre Patienten beraten, und so wird dem Vorwurf der Wollust von Anfang an der Stachel genommen. Alles gibt sich streng wissenschaftlich, auch die Dildos und Vibratoren.

AIDS-Aufklärung

Wer am Welt-AIDS-Tag einen Campus-Spaziergang machte, konnte seine Kondome sogar kostenlos bekommen. Vor Jahren wäre ein solch offener Umgang mit Sexualität und Verhütung ein Skandal gewesen, schließlich waren die Zielgruppe Unverheiratete: Studenten sollen studieren und nicht kopulieren. Diese Regel gilt auch heute noch, Zuwiderhandlungen führen zum Hochschulverweis, doch kaum ein Hochschul-Administrator ist naiv genug anzunehmen, dass diese Regel auch eisern eingehalten wird.

Wenig Privatsphäre

Noch immer wacht in jedem Studentenwohnheim ein *fuwuyuan* (Bedienstete/r) darüber, dass Studenten und Studentinnen ab 22 Uhr zu ihren jeweiligen Gebäuden zurückkehren, doch wenn Studentin Wang den Studenten Chen tagsüber in seinem Wohnheim besuchen möchte, ist dies jederzeit möglich; umgekehrt gilt das nicht: Männer haben keinen Zutritt zum Studentinnenwohnheim. Wollen Wang und Chen ein wenig Spaß miteinander haben, geht das nur im Wohnheim der Studenten, wo sie den fünf Knaben,

◂ Ende des Single-Daseins

mit denen Chen sich ein Zimmer teilt, durch einige Winke mit dem Zaunpfahl zu verstehen geben müssen, dass sie jetzt gerne ein Stündchen zu zweit verbringen würden. Nicht immer leert sich nach solchen Andeutungen das Zimmer, doch glaubhaften Berichten zufolge greifen mutige Freundinnen dann zu einer eleganten Notlüge und erklären, dass sie sich zu einem dringend nötigen »Nickerchen« ins Bett ihres Freundes legen müssten. Gut, dass die Etagenbetten chinesischer Uni-Wohnheime ein Mindestmaß an Privatsphäre gewähren: An der Vorderseite lässt sich ein blickdichter Vorhang zuziehen.

»Liebe ohne Sorgen«

Werbung für Kondome ist seit 1989 nicht mehr erlaubt, gestattet sind jedoch so genannte Aufklärungskampagnen: Der gelbe Kondom-Mann der chinesischen Marke Jissbon steht überlebensgroß auf einer Einkaufsstraße und reckt keck sein Reservoirhütchen in die Höhe. Im Gesicht erinnert er an einen Smiley, von der Statur – wie sollte es auch anders sein – an das, was alle Kondome beherbergen. Jissbon, eine Firma aus Wuhan, beeindruckt schon seit längerem durch aggressives Marketing. In Guangzhou ließ Jissbon trotz Werbeverbot in einer Nacht-und-Nebel-Aktion 80 Busse mit dem Slogan »Liebe ohne Sorgen« beschriften. Nach 33 Tagen schritten die Behörden ein, konstatierten illegale Werbung für Kondome, und Jissbon musste die Kampagne beenden. Immerhin wurden so die Familienplaner der Regierung auf die Kampagne aufmerksam und ließen prüfen, ob das Werbeverbot für Kondome noch in die Zeit passe. Überlegen sollte man sich in Regierungskreisen auch, ob es noch zeitgemäß ist, die Zahlen für die nationale Kondomproduktion von der staatlichen Planungskommission festlegen zu lassen. Besonders komplex scheint der Planungsvorgang ohnehin nicht zu sein: Verlangt werden von den sieben in China produzierenden Kondomfirmen 1,2 Milliarden Kondome jährlich, rund ein Kondom pro Einwohner.

Neue Offenheit

Chinesische Frauen stöhnen über ihre Männer ebenso oft wie ihre Geschlechtsgenossinnen im Westen: Er mag nicht, er kann nicht, er will's zu oft. In Leserbriefen wird inzwischen öffentlich abgehandelt, was sich früher die besten Freundinnen nicht anzuvertrauen wagten. »Mein Mann«, schreibt eine erschöpfte Chaoyangerin an *Beijing Today*, »stammt aus dem Nahen Osten. Er will dauernd mit mir schlafen, mindestens einmal pro Tag. Einmal in der Woche würde mir vollauf genügen.« Chinesische Leser wundern sich angesichts solcher Geständnisse nicht nur über die Freizügigkeit, die in ihre Medien Einzug gehalten hat, sondern sehen erst einmal ihre Vorurteile bestätigt: Ein Ausländer, und dann noch dunkelhäutig, da müsse man ja mit animalischen Trieben rechnen!

Sex im Alter

Meist ist es jedoch nicht ein Zuviel, sondern ein Zuwenig, das die Menschen dazu bringt, eine Beziehung zu beenden. Scheidungsrichterin Wang Fang am Gericht von Xicheng hat längst keine Bedenken mehr, Ehen zu scheiden, bei denen es im Bett nicht mehr stimmt: »Gerade ältere Menschen hat man in China lange als asexuell betrachtet. Aber sie sind wie alle anderen auch und brauchen ein normales Sexualleben.« Dies auch einzugestehen, damit hat die ältere Generation noch immer ihre Schwierigkeiten. Zhang Yuhua, die sich nach 38 Jahren Ehe scheiden lassen will, spricht nicht gerne über das Offensichtliche: »Wir sind beide über 60. Da ist es doch eine Schande zuzugeben, dass man sexuell noch aktiv sein möchte.«

Staatsmoral und Literatur

Mian Mian

Bei Sex verstehen die älteren Damen und Herren der höchsten Staats- und Parteiführung meist keinen Spaß. Die Shanghaier Pop-Autorin Mian Mian jedenfalls hat es ihren freizügigen Schilderungen des Beischlafs zu verdanken, in China verbannt und im Westen bekannt zu werden. Verbannt freilich wurde sie nur aus Chinas Buchläden, wohnen darf sie, wie bisher schon, in Shanghai. Ihre Bücher sind, wenn auch nicht ganz leicht, überall in China zu bekommen. Wer Mian Mians »Tang« (Zucker, Süßigkeiten, Bonbon) lesen will, weil es so schön verboten kitzelt, der findet es auch irgendwo.

»Shenzhen ist grausam«

Viele von Mian Mians Geschichten spielen in Shenzhen, der Boomtown des Südens, direkt an der Grenze zu Hongkong. Mit 17 läuft Mian Mian aus ihrer Heimatstadt Shanghai weg, treibt sich in der Szene herum und scheint sich an exakt die Leitwerte zu halten, die auch den ausgeflippten West-Kids das Leben lebenswert machen: *sex, drugs and rock'n'roll*. Ihre Eltern holen sie 1995 wieder zurück nach Shanghai und steckten sie sofort in eine Drogen-Entziehung.

Das Shenzhen in Mian Mians Texten erinnert an das Berlin oder New York der *roaring twenties*, ihre Gestalten sind traurige Männer ohne Zukunft und Frauen mit geheimnisvoller Vergangenheit. Vieles bei Mian Mian klingt nicht anders als das, was wir schon vor Jahrzehnten in »Wir Kinder vom Bahnhof Zoo« lesen konnten. »Shenzhen ist grausam«, belehrt uns Mian Mian. »Es hat kein Herz. Es gibt keine Freundschaft. Niemand ist dein Freund.«

Literarischer Pop

Neu und avantgardistisch ist Mian Mian nicht, doch in China, das klassische Zitate und Anspielungen in seiner Literatur ebenso liebt wie dick aufgetragene Sentimentalität, knarzt es laut im Gebälk, wenn statt klassischer Tang-Gedichte Jim Morrison zitiert wird. Den Traditionalisten im Kritikerlager tut das richtig weh, fast mehr noch als der unkeusche Inhalt von Mian Mians Büchern. Schwarzer Humor und triefender Sarkasmus, den sie sich von Autoren wie Xu Xing (»Variationen ohne Titel«), dem Ahnherren der modernen chinesischen Stadtliteratur, abschaut, bugsieren ihre Bücher endgültig in die Ecke der literarischen Außenseiter.

Yue-Sai Kan

Niemand hat mehr getan für Chinas Schönheit als Yue-Sai Kan, Gründerin der Firma *Yue-Sai Cosmetics*. Ihre Firma propagiert westlichen Chic mit chinesischen Vorzeichen: »Wie können wir es zulassen, dass unseren Kindern blond als Schönheitsideal mitgegeben wird, wenn die Hälfte der Menschheit mit schwarzen Haaren, schwarzen Augen und gelber Haut herumläuft?« Da ist es nur konsequent, auch Puppen zu verkaufen. Die schwarzhaarige *Yue-Sai Wawa* (Yue-Sai-Puppe) soll als asiatische Barbie-Konkurrentin das Original aus den Mädchenzimmern verdrängen. Lohn der Mühen: Eine eigene Briefmarke der chinesischen Post: »Yue-Sai Kan, Brücke zwischen Ost und West«.

Nicht anders als in Paris oder New York: Junges Paar in Shanghai

Liebe, Lust und frühes Leid

Unerhörtes im Hörsaal

Die sexuelle Revolution hat in China längst stattgefunden, gegen Bevormundung begehrt man auf. Auch die Presse formuliert offen ihre Kritik an der längst nicht mehr zeitgemäßen Sexualmoral der Partei. *Beijing Today* berichtet unter der Überschrift »Sexual Discrimination« über einen Hochschulverweis wegen »moralischer Degeneriertheit und verabscheuungswürdigen Verhaltens«: Li Jing, eine 20-jährige Studentin an der Chongqinger Hochschule für Post und Telekommunikation, Abteilung Jura und Wirtschaft, hatte wegen Unterleibsschmerzen die hochschuleigene Poliklinik aufgesucht, wo prompt eine Eileiterschwangerschaft diagnostiziert wurde. Damit wurde zugleich aktenkundig, dass Li Jing sexuell aktiv war. Für die Hochschule Grund genug, ihren Freund Li Jun, ebenfalls Student, der Hochschule zu verweisen.

Beide sollten überdies eine »gründliche Selbstkritik« verfassen, mit »exakten Angaben zu Zeit und Häufigkeit ihres abartigen Verhaltens«. Was die beiden nicht taten. Stattdessen verklagten sie die Hochschulverwaltung. Ihre Argumentation überzeugte liberale chinesische Geister sofort: Eine normale Beziehung zwischen Erwachsenen involviere nun einmal auch den Beischlaf, ein Umstand, der keineswegs »moralisch dekadent« sei und auch kein »abartiges Verhalten« darstelle. Insofern sei ihr Rauswurf eine Verletzung der Menschenrechte und mithin rückgängig zu machen.

Die Staatliche Erziehungskommission sieht das anders: Schließlich, so argumentiert man dort, gebe es eindeutige Richtlinien, die für »moralisch dekadentes und abartiges Verhalten« nur eine Strafe kennen: den Hochschulausschluss. Die Hochschule in Chongqing habe also durchaus korrekt gehandelt.

Restriktive Sexualmoral

Ganz gleich, zu welchem Ergebnis die Richter kommen – und ich fürchte fast, dass sie sich der Argumentation der Hochschule anschließen –, so ist es doch erstaunlich, wie schnell die letzten Fronten des Reiches der Sitte wegbröckeln. Noch in den 1970ern, als bei uns die Freie Liebe propagiert wurde, landeten in China sexuell aktive Teenager im Umerziehungslager. Vor wenigen Jahren wäre es völlig undenkbar gewesen, dass Studenten ihre Hochschule verklagen. Freunde und Familie hätte man eingeschaltet, um durch die Hintertür um Gnade zu bitten. Dass Li Jing und Li Jun einem offenen Konflikt nicht aus dem Weg gehen, beweist wie sehr das Land sich verändert hat – zumindest in den Köpfen der jungen, städtischen Bevölkerung.

Die gelbe Gefahr: Pornographie

Unzüchtiges aus dem Westen

Fast noch interessanter als der Film war die Werbung: Bei Filmabenden in meiner Wohnung, gespeist von aus Deutschland eingeflogenen Videos – ungekürzt, unzensiert und mit allen Werbespots –, wurde es immer dann ganz besonders still, wenn die neusten Duschlotionen auf dem Bildschirm erschienen. Reichlich nacktes Fleisch, gelegentlich eine weibliche Brust oder eine gut behaarte männliche. Für 18-jährige Chinesen war das fast schon »gelb«. Gelb, *huang*, steht in der Umgangssprache für das Erotisch-Pornographische, und in China ist schon ein halb enthüllter Busen hoch erotisch.

Aufs Peinlichste berührt, dachte ich mir, müssen die armen Chinesen sein über all das Unzüchtige, das ich ihnen hier vorsetze. Für den nächsten Film lieh ich mir einen zweiten Videorekorder aus und kopierte nur den Film, nicht aber die Werbeeinblendungen auf die neue Kassette. Der Filmabend kam, der Film lief, bis plötzlich, kaum waren die ersten Anzeichen meiner editorischen Eingriffe festzustellen, eine unglückliche Stimme zu vernehmen war: »Herr Kreisel, gibt es in diesem Film keine Werbung?« Das Bedauern über die fehlenden Spots war echt, und eine Woche später durfte die versammelte Jugend wieder nackte Models beschauen, die glaubten, sich ihre Haare unter einem Wasserfall auf Hawaii waschen zu müssen.

Chinesisches Woodstock

Die Regierung, extrem in ihrem wirtschaftlichen Reformeifer und ebenso extrem in ihrer restriktiven Sexualmoral, erlaubt den Blick auf nacktes Fleisch nur in seltenen Fällen. 1988 schlugen die Wogen höher, als das Beijinger Kunstmuseum eine Ausstellung von Gemälden zeigte, harmlose Ölschinken, aber alles Akte. »Dekadenz!«, maulten einige Kader, und als es ein Jahr später zu den Studentenprotesten am Tiananmen kam, wussten diese Kader genau, wo die Wurzeln des Übels lagen: Die geistige Verschmutzung durch dekadente Aktgemälde hatte die Studenten in die Arme der westlichen Demokratiebewegung getrieben. Das war zwar Unsinn, und doch lagen die Kader nicht völlig daneben, wenn sie hinter den lauten Rufen nach Demokratie mehr vermuteten als nur politischen Aktivismus. Für viele war die wochenlange Besetzung des Tiananmen-Platzes eine Art chinesisches Woodstock, ein Rockfestival, bei dem die Liebe wichtiger war als die Demokratie. Richtige Stars gab es obendrein: Cui Jian, Ende der 1980er Chinas bekanntester Rockmusiker, spielte seine Lieder von Spesenrittern und Privilegienreitern und gab damit sein letztes Konzert in Beijing – bis heute hat er dort Auftrittsverbot. Die Autorin Anna Wang, inzwischen US-Bürgerin, hatte alles hautnah miterlebt: »Zum Tiananmen-Platz bin ich nicht wegen der Demokratie gegangen, sondern wegen der Rock-and-Roll-Atmosphäre. Ich war 16, voller Energie und hatte mit Politik nichts am Hut.«

Nackte Tatsachen

Von Politik will auch She Shan, ein Fotokünstler, nichts wissen, und doch überfällt ihn ein mulmiges Gefühl als er 1999 Material für seine Ausstellung mit Aktfotos zusammenstellt. Die erste Ausstellung mit Fotos des unbekleideten menschlichen Körpers in der Volksrepublik China, eine Sensation! Doch diesmal bleibt es, wider Erwarten, still. Selbst die offizielle Nachrichtenagentur *Xinhua* (Neues China) kann bald Entwarnung geben: »Weit davon entfernt, geschockt zu sein, betrachteten die chinesischen Besucher die Exponate der landesweit ersten Ausstellung von Aktfotos.«

Mogelpackung

Noch immer sind Barbusige auf Werbeplakaten und Titelseiten tabu. Doch im Buchhandel finden sich ein paar Titel mit nackten Frauen, die, als Kunstbücher getarnt, das Interesse am Leiblichen befriedigen. Wem das zu harmlos ist, der kann sich auf dem Schwarzmarkt mit *hard-core*-Pornos eindecken. Die digitale Revolution hat es einfach gemacht, Filme auf Video-CDs und DVDs in perfekter Qualität zu vervielfältigen und zu einem Spottpreis weiterzuverkaufen. Wenn da nur die Polizei nicht wäre, die einen illegalen Händler, wenn sie ihn erwischt, schnell einbuchtet. Um diesem Schicksal zu entgehen, leiht sich Xiao Ying ein Baby. Sie würde auch ihr eigenes nehmen, so wie andere Porno-Verkäuferinnen das machen, da sie nun aber mal kein Kind hat, tut's auch das von der Nachbarin, die dafür ein bisschen Geld (und einen kostenlosen Babysitter) bekommt. Mit Kind und DVD-Tüte steht Xiao Ying nun auf der Straße und wartet auf Kundschaft. Ausländern ruft sie »DVD, Mister?« zu, die Chinesen verschont sie: Ihnen genügt ein Blick auf Tasche und Baby, um im Bilde zu sein. Wer ein Baby hat, das wissen alle, den darf auch die Polizei nicht mitnehmen. So kann Xiao Ying getrost ihre gelbe Ware feilbieten, ohne damit rechnen zu müssen, in die Mühlen der Justiz zu geraten.

Die Kluft, die sich zwischen Stadt und Land auftut, setzt sich auch im Ehebett fort. Durch die aufgeklärte Stadtpresse geistern immer wieder Geschichten von Pärchen auf dem Land, die seit Jahren verheiratet und noch immer kinderlos sind. Selbst Gebete und Opfer an die buddhistische Gnaden- und Barmherzigkeitsgöttin Guanyin hatten nicht geholfen, die armen Leutchen waren ganz verzweifelt. Bis sie schließlich zum 80 Kilometer entfernten Arzt gereist seien. »Ihr müsst miteinander schlafen, wenn ihr Kinder wollt«, lautete der abschließende ärztliche Rat, nachdem die Gynäkologin festgestellt hatte, dass die Frau noch Jungfrau war.

Unbefleckte Empfängnis

Solch heilige Einfalt dürfte die Ausnahme bleiben. Chinesen wissen Bescheid, zumindest nach der Hochzeit. Der Standesbeamte drückt den frisch Vermählten die neuste Auflage eines Aufklärungsbüchleins in die Hand, das in seiner aktuellen Fassung – im Gegensatz zur drögen Urfassung »Für süße Harmonie in deiner Ehe« – so bebildert ist, dass auch die des Lesens nicht Kundigen den Kniff bald heraushaben.

Aufklärung im Standesamt

Wie wenig es gesellschaftlich akzeptiert ist, ledig und kinderlos zu sein, belegen die kleinen Gespräche, in die man, in fast stereotyper Form, mit Taxifahrern verwickelt wird. Spätestens nach der Frage, woher man denn komme (»Ni shi nage guojia de ren?«) und wie lange man schon in China weile (»Ni zai zhongguo daile duochang shijianle?«), kommt die Frage nach dem Familienstand: »Jiehunle ma?« Verheiratet? »You haize ma?« Hast du Kinder? »Ji ge?« Wie viele? Ab einem gewissen Alter wird man sehr seltsam angeschaut,

Ausfragerei

Erst 2003 verschwand der Begriff »moralisch korrupt« (pinxing e'lie) aus den Regeln des Erziehungsministeriums. Junges Paar im Sommerpalast, Beijing

Lexikon

Genossen ohne Parteibuch

Die Sprache macht sich einen Jux aus den Proletariern aller Länder: In Hongkong und Taiwan dient das altvertraute »Genosse« *(tongzhi)*, das sich aus *tong* (»gleich«) und *zhi* (»Willen«) zusammensetzt, inzwischen zur Bezeichnung von Homosexuellen. Ob das die Kader in Beijing so lustig finden? *Nan tongzhi* (»Mann Genosse«) und *nü tongzhi* (»Frau Genosse«) bezeichnen Schwule und Lesben.

wenn man nicht verheiratet ist. Oder verheiratet und kinderlos. Manchmal gehen mir diese Retortengespräche auf die Nerven. Dann sage ich »Wo shi tongxing lian.« Ich bin homosexuell. Und habe schlagartig Ruhe.

Noch offene Fragen?

Diese Ruhe verheißt wenig Gutes, zumindest kein entspanntes Verhältnis zur Homosexualität. In vielen Köpfen wirbeln die unverständlichsten Vorurteile umher, wenn das Thema angerissen wird. Bei der Vorführung eines deutschen Spielfilms zum *coming out* einer jungen Frau halte ich einen kurzen Einführungsvortrag und erkläre, in groben Umrissen, wie wir im Westen mit unserer Sexualität umgehen. Erlaubt sei, was Spaß mache, solange beide Seiten zustimmen. Jeder lebe seine Sexualität frei aus, ganz egal mit welchem Geschlecht, der Staat könne da nicht eingreifen. Alles nickt, und ich spiele den Film ab. Danach die Diskussion, die mit einer Frage anhebt, die mir schlagartig klar macht, dass weder ich noch Film noch überhaupt etwas verstanden wurde: »Herr Kreisel, wie hat die Frau denn diese lesbische Krankheit bekommen?« Ich kann mir nicht helfen, es bricht aus mir heraus, ich schüttele mich vor Lachen, und es fällt mir schwer, mich wieder zu fassen.

Regisseur Feng Xiaogang hat Recht: »China steckt in einer wirklich komischen Phase«.

Kulturspiel

Knifflige Fragen zum Umgang mit Chinesen

Abschiedsgeschenke
So ein schönes Geschenk, doch kein Hahn kräht danach.

Zartes Fingerspiel
Ist Händchen-Halten gefährlich?

Besuch auf dem Land
Kompliment, Sie sehen schön dick aus!

Einladung in Frank's Bar
Exotisches für die chinesischen Gäste

Rote Orgie
Hochzeitsbesuch

Blauer Dunst
Rauchzwang oder frische Luft für freie Bürger?

Abschiedsgeschenke

So ein schönes Geschenk, doch kein Hahn kräht danach

Ihr chinesischer Freund Xiao Ding hat einen Studienplatz an der Yale University bekommen. Sie sind ein netter Mensch, besorgen ihm den *KulturSchlüssel USA* in der rindsledergebundenen Luxusausgabe mit Goldschnitt und Lesebändchen, verpacken ihn in Geschenkpapier und drücken ihm das Buch anlässlich des gemeinsamen Abschiedsessens in die Hand. Doch anstatt sich sofort ans Auspacken zu machen, legt Xiao Ding das Buch unbeachtet zur Seite. Wie regieren Sie?

A »Du undankbare Kröte, das ist das letzte Mal, dass du von mir etwas bekommst!«

B »Ach, der hat jetzt anderes im Kopf, das Buch guckt er sich später noch an.«

C »Ist es nicht so, dass es in China als unhöflich gilt, wenn man ein Geschenk gleich auspackt?«

OK

Kommentar: Tatsächlich darf man sich in China Zeit lassen mit dem Auswickeln von Geschenken. Man will nicht den Eindruck von Gier erwecken. Mit **C** haben Sie richtig vermutet. Wer allerdings fragt, ob er das Geschenk gleich auspacken dürfe, erhält meist eine positive Antwort. Gerade für Ausländer in China ist das kein Problem, denn viele Chinesen wissen, wie wir es mit dem Auspacken von Geschenken halten.

Zartes Fingerspiel

Ist Händchen-Halten gefährlich?

Sie haben keine Vorurteile in Bezug auf gleichgeschlechtliche Sexualität, doch als Liu Dong bei einem Spaziergang Ihre Hand schnappt und Sie nun Hand in Hand durch den Park schlendern, fühlen Sie sich gar nicht mehr so wohl in Ihrer Haut. Dann aber denken Sie sich:

A »Alles halb so wild, so zeigt man in China, dass man sich mag. Mit Sexualität hat das nichts zu tun.«

B »Okay, klarer Fall von homoerotischer Annäherung, aber so lange wir nur im Park sind, kann ich damit leben.«

C »Wenn das nicht umgehend aufhört, laufe ich weg.«

Kommentar: Was unter **A** gedacht wird, entspricht den chinesischen Gepflogenheiten. Kein Mensch denkt sich etwas dabei, wenn Mann mit Mann, Frau mit Frau Händchen haltend durch die Gegend spaziert. In solchen Situationen gibt's nur einen Tipp: *Relax!*

OK

Besuch auf dem Land

Kompliment, Sie sehen schön dick aus!

Ein Besuch auf dem Land beginnt mit einer für Sie falschen Note: Die Gastgeber, einfache Bauersleute, die sie bereits auf einer früheren Chinareise kennen gelernt hatten, erklären Ihnen lächelnd: »Ihr seid aber dick geworden! So runde Bäckchen habt Ihr!«

A Sie revanchieren sich: »Dafür seid Ihr richtig dünn geworden!«

B Mit »Danke, zu freundlich!«, reagieren Sie sarkastisch.

C Sie bedanken sich — ohne jeden Sarkasmus — und lassen eine freundliche Bemerkung zum Äußeren Ihrer Gastgeber fallen.

OK

Kommentar: Auf dem Land sagen die Leute noch heute »Chifanle ma?« (Hast du schon gegessen?), wenn sie sich grüßen. Wem erklärt wird, er habe zugenommen, hat Grund zur Freude, denn Dick-Sein gilt als positiv, denn dazu gehört ein gewisser Wohlstand. Deswegen bloß nicht böse oder ironisch werden und wie in **C** antworten. Auch dünnen Heringen sagt man oft, wie dick sie sind, nur um ihnen ein Kompliment zu machen. Es handelt sich also um eine höfliche Redensart und nicht um eine objektive Beurteilung der tatsächlichen Leibesfülle. In der Stadt verzichtet man längst auf solche alten Höflichkeiten, hat sich, wie im Westen, auf schlanke Figuren als Schönheitsideal festgelegt.

Einladung in Frank's Bar

Exotisches für die chinesischen Gäste

Ihren chinesischen Freunden wollen Sie die Freuden westlicher Küche nahe bringen und laden sie deshalb in ein amerikanisches Steak-Restaurant ein. Sie haben für die ganze Gruppe (acht Chinesen und Sie) das Essen bestellt: Es gibt texanisches Rumpsteak, medium, dazu Salat und Pommes frites.

A Ihre chinesischen Gäste stürzen sie wie ausgehungert auf das leckere Fleisch.

B Das einzige, was ihre Gäste essen, sind die Pommes.

C Die meisten essen nur ein kleines Stückchen vom Rand des Steaks und widmen sich dann den Pommes frites.

Kommentar: Gratuliere, Sie haben es geschafft: Diese armen Leute werden nie wieder mit Ihnen gemeinsam ein Restaurant besuchen. Nicht umsonst essen die Chinesen ihr Fleisch meist in dünnen Streifen *(rousi):* Man will alles bei hohen Temperaturen vollständig garen, um Salmonellen und Parasiten keine Chance zu geben. Ein halbrohes Steak sorgt bei Chinesen für Ekelgefühle. Selbst roher Blattsalat kommt erst langsam – über die *salad bars* – amerikanischer Fastfood-Restaurants in Mode. Viel lieber kocht man den Eisbergsalat. Natürlich gibt es auch Chinesen, die mutig alles essen, was man ihnen vorsetzt, doch wenn es wirklich darauf ankommt, geht man mit chinesischen Gästen in ein Sichuan- oder Shanghai-Restaurant. Ansonsten droht, was in **B** oder **C** beschrieben ist.

OK

Rote Orgie

Hochzeitsbesuch

Kollege Ke heiratet, und Sie sind eingeladen. Sie wissen, dass ein Umschlag mit Bargeld das Mindeste ist, was erwartet wird.

A Sie stecken 44 Dollar in einen weißen Umschlag.

B Mit 66 Yuan in einem roten Umschlag erfüllen Sie Ihre Pflicht als Gast.

C Sie überreichen einen roten Umschlag mit 66 Dollar.

OK

Kommentar: Auch wenn immer mehr chinesische Paare in Weiß heiraten, es wird als Farbe noch immer mit Trauer verbunden. 66 Yuan sind für ein großes Hochzeitsfest ein bisschen wenig. 66 Dollar (**C**) dürften in den meisten Fällen genügen.

Blauer Dunst

Rauchzwang oder frische Luft für freie Bürger?

Heute muss Ihr Glückstag sein. Sie sitzen beim Essen in einem wunderbaren Restaurant und kein Mensch raucht. Als plötzlich am Nachbartisch eine Packung »555« die Runde macht, lässt sich Ihr Gegenüber, ein Engländer, zu einer übertriebenen Reaktion hinreißen: Mit den Händen wedelt er demonstrativ den zu Ihnen herüberziehenden Rauch weg in Richtung Verursacher.

A Sie unterstützen die erzieherischen Anstrengungen Ihres Tischnachbarn und wedeln kräftig mit.

B Sie stehen auf, gehen zum Nachbartisch und entschuldigen sich für das Verhaltens Ihres Bekannten.

C Sie unternehmen nichts und hoffen, dass Ihr Bekannter sich wieder beruhigt.

Kommentar: Lösung **B** kittet das zerbrochene Porzellan und ist deshalb richtig. Die unüberlegte Handlung Ihres Bekannten führte für die Raucher am Nachbartisch zu einem öffentlichen Gesichtsverlust *(diu lian)*. Die sind sich ohnehin keinerlei Schuld bewusst, denn Rauchen beim Essen ist in China die normalste Sache der Welt.

OK

Register